경매, 알아야 성공한다!
경매현장에서 벌어지는 리얼스토리

고수익 내는
경매 뒷담화

강윤식 지음

물건 선정부터 명도에 이르기까지
살아 있는 현장을 통해 알려주는
고수익 경매 노하우!

머리말

　무지의 세계에서 안개를 걷어내고 경매의 바다를 건너는 항해를 하고 있다. 신대륙을 아직 발견하지 못했지만 모진 비바람을 겪으며 경험했던 항해일지를 부끄러운 마음으로 세상에 펼친다.

　어떤 점에 역점을 두고 기술해야 할지 망설였다.
　경매절차, 투자기법, 마인드 컨트롤 등등 다양했지만, 시중에 나와 있는 책들과 차별화된 주제로 책을 만들고 싶었기에 많은 고민을 했다.
　경매에 투자해왔던 사람에게는 새로운 투자방법을 제시하고, 초보자는 재테크에 눈을 뜰 수 있는 책을 쓰고 싶었다.

【경매 투자는 어떻게 해야 성공합니까】

　가장 많이 듣게 되는 질문이다.
　모든 일에 왕도가 없듯이 경매에도 수학의 "근의 공식"처럼 방정식에 대입만하면 척척 풀리는 만능열쇠는 없다. 많은 경험만이 좋은 결과를 가져다주는 것은 분명하다.

누적된 경험을 일렬로 세워서 공통분모를 서술했다. 이 책은 물론 서술된 내용도 맞춤복은 아닐 것이다. 독자에게 선입견을 줄 수 있음을 우려하며, 이 책에 서술한 다양한 내용을 통해 경매의 만능열쇠를 거머줬으면 한다.

- 감정을 다스려라 -

"감정"은 입찰부터 매도까지 절대로 들어내서는 안 되는 절제 덕목이다. 다혈질이었던 글쓴이도 감정조절을 못해서 고생했다.

법정에 밀려드는 인파를 보고 분위기에 휩싸여 감정적으로 터무니없는 입찰 가격을 적시하기도 했고, 명도과정에서는 점유자와 감정 싸움이 벌어져 금전손실을 본적도 있으며, 매매계약을 앞두고는 상대의 불쾌한 언행 때문에 계약을 파기한 적도 있었다. 결과는 금전 손실로 이어졌다.

어떤 목적으로 일하고 있는지 한시도 잊어서는 안 된다. 감정 조절을 잘한다는 것은 속내를 남에게 보이지 않는 것으로부터 시작된다. 중국인들은 남에게 마음을 보이지 않는 것을 가장 큰 지략으로 생각한다. 그것이 바로 "후흑"이다. 남에게 내 감정과 생각을 들키지 않는다는 후흑을 독자들도 알아두었으면 한다. 후흑은 경매에서도 꼭 필요한 덕목이지만 세상살이에서도 긴요하게 쓰일 때가 많다. 글쓴이도 가끔 평정심을 잃을 때면 오래 전에 구입했던 "후흑학"이라는 책을 펼쳐보며 마을을 다스리곤 한다.

- 멀리 던져라 -

수심이 낮은 개울가에는 큰 물고기가 없는 법이다. 낚시대를 멀리 던져야 큰 물고기를 잡을 수 있다. 투자기간을 길게 잡고 가야 한다. 보유기간이 길어야 수익이 커진다는 이야기다.

단기수익을 클 수 없는 이유는, 세법상 매도차익의 50~70%까지 양도세를 부담해야 한다. 이런 구조에서는 아무리 매도차가 크더라도 실익이 미미할 수밖에 없다. 멀리 보고 던져야 큰 수익을 가져올 수 있다.

- 하나의 나뭇가지에 많은 열매를 기대하지 마라 -

역세권이면서 편의시설이 잘 갖춰진 아파트를 저렴하게 경매로 구입하고 싶다는 분들이 있다. 취득 목적이 무엇인지 물으면 거주도 하고 싶고 빨리 매도해서 차익도 얻고 싶다고 한다. 결론부터 말하자면 세상에 그런 경매 물건은 없다.

경매 경험이 있는 분들은 알겠지만 입지 조건이 좋은 아파트는 저렴하게 낙찰 받기 어렵다. 편익을 선택했다면 저렴한 취득은 포기하고 노후도 높은 지역의 주택를 취득하는 것이 재건축이나 재개발로 많은 수익을 기대할 수 있다.

한 번의 투자로 여러 개의 과실을 얻겠다는 생각을 갖고 있다면 법원 주변을 서성이는 이방인 신세를 면하기 어렵다. 초보 경매 투자자라면 이정도만 숙지해도 적잖은 수익을 낼 수 있다.

　이 책에서는 이보다 한 단계 더 업그레이드 된 경매기법을 소개하고 있지만, 글쓴이는 독자에게 내비게이션이 되기보다 방향을 제시하는 나침판의 역할을 하고 싶다.

　경매는 창의력이다. 경매하려는 분들께 거푸집을 씌우고 싶지 않다. 규격화하거나 정형화된 경매가 완성도는 있을지는 모르지만, 경매를 한 단계 높은 경지로 끌어 올려보려는 창의력은 가질 수 없다. 발칙한 상상력이 고수익에 접근하는 가장 빠른 방법이다.

　독자들 마음속에 내재 되어있는 발칙한 창의력을 어떻게 깨울 것인가. 창의력 있는 경매투자기법의 슈퍼전파자가 되어주고 싶은 생각으로 펜을 들었다. 머릿속에 있는 지식을 전달하는 일은 전혀 다른 이야기였다.

　시간이 지나면서 생각은 깊어가고 펜 끝은 무디어 갔다. 긴 시간 동안 잠자고 있던 경험들을 하나씩 무대에 올리는 자기복제 작업은 많은 지력이 필요했고 독자의 창의력을 자극하기에는 글재주가 짧았다.

　많이 흔들리 때면 마음을 다 잡고 창의력전파라는 초심을 생각했다. 나이라는 녀석에게 편취당한 기억의 조각들을 모아 맞추고 꿰매고 잘라서 언어의 허들을 넘었다.

원곡을 변주곡으로 왜곡시키는 유혹에 빠지지 않고 날 것 그래도 썼다. 죽비로 머리를 얻어맞는 따끔함으로 관념 속에 존재했던 이야기들을 꺼냈다. 한 단락이 끝나면 긴 행군을 다녀온 군인처럼 피곤함을 이끌고 술집으로 줄행랑을 치곤했다.

백발이 완연하던 어느 날, 경매의 편린을 모아 책이 완성되었다. 배움에 목마른 독자들에게 격한 표현으로 불쾌감을 주는 건 아닌지, 과한 의욕을 자극해서 채무자의 퇴로를 막고 벼랑으로 내모는 차도살인을 사주하는 건 아닌지, 부드러움과 강건함의 경계를 알지 못하고 잇속만을 생각하는 사람이 되라고 지령을 내리는 건 아닌지 걱정이 되었다. 수많은 걱정을 하며 펜을 놓았다

글쓴이의 지난 책(365일 월세 받는 남자의 발칙한 경매)를 구독했던 독자라면 나의 무디고 격한 문체가 어느 정도 용인될 것이라고 믿으며 글을 썼다. 탈고된 원고를 훑어본다. "미흡"이라는 단어가 엄습해 온다. 나의 미흡은 존재적 고뇌와 내재적 논리가 부족해 아직도 많은 공부가 필요하고 완성도 있는 책으로 세상에 알려야 하는 숙제를 말하는 것이다. 그런 의미에서 이 책은 더 나은 경매기법을 찾기 위한 징검다리가 되어야 한다.
"경매완성"은 구름처럼 잡지 못할 허상이겠지만 그 허상을 쫓기 위해 오늘도 나는 계속 징검다리를 놓는다. 더 참신한 날것으로.

한결같이 옆에서 응원해준 아내와 이제 의젓한 사회인이 된 두 아들과 형제들에게 고마움을 전한다.

지나치게 사랑했던 것은 우리를 아프게 하고 떠나는 법이다.

작년 하늘나라로 가버린 그래서 너무나 보고 싶은 어머니에게 이 책을 바친다.

버드나무 **강윤식**

차례

PART 01 발칙한 상상력으로 승부하자

Chapter 01	어려운 물건에 고수익이 있다	12
Chapter 02	미나리 심으려고요!	58
Chapter 03	셜록 홈즈처럼 탐문하라	87
Chapter 04	엄마야 누나야 강변 살자	115
Chapter 05	뚜껑 물건	139
Chapter 06	어느 노부부의 경매 이야기	152
Chapter 07	뻐꾸기 몸으로 울었다(2)	171

PART 02 경매를 아시나요

| Chapter 01 | 돈보다 남자 | 214 |
| Chapter 02 | 부동산은 묵혀야 돈 된다 | 236 |

Chapter 03	밑장빼기	244
Chapter 04	어차피 한양만 가면 되는 거잖아!	260
Chapter 05	공매의 함정	287
Chapter 06	너무 했습니다!	296
Chapter 07	하남시 싱크대 공장	311
Chapter 08	이 몽타주가 맞는데	336
Chapter 09	재산은 불리는 일보다 지키는 일이 먼저다	342

PART 03 경매의 승부처는 마무리였다

Chapter 01	여자의 미모는 권력이다	360
Chapter 02	가난은 인정도 메마르게 한다	367
Chapter 03	여기서 이러시면 안 됩니다	393
Chapter 04	위장 임차인	411
Chapter 05	나의 나와바리	428

부록 「상가건물 임대차보호법」 개정사항에 대한 해석 440

PART 01

발칙한 상상력으로 승부하자

어려운 물건에 고수익이 있다

버려진 것은 버려지는 이유가 있다.

제4차 산업혁명 시대인 요즘 "머신러닝1)"이라는 말을 자주 듣는다. 이세돌기사가 알파고에게 패했다. 뛰어난 재능보다 누적된 경험이 결정적 승리의 요인이었다. 하지만 알파고처럼 많은 경험을 누적한 뒤 문제점을 해결하기에는 너무나 많은 시간과 자본 그리고 위험이 도사리고 있는 곳이 경매시장이다. 경매시장 참여자들은 누적 경험을 얻기 위해 강의나 책을 통해 알파고와 같은 지혜로움을 얻고자 한다. 이러한 목적으로 본 책을 고른 독자들을 위해, 『어려운 물건에 고수익이 있다』라는 제목으로 경매 여행을 떠나보기로 한다.

---

1) 기계를 인간처럼 학습시켜 주변 환경을 익히고 반복적 경험을 쌓게 하여 여러 상황을 기계 스스로가 판단하게 하는 기술

　근린생활시설에 대한 관심은 2011년도나 지금이나 별반 차이가 없다. 근린시설 소유는 부동산 투자자들의 마지막 로망이기 때문이다. 그런 블루칩과도 같은 근린시설이 경매시장에 나왔다.

　감정금액 대비 80~90%에는 낙찰되었어야 할 물건인데 무슨 기구한 사연이 있는지 세 차례나 유찰되어 64%까지 저감되었다. 경매라고 하더라도 도저히 납득이 가지 않는 상황이다. 이 지역은 잘 알고 있는 곳이었다.
　"술 익은 상권"
　퇴근시간이면 인파가 이쪽저쪽으로 쓸려 다니는 곳이다. 길거리에서 번데기 판만 돌려도 퇴근은 자가용 타고 퇴근할 수 있는 곳이다. 이면도로에 있는 근린생활건물이지만 3회 유찰이라는 굴욕을 당할 정도의 물건은 아니었다. 하지만 버림받는 데는 다 이유가 있는 법이다.

현장 답사

물건종별	근린주택	감 정 가	3,157,382,440원
토지면적	478.5㎡(144.746평)	최 저 가	(64%) 2,020,725,000원
건물면적	1897.63㎡(574.033평)	보 증 금	(10%) 202,080,000원
매각물건	토지·건물 일괄매각	소 유 자	(주)한솔기업
개시결정	2011-02-23	채 무 자	(주)한솔기업
사 건 명	임의경매	채 권 자	국민은행

목록		지번	용도/구조/면적/토지이용계획		㎡당 단가	감정가	비고
토지	1	화곡동	*도시지역, 제3종일반주거지역, 공항시설보호지구, 최고고도지구(수...)	대 215.1㎡ (65.068평)	4,180,000원	899,118,000원	표준지공시지가: (㎡당)2,530,000원
	2	화곡동	위와같음	대 263.4㎡ (79.678평)	4,180,000원	1,101,012,000원	
			면적소계 478.5㎡(144.746평)		소계 2,000,130,000원		
건물	1	화곡동 철근콘크리트조 철근콘크리트	지하1층	주차장 347.74㎡(105.191평)	516,000원	179,433,840원	
	2		1층	근린생활시설 270.69㎡(81.884평)	645,000원	174,595,050원	
	3		2층	근린생활시설 270.08㎡(81.699평)	645,000원	174,201,600원	
	4		3층	근린생활시설 270.08㎡(81.699평)	645,000원	174,201,600원	
	5		4층	근린생활시설 246.29㎡(74.503평)	645,000원	158,857,050원	
	6		5층	다가구주택 204.18㎡(61.764평)	774,000원	158,035,320원	
	7		6층	다가구주택 162.77㎡(49.238평)	774,000원	125,983,980원	
			면적소계 1771.83㎡(535.979평)		소계 1,145,308,440원		
제시외 건물	1	화곡동 샷시조 판넬	4층	발코니 23.8㎡(7.2평)	60,000원	1,428,000원	매각포함
	2		5층	발코니 34.3㎡(10.376평)	60,000원	2,058,000원	매각포함
	3		6층	발코니 36.3㎡(10.981평)	60,000원	2,178,000원	매각포함
	4		옥탑	계단실 등 15.7㎡(4.749평)	200,000원	3,140,000원	매각포함
	5		옥탑	기계실 15.7㎡(4.749평)	200,000원	3,140,000원	매각포함
		제시외건물 포함 일괄매각	면적소계 125.8㎡(38.055평)		소계 11,944,000원		
감정가		토지:478.5㎡(144.746평) / 건물:1897.63㎡(574.033평)			합계	3,157,382,440원	일괄매각
현황 위치		*"강서경찰서" 북동측 인근에 위치, 부근은 근린생활시설 및 주택, 관공서 등이 혼재 *본건까지 차량출입이 가능하며, 버스정류장이 인근에 소재하는 등 대중교통여건 보통 *세장형(2필 일단지)의 토지, 남서측으로 노폭 약6미터의 도로에 접하며, 도로상태 보통					

감정가격 3,157,382,440원

최저가격 2,020,725,000원(64% 저감)

지하1층 지상 6층(근린생활 4층, 다가구 5층 6층)

으로 구성된 근린생활시설이다.

(이런 건물 하나 가지면 평생 먹고사는데 지장 없다)

현장에 도착했다. 남부지방법원에 유치권신고가 접수되어 있다. 아직은 입찰 전이라 그런지 유치권 점유자는 보이지 않는다. 옥상에 올라가 보았다.

옥상에 골프 연습장을 만들어 놓았다. 소유자가 점유하고 있다는 증거다. 임차인이 옥상을 개인놀이터로 만들기는 쉽지 않다. (용가리 통뼈라면 모를까!)

옥상 구배(기울기)도 잘 형성되어 있고 누수의 흔적도 보이질 않는다. 벽면에서 누수가 발생했다면 옆면에 얼룩이 보일텐데 그 역시 찾아보기 어려웠다. 건축연도가 오래되지 않아서 특별히 문제점은 없어 보였다.

5, 6층은 가정집이기 때문에 현관부터 철문으로 통제하고 있어서 출입이 불가능했다.

4층으로 내려왔다. 채무자로 등재된 회사의 간판이 걸려 있었다. 인터폰을 눌렀다.

▶ 나 : 안녕하셔요.

▶ 4층 : 누구시죠?

잠깐 웅성거리는 소리가 들리더니 둔탁한 목소리의 소유자가 호전적으로 대답한다.

▶ 나 : 응찰해 보려는 사람인데 몇 가지 물어봅시다!

▶ 4층 : 뭘 물어봐!

난 분명히 들었다. "요"가 빠진 혀 짧은 반토막 대답을. (이것들 봐라)

▶ 나 : 유치권 신고가 되어 있던데 어떤 내용입니까?

▶ 4층 : 법원에 다 제출했으니까 거기 가서 알아봐.

▶ 나 : 유치권으로 점유 중인 겁니까?

전투적인 말투는 사라지고 책임자처럼 보이는 사람이 이어받아 대답을 한다.

- **4층** : 그런 걸 어떻게 알려줍니까? (허위니까 알려줄 수 없겠지!)
- **나** : 혹시 내가 보상해줘야 할 부분이 있다면 입찰가격에 반영해서 응찰하려고 합니다.
- **4층** : 공사대금으로 몇 억 못 받았습니다. 판결까지 받아놓았으니까 어지간하면 응찰 포기하시죠! 괜히 큰 코 다칩니다!
 (내가 코 큰 거 보이냐? 문 닫고도 대단하네. 관심법을 쓰나보네!)
- **나** : 그럼 계속 욕하세요! 아니 욕보세요.

걸어 내려오며 생각을 해보았다.

사무실에 유치권자와 채무자가 사이좋게 나뒹굴고 있다. (얘들 치정관계야? 이거 너무 부조화로운데) 채무자에게 공사대금을 받지 못했다면 유치권자는 어떻게든 점유를 확보하기 위해서 채무자와 사투를 벌여야만 한다. 이렇게 사이좋게 한 사무실에서 건물을 점유하고 있다는 건 채무자의 사주를 받아 허위유치권을 통모하고 있다고 뿐이 생각할 수 없다.

아! 심증은 있는데 물증이 없으니 이쯤 해두자!

아쉬운 마음에 재빠르게 핸드폰으로 채무자 회사 홈페이지를 들어가 보았다. 도대체 뭐하는 회사이기에 법원의 확정판결까지 준비해 둔건가. 앗. 용역, 퇴거, 철거, 명도 전문 업체였다.

한때 전국적으로 재건축, 재개발 바람이 불었다. 시행사로부터 명도를 의뢰받기도 하고 지주 편에서 더 많은 보상액을 받아 주기 위해 망루에서 확성기 틀고 꽹과리, 북을 치는 난동 전문업체였다. 하지만 故 박원순 전 시장이 취임하며 뉴타운을 해지하고 재생주택으로 가닥을 잡다보니 사업이 급격히 어려워진 것이다.

상대가 명도 전문 업체다 보니 쉽게 달려들지 못하고 다들 바라만 보는 관상용 물건이 되어버렸다.

한 층을 더 내려갔다. 남성 전용 맛사지 샵 "핑크"라고 쓰여 있었다. 벨을 눌렀다. 안쪽 철문과 바깥 현관문을 두 번 여는 구조였다. (지하 벙커도 아닌데 뭔 구조가 이래!)

문이 열리고 팬티만 입은 건장한 사내가 나온다. (미키마우스가 그려진 팬티를 입고 다닐 나이는 아닌 거 같은데 이 양반은 또 뭐지!)

잠자다 일어난 목소리로 "왜요?"하며 문을 열었다. (너무 일찍 일어났나 보네)

- 나 : 경매 나왔기에 물건 좀 답사 나왔습니다. 장사는 잘 돼요?
- 3층 : 위층 xx들이 돈을 안 빼줘서 못나가고 있잖아요. 경매가 진행된 다음부터는 위층 놈들이 현관에 cctv를 달아놔서 손님들이 들어오다 기겁하고 도망가요. 우라질 인간들. 사장 놈 걸리면 가만 안 둘 거예요.

(여기가 마카로니웨스턴이냐! 무법천지네. 전부들 한 판 붙을 태세다! 무섭다. 오줌이 찔끔찔끔 나온다. 요실금 걸리겠다!)

↳ 나 : 임차인이죠? 이 건물 사정 좀 듣고 싶은데 들어가도 됩니까?
↳ 3층 : 예. 들어오세요.

정육점처럼 시뻘건 전등으로 도배를 했다. 낮 시간이라 사람은 없었다. 짐작컨대 유사성행위 업체인 것 같았다. 나도 손님이라고 내실에서 비타 500을 가져다준다. (서비스업이라고 직업정신은 투철하네)

경매 진행되는 물건이 다 그렇듯이 앉자마자 건물주 욕을 엄청나게 하기 시작했다.

↳ 3층 : 보증금 문제로 열 받아서 후배들 데려다 손 좀 보려 했는데 알고 보니까 점유자들하고 선후배 관계더라고요. 그래서 참았어요. (학연인가보네. 선후배 관계 좋네! 무협 소설 쓰냐?)

어릴 적 맨몸으로 올라와 돈놀이 하며 살다 여기까지 왔다고 한다. 본인 성격이 꽤 급하다며 누가 낙찰받든 가만 안 있겠다고 이야기했다. 그러면서 빨래판이 되어버린 배때기를 슬쩍 까 보인다. (어느 누가 임장을 오던 계속 그렇게 오브리 해주세요. 부탁합니다. 험해서 보기 좋다. 미키마우스팬티도 호피팬티로 바꿔 입고 낙찰가 하락이 기대된다. 파이팅)

계단이나 벽면 누수상태를 살펴보면서 1층까지 걸어 내려왔다. 현관을 내려오자 좀 전까지 없던 한 무리가 현관을 통제하고 있었다. 아마 4층 전소유자 사무실에서 긴급히 통제 명령이 하달된 것 같았다. 불투명 현관유리 아래로 서성이는 유기견(유치권자) 무리들의 발바닥들이 보였다. 용적률(발바닥)이 장난 아니다. (발바닥이 저렇게 크면 키와 몸무게는 얼마나 큰거야!)

▹ **나** : 어디서 출몰한 거지.

뒤따르던 후배에게 이야기했다.

▹ **나** : 난 틀린 것 같아. 내 걱정 하지 말고 너 먼저 나가.

▹ **후배** : 형 그게 무슨 소리예요. 앞장 서 줘야지!

(먼저 탈출하면 내가 뒤를 맡겠다니까! 배려를 못 알아듣네)

▹ **나** : 지성을 배제한 감성은 맹목적이고 감성을 배제한 지성은 공허할 뿐인 것이다.

▹ **후배** : 그게 무슨 소리예요?

▹ **나** : 바짝 쫄았다는 이야기다. 오줌 싸겠다.

▹ **후배** : 지금 그런 언어유희나 하고 있을 때입니까?

그 사이 현관문이 열리고 문틈으로 들어오는 햇살을 배경으로 한 무리가 막아섰다.

▹ **1층** : 어디에서 오셨습니까?

내 뒤에 아무도 없는데! 누구한테 묻는 거지? 뒤를 힐끗 돌아보았다.

↳ **1층** : 어디에서 오셨습니까?

↳ **나** : ……경매 나왔기에 답사 왔는데요.

↳ **1층** : 우리가 여기 점유 중이니까 함부로 드나들면 안 돼요.

150kg쯤 돼 보이는 녀석이 파라솔 의자에 앉아 있다가 벌떡 일어났는데 파라솔의자에서 엉덩이가 빠지질 않았다. 그 어떤 언어적 폭력보다도 위협적인 자태였다. 유기견(유치권자)들이 국산품치곤 꽤 크게 출시되었다. 이놈은 아마도 유기견(유치권자) 관리인 정도 되는 모양이다. 곧 엉겨 붙을 태도다.

애들 장르가 코미디인 줄 알았는데 가만히 보니까 느와르였네.
(14 대 1 전문이지만 오늘은 참는다. 내가 누군 줄 알아. 14명 중에 한 사람이야!)

"나도 알지! 이렇게 드나들면 안 된다는 거 잘 알지. 동네 노는 형아들 모여 있는지 알았으면 들어왔겠어. 안 왔지! 궁금해 뒤질 거 같아서 와봤어. 그럼 수고들 하시오."

속보로 건물을 빠져나왔다. 원정대 투어는 그렇게 끝이 났다.

매각 기일이 되었다.

31억 5천만 원 금액으로 감정된 이 건물이 20억까지 내려왔다. 대한민국 경매 전문가들이 얼마나 많은가. 이 정도 유치권이라면 경매 전문가들에게는 쉽게 풀 수 있는 물건이다.
(주둥이 파이터가 아닌 진정한 실전 경매 전문가라면)

유치권과 명도문제만 해결한다면 10억 이상 저렴하게 매입할 수 있는 물건이다. 왜 응찰 안 하겠는가! 바로 이런 물건을 낙찰받기 위해서 많은 사람들이 기다릴 것이다. 장담하건대 무조건 5명 이상 응찰한다. 응찰가격을 얼마나 써야 할지 머리가 하얘지도록 고민에 고민을 했다. 그때 하얘진 머리가 아직도 검어질 줄 모른다. (직업병인거 같은데 산재는 어디서 신청해야 하나) 21억~25억 사이를 수십 번을 오르락내리락하며 고심했다.

그래! 정했어!

최저 입찰가격에서 2억을 올려 응찰가격 2,210,110,000원을 써 넣기로 했다.

너무 적게 쓴 건 아닐까 하는 걱정이 되었다. 개찰을 기다리는 시간은 초조하고 지루했다. 초보 때는 입찰 후 발표를 기다리며 혹시라도 발생할 위험이 두려워 차라리 낙찰되지 말라고 주문을 걸기도 하고 "0"을 하나 더 쓰지는 않았는지 의심스러운 생각도 많이 했다.

큰돈이 오가는 일이기 때문에 가끔 그런 일이 발생한다. 경험이 많은 응찰자들은 입찰 전날 미리 응찰가격란에 맨 앞 한 자리 정도는 미리 써 가지고 가기도 한다.

다시 말해 2억 5천에 낙찰받고 싶은 물건이 있다면 옆의 그림과 같이 미리 써놓고 나머지 숫자는 다음날 경매법정에서 현장분위기를 봐가며 작성하는 것이 20억으로 잘못 기재하는 실수를 막을 수 있는 방법이 된다.

드디어 개찰함이 열리고 순서대로 낙찰자를 발표하기 시작했다. 응찰한 사건의 개찰 순서가 되었고 응찰자는 법대 앞으로 나와 달라는 집행관의 요청이 있었다. 뚜벅뚜벅 걸어 나갔다. 뒤돌아보았다. 아무도 없었다.

대한민국에 날고 긴다는 경매 전문가들 다 어디로 간 걸까! 감정가격 대비 2/3가격으로 창고대방출 떨이 물건인데 이럴 수 있는 건가! 오늘 응찰자 캐스팅에 문제가 있었던 건가! 최저입찰가격보다 무려 2억 원 높은 금액으로 응찰가를 제시했다. 단독으로 1등을 차지했다.

이런 금액으로 응찰할 수 있었던 건 아래와 같은 수익성 분석이 있었기 때문이었다.

6층 근생 건물

1층 2칸	보증금	8,000만 원 600만 원
2층 전체	피시방	5,000만 원 250만 원
3층 전체		5,000만 원 250만 원
4층 전체	(전소유자점유)	5,000만 원 200만 원
5층 2가구	(31평씩 2세대)	1억 4,000만 원
6층 2가구	(25평씩 2세대)	1억 원
	보증금 4억 7천만 원, 월세 1,300만 원	

경락 잔금 대출을 알아보았다. 최대 19억 5천까지 가능하다고 한다. 이 당시만 해도 금리가 상당히 높았다. 금리 5%로 본다면 월 815만 원이 나간다.

> 22억(낙찰금액) – 19억 5천(대출금) = 2억 5천(실투금)
> 2억 5천 – 4억 7천(보증금) = –2억 2천(in my pocket)
> 1천 3백(임대수익) – 815(월 이자) = 450만 원(월수입)

2억 2천만 원 목돈이 생기고 월 450만 원의 월세를 받게 되는 것이다. 나쁘지 않은 물건이다. 응찰가격 22억 원은 나름대로의 명분이 있는 금액이었다.

유치권자들을 얼마나 빠른 시간 안에 내보낼 수 있느냐가 관건이 된다. 유치권에 대한 법원의 확정판결문이 몹시 궁금했다. 법원 서류를 열람해 보았다. 실체적인 유치권이 존재하는지 유치권 신청서를 검토해 보았다. 유치권 신고서, 공사도급계약서, 지급명령서, 세금계산서 등 갖출 것은 다 갖춰진 유치권 신고였다.

이 정도 완벽한 유치권 신고라면 만천하에 널리 알려서 좀 더 저감될 수 있도록 해야 하는 거 아닌가? (법원은 각성하라~ 각성하라~)

약 6년 전인 2005년도 내·외장 공사였고 공사대금 중 2억 원을 받지 못해서 공사업체가 건물주를 상대로 확정된 지급명령을 받아 유치권신고를 한 내용이었다. 저쪽은 작품 만드느라 고생했고 난 그저 감사할 따름이다. 저가로 내려가면 본인들이 다시 받으려 했는지는 모르나 잔재주 부린 일이 오히려 그들에게는 낙찰가격 하락으로 부채탕감금액만 줄게 되었다. 기선을 제압한다는 차원과 어떤 반응을 보이는지 살펴보기 위해서 점잖게 편지를 썼다.

귀하의 무궁한 발전을 기원합니다

지난 20××.9.7. 서울남부 지방법원에서 담보권 실행(경매)되었던 20**타경 ○○○○ 사건에 대해서 귀하의 유치권이 법원에 접수되어 아래와 같이 이의를 제기하오니 참조하시기 바라겠습니다.

아 래

1. 귀하가 주장하는 유치권의 발생시점은 2005.8.1. ~ 2005.9.14.입니다. 그러나 민법 제163조 제3항 "도급받은 자, 기사 기타의 공사의 설계 또는 감독에 종사하는 자의 공사에 대한 채권"은 단기채권 소멸시효 3년이며 발생시점을 역산해본다면 6년이 훨씬 넘은 공사채권이므로 소멸시효가 완성된 것입니다. 또한 채권소멸 시효 이후 확정된 지급명령 결정을 받았다고 하더라도 이미 채권의 시효는 소멸되었기 때문에 주장할 수 없습니다(2010가단62239 판결문 참조).

2. 한솔기업에 인테리어 공사를 해주고 공사대금 2억 4백 6십만 원을 받지 못했다고 주장하는 한솔디자인은 이미 해산 간주된 법인으로써 유치권자 김○○에 대해서는 어떠한 권리자로서의 자격을 찾아 볼 수 없습니다(등기사항증명서).
급조된 서류로 가공 유치권을 만들기 위한 것이라고 봅니다. 또한 한솔디자인과 한솔기업은 모회사 관계에 있다는 의심을 하지 않을 수 없습니다.

허위 유치권의 경우 2007년도 인천 지방법원의 판례를 본다면 경매방해 및 사기미수로 실형인 징역형 판결이 내려졌습니다(2007고단4235).

> 유치권서류를 살펴보자니 한솔기업 전 대표와는 고향친구로 추정되는데 선의로 친구를 돕고자 유치권신고를 했겠지만 후일 경매방해죄 및 사기미수죄로 형사상 처벌을 받는다는 점을 유념하시기 바라겠습니다.

진성 유치권이라면 낙찰자가 의구심을 갖는 부분에 대해서 조목조목 반론을 제기할 것이고 허위 유치권자라면 조작된 반론을 만들 것이다. 그 과정에서 허위사실이 밝혀질 것이고 이는 추후에 인도명령결정을 받아내는 데 결정적인 역할을 할 것이다.

며칠이 지나도 별다른 연락이 없었다. 아무래도 본격적인 싸움은 소유권이 이전되어야 가능할 것으로 추정되었다. 여기저기 다니며 금융기관에 대출을 알아보았다. 이구동성으로 유치권을 걸림돌로 들고 나왔다.

> **유치권이란?**
> 타인의 부동산 가치를 상승시키는 행위를 했고 그로 인해 채권이 발생하였으나 변제받지 못하여 부동산을 점유하고 내어주지 않을 권리

금융담당자들에게 유치권 해결안을 상세히 설명하고 어렵게 대출승인을 받아 소유권 이전을 했다. 이제 시작이다.

현장에 도착했더니 그동안 걸어놓지 않았던 유치권현수막이 즐비하게 걸려있다. 이미 예상하고 있었던 일이다. (준비하느라고 겁나 고생했겠어!)

유치권을 행사하는 4층에 올라가 문을 두드리니 앳된 덩어리가 문틈으로 눈알을 껌벅였다. (너 물고기냐! 윙크하지 말고 좋은 말할 때 열어라) 이놈들도 이제 올 것이 왔다는 생각을 했는지 지들 형님한테 연락해야 한다면서 열나게 뛰어 들어간다. (걷는 거나 뛰는 거나 비슷해 보이는데. 애쓰지 마라. 고혈압으로 쓰러진다) 조금 기다리니까 그 놈보단 머리가 약간 작아 보이는 돼지가 나왔다. 어미 돼지인 듯 보였다. 그 뒤를 새끼 돼지들이 주르륵 따라 나왔다. (돼지소풍 가냐? 이것들 삼겹살 파티 한 번 해 봐!) 한 줄로 쪼르륵 서더니 어미 돼지한테 배꼽인사를 한다. (이것들이 조폭영화를 겁나 봤구먼! 기막혀서)

이런 일을 해본 프로라면 타협안을 제시하고 조율해서 실익을 챙기고 비워주는 게 상도의다. 독립운동 하는 것도 아닌데 대결구도라니 실익도 없이 힘자랑하고 겁박하는 것들은 동네 양아치들이나 하는 짓이다.

프로다운 모습을 보일 줄 알았는데 조폭 흉내 내며 뛰어다니는 꼴을 보니 동네 양아치 수준이었다. (명도전문업체면 주변에 인프라가 꽤 될 텐데 왜 이런 놈들을 고용했지?)

타인의 건물을 인도해주지 않을 권리, 즉 유치권의 모양새를 갖추기 위해서 아웃소싱했나 보다. 동네 달건이(달빛보고 다니는 건달)들을 싼 맛에 고용했나! 하도 으르렁 대길래 다짜고짜 물어보았다.

나 : 니들 이런 일 처음 해보지?

두목급 정도 되는 놈 하는 말이

↳ **4층** : 지금부터 개기는 놈 있으면 담그고 묻어.

(이 한심한 인간아. 채권 회수용으로 동원된 애들이 일당을 얼마나 받는다고 담그고 묻겠냐! 무섭다. 살살 하자) 점점 순화되지 않은 언어를 구사한다.

이런 놈들은 아직 징역을 안 살아본 놈들이다. (이것들이 징역 한 번 가봐야 정신 차리지!) 도저히 대화로 해결될 기미가 없었다. 소유권 이전과 동시에 "점유이전금지 가처분과 인도명령"을 신청했다.

부동산점유이전금지 가처분신청

채 권 자 : ○○○
주 소 : 서울시 동작구 ○○○
채 무 자 : ○○○
주 소 : 서울시 강서구

목적물의 표시 : 별지목록 기재와 같음

목적물의 가격 : 금 25,306,297 원정

※ 산식 : 구조 번호 : 2(철근콘크리트조) 용도번호 : 4(사무실)
  지역 번호 : 7(2,500,000원/㎡) 건축 연도 : 2004년
  ㎡당 가액 : 685,000×246,29㎡ = 168,708,650
  건물시가표준 : 168,708,650×30/100×1/2 = 25,306,297

피 보 전 권 리 : 경매에 의한 명도 청구권

신 청 취 지

1. 피신청인은 별지목록 기재건물을 신청인이 위임하는 집행관에게 그 보관을 명한다.
2. 집행관은 현상을 변경하지 않을 조건으로 피 신청인의 사용을 허가할 수 있다.
3. 집행관은 위 사실을 적당한 방법으로 공시하여야 한다.
4. 피 신청인은 그 점유를 제3자에게 이전하거나 또는 점유명의를 변경하여서는 아니 된다.

라는 재판을 구함

신 청 이 유

1. 신청인은 피신청인과 2011.10.14. 별지목록 기재 건물 소유권이전등기를 경료한 진정한 소유자입니다. 아무 권원이 없는 피신청인에게 누차에 걸쳐 명도해 줄 것을 요구하였으나 금품을 갈취할 목적으로 조직 폭력배를 동원하여 부동산을 점거하며 명도요구에 불응하고 있습니다. 또한 점유자가 계속 바뀌고 있습니다.
2. 채권자는 채무자를 상대로 인도명령을 준비 중인 바 채무자의 점유부분에 대하여 가처분을 하지 않으면 후일 인도명령결정 이후에 집행불능이 될 우려가 있으므로 그 집행 보전의 수단으로 본건 신청에 이른 것입니다.

소 명 서 류

1. 부동산등기부등본 1통
1. 토지대장 1통

1. 부동산 별지 목록 1통
1. 도면 1통

20××.××.××
위 신청인   (인)

　법원에 점유이전금지 가처분신청을 접수하고 목적지인 부동산으로 발길을 돌렸다. 6층 건물 중에서 3층은 "마사지 샵"(이것도 꼴통!), 4층은 조폭 점거중이고 5층, 6층은 다세대 주택, 나머지는 전부 공실이다.
　"점유이전금지 가처분"은 점유자가 없다 할지라도 개문하고 집행을 할 수 있다. 집행관의 점유이전금지 가처분집행은 거친 명도저항에 대처하는 효과적인 방법이다. 현관을 들어섰다. 그전에는 없던 철문이 계단에 설치되어 있다.
　계단을 철문으로 막아버리고 엘리베이터를 정지시켜버렸다. 외부로부터의 모든 침입을 막아보겠다는 행동이었다. (손바닥으로 하늘을 가리지!) 점유이전금지 가처분결정이
떨어져 집행을 하게 되었다. 철문이 닫혀 있어서 열쇠수리공에게 열어줄 것을 요구했으나 열 수 없다고 했다.

철문 자체를 용접을 해버렸기 때문이다. 내려올 일이 있으면 간 간이 엘리베이터를 가동시킨다고 한다. (명도 저항 만만치 않네)

집행관이 법원에서 나왔으니 문 열어보라고 요청을 했다. 급기야 한 놈이 난간에 나와 여기 용접되었으니 못 들어온다며 쌍욕만 거하게 하고 올라간다. 집행관은 이 생활 10년에 이런 상황은 처음 겪어 본다며 어이없어 했다.

> **집행관** : 강제 집행도 쉽지 않겠는데요?

집행관이 기가 확 죽어버렸다.

> **나** : 집행관님, 민사집행법 제5조 제2항을 보면 채무자가 저항할 경우 국군의 원조를 요청할 수 있다고 적혀 있던데 국군 부를까요? 몇 사단이 좋겠어요?!

집행관이 어이가 없다는 듯 나를 빤히 쳐다봤다. 나도 집행관을 빤히 쳐다봤다. 공무집행을 거부당하고 있자니 꼴이 참 한심해 보였다. (저런 것들한테 개망신을 당하고 있다니) 이러다가 진짜 집행 불능에 빠질 수 있다는 위압감이 엄습했다. 뭔가 조치를 취해 놓아야겠다는 생각에 경찰서를 찾아갔다.

> **나** : 고소장 접수하러 왔습니다.
> **경찰관** : 예?

고소장을 받아 든 경찰관이 수사과로 보내야 할지 형사과로 보내야 할지 고개를 갸우뚱거린다. 사기 및 협박사건이면 수사과, 폭력사건이면 형사과로 가라고 한다.

형사과 쪽으로 가라는 안내를 받고 형사과 문을 들어섰다. 여기가 유치장인지 아니면 노숙자 숙소인지 알 수 없었다. 영화에 나오는 너저분한 모습 그대로였다.

담당 계장과 정황에 대해서 이야기를 나눴다.

- 나 : 조폭과의 전쟁을 선포한 이때 조폭의 자금줄이 되고 있는 이권개입사건에 대해서 수사를 의뢰합니다.
- 경찰관 : 폭행당하셨나요?
- 나 : 예, 욕설과 멱살잡이를 당했습니다.
- 경찰관 : 그건 좀 약한데요. 폭력사건이 발생했다면 증거가 있으니까 잡아넣겠지만 위협했다는 거 가지고 수사를 해봐야 별 소득이 없을 것 같습니다.

이야기를 들어보니 그럴 것도 같았다. (결론적으로 몇 대 맞고 오라는 이야긴데 가오가 있지 그건 좀)

범죄예방차원에서 의지를 가지고 수사해달라고 요청하며 고소장을 접수하였다.

고 소 장

고소인 주소 : 서울시
성   명 : ○○○
피고소인 주소 : 서울시 강서구
성   명 : ○○○
점거 부동산 : 서울시 강서구 화곡동 ○○○

고 소 내 용

　고소인은 서울 남부 지원 20**타경****(서울시 강서구~~~) 경매 사건을 낙찰받아 20××년 10월 14일 소유권이전등기를 완료한 소유자입니다.

　소유권이전등기를 완료하고 부동산에 가보니 머리를 짧게 깎고 온몸에는 문신을 한 조직폭력배 대여섯 명이 낙찰받은 부동산을 점거하고 있었습니다.

　현관에 조직원으로 보이는 사람에게 무슨 일로 여기 있냐고 물어보았더니 자기네는 잘 모르니 형님에게 물어보라며 우두머리로 보이는 ○○○이라는 사람을 데리고 왔습니다.

　그런데 ○○○이라는 사람이 나오자 조직원들은 90도로 직각 인사를 하며 위압적인 자세로 도열을 하였습니다.

　○○○이라는 사람에게 무슨 일 때문에 여기에 있는 거냐고 물었더니 자기 형님(○○○)이 2005년 8월 1일부터 한 달간 인테리어 공사했는데 아직 공사대금을 받지 못해서 돈 받으러 온 거라고 합니다.

　그럼 ○○○라는 사람의 회사직원이냐고 물었더니 ○○○는 아는 형님이고 자기는 아는 동생이라는 것입니다. 공사대금 2억 원을 내놓지 않으면 점유하고 있는 건물을 인도해 줄 수 없다는 겁니다.

　이 건물 안에 공사대금을 주지 못한 주 채무자(한솔기업)가 아직도 상주하며 사업을 하고 있는 걸로 아는데 공사를 발주한 그들에게 돈을 요구해야지 낙찰자에게 돈을 달라고 하느냐고 물었더니 본인은 그런 건 모르겠고 무조건 공사대금을 받을 때까지 점거하겠다며 위협을 합니다.

　공사했다고 주장하는 장소가 4층이니 4층을 빼고 다른 층은 소유권이 나에게 있고 1층은 전부 공실이니 열쇠라도 교환하고 가야겠다고 하였으나 조직원 중 한 명이 멱살을 잡고 "개새끼가 가라면 가지 왜 지랄이야."라며 위협을 했습니다. 열쇠교환을 하기 위해서 현장에 도착한 열쇠공에게도 험한 욕설을 내뱉으며 칼로 배를 쑤신다는 둥 묻어버린다는 둥 위협을 하며 돌려보냈습니다.

　현재 전 소유자인 ㈜한솔기업은 건물철거 업체로써 대표자는 구속 상태에 있고 인테리어 공사를 했다고 주장하는 ㈜한솔디자인은 해산 절차가 끝난 주식회사입니다.
그리고 등기부등본상에 경매기입등기가 등재된 것은 2011.2.23.이고 그 후 3개월이나 지난 2011.5.6. 김ㅇㅇ와 ㅇㅇㅇ은 6년 전의 공사대금을 못 받았다고 점거하고 있습니다.
전 소유주인 ㈜한솔기업의 사주를 받아 허위유치권자인 김ㅇㅇ와 통모하여 조직폭력배인 ㅇㅇㅇ에게 점거하게 하고 협박과 사기로 금품을 갈취하려 합니다.

　오늘 아침신문에도 경찰청장님께서 조직폭력배와의 전쟁을 선언하시고 자금을 어떻게 확보해서 생계를 유지하는지 밝히겠다고 하셨습니다. 이들의 자금줄은 이런 일에 뛰어들어 선량한 서민을 위협하고 갈취하여 조성됩니다. 만약 이런 일들을 그냥 방치해 둔다면 범죄의 온상이 되어 범죄자금줄이 될 것입니다. 경찰청장님께서 의지를 갖고 범죄와의 전쟁을 선언한 이상 범죄의 온상을 뿌리 뽑아 주셨으면 합니다.
선량한 시민이 맘 놓고 살 수 있도록 수사해주시기 바라겠습니다.

한 달 정도 지나자 배당기일이 잡혔다. 아직 유치권자에 대한 인도명령 결정이 나오지 않았다. 저쪽도 나름대로 유치권 준비서면을 법원에 제출했다. 나도 그에 맞는 반박 변론서를 제출했다. 배당기일날 기각으로 갈지 아니면 인용이 될지 기다려 봐야 했다. 드디어 배당기일이다. 인도명령결정이 떨어졌다.

사건번호	2011타기		사건명	부동산인도명령
재판부	경매6계 (전화:02-2192-1336)			
접수일	20 .10.24		종국결과	20 .10.25 인용
항고접수일			항고인	
항고종국일			항고결과	
송달료, 보관금 종결에 따른 잔액조회		잔액조회		
결정문송달일			확정일	

최근기일내용

일자	시각	기일구분	기일장소	결과

당사자내용

구분	이름	결정문송달일	확정일
신청인	1. 김		
피신청인	2. 주식회사 기업	20 .10.31	

유치권은 점유만 풀리면 권리는 사라지게 되는 것이다. 인도명령결정을 인용했다는 것은 강제집행으로 명도하라는 것이다. 다시 말해서 유치권을 인정하지 않았다는 이야기로 해석하면 된다. 이제 강제집행만이 남아있다.

모든 강제집행은 사전에 "계고"라는 절차를 거친다. 점유자에게 일정기간의 말미를 주고 그 이후에도 인도해주지 않으면 임의로 아무 때나 강제집행하겠다는 마지막 통보절차다.

계고를 하기 위해서 집행관이 현장에 나갔으나 예상대로 점유하고 있던 "으쓱이"들의 저항이 강력했다. 된통 당하고 온 집행관이 연락을 해 왔다. 집행관실로 한 번 나와 달라고 한다.

강제집행이 쉽지 않을 걸로 예상한 집행관이 어떻게 집행할지 방법을 모색해보자는 것이었다. 충돌 없이 신속하게 처리하기 위해서 동트는 시간에 맞춰 집행을 하라는 판사의 결재를 받겠다고 했다. 겨울의 문턱에 들어선 시기였기 때문에 해가 좀 늦게 떴다. 당일 일기예보에 맞춰 새벽 6시 반에 강제집행을 시작하기로 했다. 결재가 원만히 이뤄질 수 있도록 판사님께 지금까지의 상황을 참고서면으로 넣어주면 좋겠다는 제안과 거친 "으쓱이"들을 뚫고 들어갈 용역인원을 배치해 줬으면 좋겠다는 제안을 했다.

무력충돌이 있을 수도 있는 상황에서 집행관이 앞장서서 용역업체까지 선정하기에는 무리가 있었던 모양이었다. 세상의 시선은 정의로운 자의 편이 아니라 약자의 편이라는 걸 집행관들은 이미 경험으로 알고 있었다. 아무리 정당한 집행이라도 악어의 눈물 앞에서 속수무책으로 당할 수밖에 없는 게 현실이다.

집행이 원활하게 이뤄지도록 의견서를 제출하였다.

의 견 서

신 청 인 : ○○○
피신청인 : (주) ○○ 기업
사건번호 : 20**타경 ○○○○
　　　　　 20**타기 ○○○○

○ 위 사건에 대해서 피신청인 (주)한솔 기업에 대해 귀원경매 6계로부터 인도명령결정을 받아 집행신청을 하고 20××.11.7. 강제집행비를 예납하였습니다.

○ 20××.11.09. 집행실에서 계고를 하기 위해 현장에 출동하였으나 4층에 점유하고 있는 전 소유주인 (주)한솔기업은 3층과 5층 계단에 철문을 설치하고 3, 4, 5층의 엘리베이터운행을 중지시켜 놓았습니다.

○ 집행관은 인도명령고지를 수행하기 위해 개문하여 줄 것을 요청하였으나 조직폭력배로 보이는 김○○라는 자가 집행관의 개문요구에 불응하며 유치권을 주장하는 김○○를 대신하여 점유하고 있으니 돌아가라며 행패를 부리는 일이 벌어졌고 내부는 들어가 보지도 못한 채 계고가 불가능해졌습니다.(인도 고지 불능 조서)
소유권이전 후에도 여러 차례 명도협조를 얻기 위해 가봤으나 역시 조직폭력배로 보이는 자들이 서성이며 출입을 통제하고 멱살까지 잡히는 사태가 있었습니다. 본 건은 폭력배를 동원한 유치권사기 공갈사건입니다.

○ 전 소유자에게 변제 받지 못한 채무가 있는 진정한 유치권자라면 채무를 변제받지 못해서 화가 많이 나 있을 텐데 전 소유자를 보호하기 위하여 법원의 인도명령 결정에 결사적으로 대항하고 있습니다.
유치권신고에서도 밝혔듯이 유치권을 신고한 김○○와 전소유주 대표 김○○은 막역한 고향친구사이로 김○○ 소유의 건물이 경매로 넘어가게 되자 서로 통모하여 유치권이 존재하는 것처럼 꾸미고 지급명령을 신청하여 무변론으로 확정 받았습니다.

단기채권소멸시효(민법 제163조 제3항)가 만료된 채권에 대해서 지급명령을 하고 경매기입등기가 경료된 이후 2011.5.6.에서야 유치권 신고를 했다는 것은 급조된 허위 유치권임을 증명하는 것입니다.

○ 이들의 행위를 본다면 소유권이전등기를 마친 이후에도 법원의 강제집행을 막기 위해 마치 본인들의 건물인 양 철문을 설치하는 불법행위를 자행하고 있습니다. 앞으로도 건물의 어떤 훼손을 가져올지 모르는 상태라서 낙찰자는 초조한 맘으로 법원의 결정을 기다리고 있습니다.

○ 이들이 보낸 내용증명에는 금 456,030,667원 완전한 지급이 이뤄지지 않는다면 유치권 행사를 취소할 수 없다고 협박을 하고 있습니다. 유치권을 주장하는 김○○와 채무자인 김○○은 한 사무실에 같이 점유하고 있는 상태인데 주 채무자는 보호해가며 낙찰자에게 유치권금액을 변제해 달라고 주장하는 것은 신의칙에 위배되는 행위이기에 더욱 더 허위유치권이라는 생각이 굳어집니다.

○ 기업형 조직폭력배의 자금줄에 대해서는 현 경찰 수뇌부에서도 엄벌할 것을 발표한바 있습니다.

그러나 낙찰자는 아직 본 사건에 대해서 법원의 판단을 받지 못하고 있기에 이들에 대한 수사를 의뢰하지 못하고 있습니다.

이번 기회에 경매 방해로 조직폭력배들의 자금을 조달하는 자들을 엄벌에 처할 수 있도록 판결을 내려주시기 바랍니다.

낙 찰 자 : ○ ○ ○
서울남부지방법원 : 경매 6계

2011.11.30. 유치권 확정 판결을 받아 놓고 배짱부리며 점유하고 있던 유치권자에 대해서 인도명령 결정이 떨어졌다. 이제 송달만 이뤄지면 바로 집행할 수 있는데 송달을 받지 않았다. 2회 보정명령 후 경매계 직권으로 공시 송달을 띄웠다. 유치권자들은 법원으로부터 유치권 존재 확정판결문을 가지고 있던 터라 안심하고 있었다.

명도전문 업체를 명도하다

공시송달기간이 끝나고 드디어 강제집행 전날이 되었다. 건물을 뽑으러 가는 것도 아닌데 노무 인력이 70명이나 필요하다고 했다. 법원에서 이야기하는 공식적인 필요인원이었다. 집행해보니까 집행인원 중에 갤러리들이 상당수 끼어있던데 꼭 이 인원이 다 필요한 건가! 대법원 규약에 그렇게 되어 있다니 딱히 할 말이 없었다.

↳ **집행관** : 그리고 비디오카메라도 2대 정도 가져오셔요.

↳ **나** : 네? (화면발도 안 받게 생겼는데 웬 비디오카메라?)

↳ **집행관** : 명도저항이 심해지면 증거자료로 사용할 겁니다.

집행관이 계고장을 붙이러 갔다가 문도 열어보지도 못하고 된통 당해서인지 단단히 준비를 시킨다.

차량과 인원 등을 체크했다. 깊어지는 겨울밤 창밖엔 흰 눈이 펑펑 내리고 있었다. 다음날 아침은 대설주의보도 있고 겨울 중에 가장 추운 날이라고 했다. 무려 영하 14도.

(집행기일도 더럽게 잡았네. 미끄러워 인사사고라도 나는 날이면 큰일인데 걱정이다)

점유자들이 출근하기 전에 강제집행을 해야 수월하겠다는 생각에 집행시간을 일출 시간으로 잡았다. 오전 6시 현장 집결. 눈 때문에 집에 들어가지도 못하고 인근 숙소에서 잠을 자고 새벽 5시 현장으로 날아갔다.

초겨울 새벽 만만치 않은 칼바람이 살을 파고들었다.

용역인원 30~40명과 법원집행인원 80~90명이 인근 건물로 집결하였다. 출근하는 사람들은 무슨 일이 생겼는가 싶어서 우리를 쳐다보며 종종걸음을 했다. 일단 해장국집에서 용역인원들에게 밥을 먹였다. 당일 처음 보는 사람들이기 때문에 아군끼리도 일면식이 없다. 급조된 팀이다 보니 어쩔 수 없었다. 절대 어깨라도 부딪치는 일은 없게 해달라고 지시하고 층별 구역별로 건물 담당을 배치했다.

헐레벌떡 용역회사 이사가 달려왔다. 관할 경찰서에 "배치신고"를 마치고 왔다고 했다. 충돌이 예상되는 집회는 무조건 관할서에 배치신고를 해야 한다. 용역회사 이사도 명도당하는 이 업체를 잘 알고 있었다. 같이 일도 많이 했던 업체였다고 했다. 그쪽이나 이쪽이나 베테랑들이라 절대 몸싸움으로 충돌생기는 일은 없을 거라고 했다. 사실 그러했다. 전직 유도선수들이라 힘으로 한다면 무서울 것이 없겠지만 상대방을 절대로 힘으로 제압하지 않고 접근만 못하게 한다는 게 용역업체의 철칙이다.

현관문을 따고 위로 올라가기 시작했다. 엘리베이터를 정지시켜놓았기 때문에 걸어서 올라갈 수밖에 없었다. 3층에 도착하니 철문을 용접해놓았다. 점유하는 놈들이 외부 침입을 막기 위해서 설치한 철문이다.

용역회사 이사 : 야! 용접기 가져왔지?

용역 : 예.

용역회사 이사 : 야!! 애들 일어나기 전에 용접기로 문 빨리 따야 한다.

건물을 사수하기 위해서 몇 명씩 당직한다는 정보를 이미 알고 있었다. 철문은 외부에 개문할 수 없게 되어 있었다. 열쇠수리공도 열어보겠다고 열심히 매달려 개문을 시도했다. 하기야 용접기를 이용하면 소음도 크고 건물 훼손 우려도 있었다. 용접기를 사용하지 않고 올라가는 것이 가장 좋은 방법이었다.

그러던 중 우리의 열쇠 맥가이버가 문을 열었다. 이제부터 예납 집행비 외 지출내역이 발생하는 것이다. 용접기 비용에 대해서 모르고 있었다. 나중에 알고 보니 50만 원인데 일한 게 없으니까 출장비로 15만 원만 달라고 청구했다.

후다닥 용역 진입조가 들어갔다. 문을 열고 우르르 들어가 보니 두 녀석이 누워 자고 있다.

↳ **용역회사 이사** : 너희가 은둔형 외톨이야? 왜 여기서 디비져 자는 거야, 날도 추운데.

(용역을 쓰려면 제대로 된 놈을 써야지? 말갈족인지? 거란족인지?)

바싹 마른 성질 더럽게 생긴 두 녀석이 부스스 눈을 비비며 일어났다. 집행관이 강제집행을 위해서 개문했음을 고지하고 간단한 짐을 챙겨 나갈 것을 명했다. 그런데 이 녀석들이 아직 상황파악이 안 된 건지 우왕좌왕하며 짐도 안 챙기고 지들 식구들에게 전화를 하고 있었다. 안을 살펴보았다.

점유를 뺏기지 않으려고 당직표까지 짜놓고 조직적으로 대응하고 있었다. 게시판을 들여다보니 명도전문업체답게 명도순서도가 꽂혀 있었다. (어쭈구리! 준비 많이 했네! 완전 비호감인데)

남들 명도만 해주다가 본인들이 명도 당하는 입장이 되었다. 그동안 쌓인 노하우로 명도저항을 해 온 것이다.

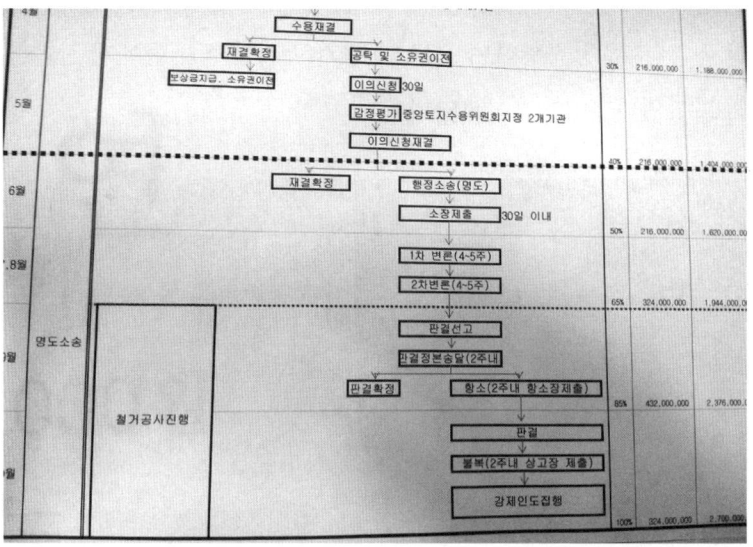

벽에 걸려 있는 계획도를 보니 철거업체가 맞는 모양이었다. 망루에 올라가 있는 철거민들 끄집어내고 주민들을 집밖으로 질질 끌어내는 일을 전문적으로 하는 녀석들이었다. 오늘 제대로 한 판 붙자. 반갑다.

법원 노무 잡부들도 고급인력인지 사다리 없이는 일 못 한다고 생난리였다. 정해진 시간 내에 끝내야 한다나? 무척들 바쁘신지 사다리차로 짐을 내리고 있는데 어디서 "꽝꽝!"하는 소리가 들렸다. 성곽 빠개지는 소리였다.

> **나** : 뭐야!!

현관을 봉쇄했던 우리 쪽 용역인원들이 4층으로 재빨리 뛰어 올라왔다.

> **용역** : 저쪽 용역 애들이 떼거리로 몰려와서 현관문을 부수려고 공구를 던지는데요.

> **나** : 이그~~ 올 것이 왔구먼! 기다려라, 내가 내려간다!

건물 안에 들어와 있는 우리 용역인력에게 건물 밖으로 나가 건물 훼손행위를 막으라 하기엔 인원이 너무 부족했다.

> **나** : 일단 현관 잠그고 막아! 김 이사(용역회사)한테 연락해서 인원 충원시켜 달라고 해.

집행관과 함께 1층으로 내려왔다. 현재 강제 집행중임을 공지했다. 이놈들이 또다시 몸 개그를 하기 시작했다. 현관문으로 향해 온갖 것을 던졌다. 깨고 들어 올 태세였다. 공권력의 부재를 실감하는 상황이었다.

> **집행관** : 이건 공무집행방해~

그 말에 난동을 중지하는 놈은 한 놈도 없었다.

(그러니까 국군의 도움을 받자니까)

> **나** : 아~~ 이 새끼들 진상의 아이콘이네. 점유탈취 당했으니까 이제 끝났어. 집으로 돌아가.

겁에 질린 집행관이 112에 전화를 하라고 했다. 증원 용역 인원은 30분이나 지나야 온다고 하니 112 신고로 시간을 지연해 보는 수밖에 없었다. 집행관이 질색하며 말하길,

> **집행관** : 그래서 내가 방어 용역 인원 많이 데리고 오라고 하지 않았습니까.

자기네들이 선정해준 업체를 쓰지 않아서 이런 결과가 나왔다는 투정 섞인 말투였다.

잠시 후 지구대에서 순찰차 3대가 왔다. 골목길은 우리가 대기시킨 화물운송 차량 앞뒤로 유치권자들이 막고 있었고 그 뒤로 유치권을 주장하는 점유자들의 차량을 3중으로 막았다. 건물 현관문을 향해 들어오겠다고 행패를 부리고 있었다. 다행히 경찰차가 출동하자 잠시 잠잠해졌다.

그때 건물 밖으로 나온 집행관이 법원의 집행권원에 의해서 이뤄지고 있음을 경찰관에게 이야기했다. 공무집행방해하고 있으니 모두 연행해 달라고 부르짖었다. 경찰관은 멀뚱멀뚱 엉뚱한 데만 바라보고 있었다. 경찰관 4~5명으로는 저 많은 유치권 용역인원을 연행하기에는 역부족이었다. 기세등등해진 유치권 용역인원이 차에 실려 있던 짐을 강제로 끌어내리며 정당한 임차인인데 인도명

령도 없이 왜 강제집행을 하는 거냐고 저항을 했다. 자기네들이 정당한 임차인이므로 임대차 계약서를 찾아 보여주겠다는 것이다. 이들은 사무실 하나에 20여 개의 사업체가 존재하는 것처럼 옮겨 놓았다. 전부 인도명령결정을 받았는데 지금 거칠게 저항하는 저 임차인 녀석 하나만 빠뜨리고 인도명령을 받지 못했다. 나의 큰 실수였다. 이 녀석들이 이 빌미로 권원 없는 집행이라며 극렬히 저항하고 있는 것이다. (니들 말이 맞아 ! 그런데 어쩌냐 난 집행해야겠는데)

잠시 후 철모를 쓴 경찰 기동타격대가 3개 소대가 출동했다.

(마빡에 구멍 날 일도 없는데 뭐 그리 중무장을 하고 오나?)

기동타격대가 도열한 가운데 뒤에 서 있던 집행관이 앞으로 나서면서 기세가 당당해진 채 모두 연행하라고 소리쳤다.

민사집행법 제4조인가 제5조에 "국군의 도움을 받을 수 있다" 하던데 정말 도움을 받을 수 있는 모양이었다. 그런데 웬걸. 경찰 무전을 들어보니 민사사건이니 깊게 개입하지 말라는 타전이 날아왔다. (이거 법하고 필드하고 많이 다르네. 스크린 골프하고 필드 골프 차이 정도 나네)

일이 이상하게 꼬이다 보니 경찰기동타격대를 사경비 조직처럼 세워놓고 집행을 하게 되었다. 저 놈들 이야기도 맞는 부분이 있었다. 자기는 인도명령을 받지 않은 부분의 임차인이라며 판사의 판결을 받아 오라는 주장이었다. 법절차에 문제가 있었는지 짐은 이미 다 빠진 상태였다.

> **나** : 만약 강제집행 절차에 문제가 있었다면 정식으로 손해배상 청구하시오. 다 받아 줄 테니까.

할 테면 해보라며 기선을 제압했다. 거칠게 저항하더니 점심시간 되니까 어디론가 홀연히 사라졌다.

(다 먹고 살자고 하는 건데 밥은 먹고 하려나 보다)

유치권 주장은 점유가 생명이다. 실무에서 유치권자가 점유를 침탈당해서 억울하다고 법원에 징징대는 케이스는 많지 않다. 점유가 풀리는 순간 권리는 다시 찾을 수 없기 때문이다.

점유탈취 당하고 점심 먹으러 가는 유치권자들의 뒷모습을 보니 비 맞고 집 쫓겨나는 강아지 꼬락서니였다.

트레이닝복 입은 놈, 패딩 입은 놈, 양복 쫙 빼입고 나온 놈 등 아주 가관이 아니다. (다목적군도 아니고 단체복이라도 통일해서 입고 다니지 꼬락서니하고는. 그래서 내가 선수끼리 해결보자고 했잖아! 말 안 듣고 덤비더니 꼴좋다)

다시 올라와 짐을 내리기 시작했다. 그때 갑자기 집행관이 생난리를 친다.

> **집행관** : 왜 이삿짐 차량을 대기시켜 놓지 않습니까?
> **나** : 밖에 준비해 놓았습니다.
> **집행관** : 한 대 가지고는 안 되죠. 계속 내려갈 건데.

이야기인즉 집행관이 선정해주는 이삿짐차량을 선정하지 않고 왜 낙찰자가 사적으로 차량을 불렀느냐 그런 이야기였다. 이사 운송 업체 및 인력은 낙찰자가 선정해도 법적으로 아무런 문제가 되지 않는 걸로 알고 있다. 집행관이 선정한 차량을 부르지 않는 이유는 시중가격보다 비싸서 였다.

모르는 척 집행관한테 물어보았다.

- **나** : 5톤 트럭 한 대 쓰면 비용이 얼마 정도 들어요?
- **집행관** : 50만 원입니다.
- **나** : 뭐요?!

내가 불러온 차량은 윙바디 덮개까지 씌워진 차량이었는데 35만 원에 하루 종일 운송 계약을 했다. 집행관이 추천해 주는 업체가 50만 원이라면 그쪽으로 선정할 이유가 없지 않은가!

집행관 추천 운송업자와 통화를 했다.

- **나** : 운송하시는 분입니까?
- **운송업자** : 예.
- **나** : 50만 원이라고 하는데 하루 종일 운송해주는 비용입니까?
- **운송업자** : 아니요, 1회만 가능합니다.
- **나** : 근린생활시설 6층짜리인데 몇 대정도 불러야 합니까?
- **운송업자** : 경험상으로 20대 정도는 불러야 합니다.
- **나** : 단 한 번만 운행하는 데 50만 원입니까?
- **운송업자** : 예.

내 귀를 의심했다. 사람을 호구로 보나 싶었다. 계산하면 운송비만 1,000만 원이 나온다. 말도 안 되는 상황이다. 아무리 생각해도 집행관이 추천해주는 운송업체를 쓸 수 없었다. 차량 1대만으로 운송하다 보니 자꾸 재촉하는 집행관의 등쌀이 만만치 않았다. 다시 사적으로 계약한 운송 업체 차량을 불렀다.

2대를 추가하여 대기시켜놓고 짐을 내리기 시작했다. 집행관이 자기 뜻대로 되지 않아서 빈정 상했는지 오전에만 일을 하기 때문에 1시까지만 집행하고 노무자를 철수시키겠다고 으름장을 놓는다.

유치권자들이 점유했던 4층 집행이 완료되었다. 그 사이 다시 5, 6층에 주거하는 사람을 만나보기 위해 올라가 보았다. 601호 벨을 아무리 눌러도 아무런 인기척이 없었다. 열쇠수리공에게 문을 열라고 지시하고 뒤에서 기다리고 있는데 머리를 빡빡 민 건장한 젊은 친구가 나타났다. 집행관 앞을 가로 막으며 말하길,

↳ **6층 1** : 우리 집입니다. 못 들어갑니다.

(이건 또 뭔가) 법 집행하러 온 사람이 동네 똥개 정도로 보이는지 "나 제끼고 들어가시오."라며 난리를 피운다. (이 놈도 그 쪽 계통인가보네. 언어 구사가 업소용인데)

> **6층 1** : 우리 엄니하고 나 여기서 계속 살랑께 들어오지 마쇼.

급히 데리고 갔던 용역친구들이 이 친구를 밀어냈다. 집행설명을 하고 집을 들어가 보았다. 이 친구가 하는 말,

> **6층 1** : 엄니가 어제 친척분 돌아가셔서 상갓집에 가셨는데 어떻게 알고 이 새벽에 집행하러 온 겁니까?

(아! 천우신조구만! 아무도 없을 때 쳐들어왔으니) 모든 걸 포기한 듯 짐은 어떻게 찾아가냐고 물었다.

> **나** : 우리가 안전한 곳에 잘 맡겨 두고 연락드릴 테니까 연락처 주십쇼.

그리고 다시 옆집으로 들어갔다. 여긴 미모의 이혼녀가 혼자 애 데리고 살고 있는 집이었다. 법원에서 왔다고 하니 벌벌 떨기 시작했다. 이혼한 전 남편에게 전화를 걸어 사정이야기를 하며 어떻게 좀 해달라고 애원을 한다. 눈물을 글썽거리며 이사 갈 시간을 달라고 한다.

> **나** : 제가 여러 번 방문해서 벽보도 붙이고 연락 달라고 명함도 꽂아 놓고 갔는데 왜 한 번도 연락을 안 했습니까?
>
> **6층 2** : 전 못 봤어요.

옆에 있던 집행관의 눈이 휘둥그래진다.

↳ **집행관** : 낙찰자가 인도요구 공지를 안 했구먼!

갑자기 집행관이 피하식별을 못하고 피처링(featuring)이 들어온다. 집행관이 내 소매를 잡고 밖으로 나를 끌고 나왔다.

↳ **집행관** : 점유자가 3일만 시간을 달라고 하니 그렇게 합시다.

(양면테이프도 아니고 이리 붙었다 저리 붙었다 이사람 정체를 알 수가 없다) 한참을 고심하다가 "……그렇게 하죠."라고 답을 주었다. 의기양양해진 집행관이 아줌마 귀에다 뭐라 뭐라 이야기를 한다. 이야기를 하는 건지 바람을 불어넣는 건지! 자기가 힘써서 3일이라는 시간을 얻을 수 있었다고 설명했다. (재주는 곰이 부리고 돈은 중국 놈이 가져가네. 누가 여자의 미모는 권력이라 했던가! 위층 거무튀튀한 총각은 여지없이 강제집행하고 아래층 미모의 이혼녀는 며칠간의 시간을 주자고 요청을 한다)

그새 집행관은 아줌마 전화번호를 따고 있었다. 집행조서에 써야 한다나 뭐라나. 전화번호를 집행조서 뒷면에 조그마하게 쓰는 게 맞는 건가? 일단 정리가 간략히 되었다. 아직 이사 준비 못한 살림집은 2~3일정도의 시간을 주기로 했고 나머지는 강제 집행을 단행했다.

모든 집행은 끝났고 용역업체 직원들에게 건물 침입을 막으라고 단단히 일러두었다. 인근 술집에서 한 잔 기울이며 혹시나 야간에 재침입을 하지 않을까 싶어 현장을 뜨지 않았다.

인근 숙소에서 잠을 청하고 다음날 아침이 되었다. 전화가 한 통 걸려 왔다.

> **전 소유주** : 저는 전 소유주 ○○○입니다. 한 번 뵙고 싶은데요.

어제 생쇼를 했던 사람이라고는 믿기지 않았다. 하룻밤 사이에 새사람이 되었는지 무척 공손한 말투였다.

> **나** : 왜 보자는 거지요?
> **전 소유주** : 그건 만나서 말씀드리죠.
> **나** : 그럼 내 사무실로 오십쇼.
> **전 소유주** : 그냥 건물에서 만나면 안 되겠습니까? (웃기고 있네. 홀랑 뛰어 들어와서 大자로 누우려고 그러지. 내가 다 알아)
> **나** : 그냥 사무실로 오십쇼. 서울 중앙법원 앞입니다.
> **전 소유주** : 예.

다음날 아침 일찍 사무실로 두 녀석이 찾아왔다. 한 놈은 전 소유자 녀석이고 한 녀석은 집행일 제일 난리를 치던 행동대장급 되던 녀석이었다. 출입문에 들어서자마자 90도로 배꼽인사를 하며 들어온다. (이 녀석들이 이틀 사이에 갱생의 길을 걷기로 결심을 했나, 뭐 이리 정중해졌지) 내 방에 들어오더니 의자도 얌전하게 빼고 자리에 앉는다.

> **나** : 김 사장님! 왜 보자고 하셨습니까?
> **김 사장** : 저희에 대해서 알고 계시겠지만 저희가 철거업체 국내 랭킹 3위입니다.
> **나** : 그런데요?

> 김 사장 : 저희가 명도를 해보긴 했어도 이렇게 명도 당해보진 않았습니다. 명도 전문 업체인데 이른 새벽에 점유를 탈취 당했습니다. 업계에 소문나게 되면 의뢰받기도 힘들고 사옥을 뺏기긴 했지만 공간이라도 조금 사용할 수 있을까 협조를 구하러 왔습니다. 유치권이나 이사비에 대해서는 전혀 요구하지 않겠습니다.

(삼월이 멱 감는 소리하고 있네. 돈, 시간, 인력 들여 명도하고 다시 너희들에게 사용하게 내준다는 게 말이 되냐! 새 술은 새 포대에 담는 거다)

일언지하에 거절하였다. 이제 이삿짐 처리만이 남았다.

건설업을 하는 녀석들이라 그런지 새벽잠이 없어서 그런지 다음날 이른 새벽에 또 전화가 왔다. (이렇게 근면한데 왜 경매를 당한 거지?)

> 김 사장 : 사장님! 내일 저희 짐 좀 가져가려고 하는데 어떻게 해야 하나요?

> 나 : 창고 비용 주시면 이삿짐을 내 줄 수 있죠!

> 김 사장 : ……?

그냥 빼가려 했나? 왜 말이 없어?

> 나 : 만약 가져가지 않으면 이번 주에 동산 경매 진행합니다.

적잖이 놀라는 눈치였다.

> 나 : 유체동산 경매까지 진행시킬 준비가 끝났습니다. 가져가든 안 가져가든 별로 신경 쓰지 않습니다.

↳ **김 사장** : 내일 8시까지 현장으로 가겠습니다.

무슨 인연인지 이놈들하고는 줄곧 새벽별 보기 운동을 같이 한다. 아침 일찍 방화동으로 달려갔다. 88도로 밑 굴다리로 들어가다 보니 갱단 영화에서나 나옴직한 컨테이너 박스가 즐비하게 널려 있었다.

그날 생쇼를 하던 인간들이 전부 군집해 있었다. 차에서 내리니까 사장이 넙죽 배꼽 인사를 하며 맞는다. 그 옆에 행동대장하던 놈도 덩달아 목례를 했다. (확~~ 모가지를 분질러 버릴라. 어디서 모가지만 까딱거려. 그날만 생각하면) 혼자 손수 운전하고 갔더니 녀석들이 좀 의아하게 쳐다보았다. 이삿짐을 빼면서 불상사도 있을 수 있는데 혼자 오다니 뭐 저런 놈이 다 있나 하는 표정이었다.

↳ **나** : 김 사장 사무실은 얻었습니까?

↳ **김 사장** : 예 가까운 데로 얻었습니다.

↳ **나** : 잘 되셨네요.

↳ **김 사장** : 이번에 인생 공부 제대로 했습니다.

(니들이 뭔 죄가 있겠냐? 재수 없이 나 같은 사람한테 걸린 게 죄지)

다시 김 사장을 컨테이너 박스로 불렀다.

↳ **나** : 보관료는 가져 왔습니까?

↳ **김 사장** : 정말 이러실 겁니까? 어차피 저희하고 이사비 협상하려 하지 않았습니까! 이사비라 생각하고 창고비용은 채권자 측에서 부담하시죠?

(놓고 앉아있네. 그렇게 할 거 같으면 여기까지 오지도 않았다)

↳ **나** : 주인장(이삿짐센터), 내 허락 없이는 컨테이너 문고리도 못 만지게 하십쇼.

↳ **이사짐센터** : 예.

그러자 한참을 머뭇거리더니 송금하겠다며 계좌번호를 물어봤다. 바로 송금이 되었고 물품인수증에 사인을 해주었다.

정당하지 않은 사유로 명도저항을 하는 것은 시간만 지연될 뿐이지 채무자가 실익을 얻을 일이 없다.

미나리 심으려고요!

투자자 입장에서 좋지 않은 입지라고 판단되거나 생소한 투자처를 추천받으면 두려움을 갖게 되는 것은 당연한 일이다.

아파트 거주자는 빌라투자가 수익이 날 수 없다고 생각하고 주거물건을 전문적으로 투자하는 분은 토지나 상가 투자를 추천하면 한참을 고민하거나 투자를 포기한다.

이 글을 읽고 있는 독자들에게 묻고 싶다. 지금 당장 투자를 한다면 아파트에 투자를 할 것인가? 아니며 빌라에 투자를 할 것인가?

아마도 안정성을 추구하는 투자자라면 아파트 투자를 선택할 것이다.

투자의 제1원칙은 안정성이다. 어떤 일이 있어도 원금만은 보존해야 한다. 아파트투자는 단연코 부동산 투자 선호종목 1번이다.

여기서 짚고 넘어가야 할 항목이 있다.

아파트는 정말 손실 없는 확실한 투자일까? 리스크가 존재하지 않을까?

아파트는 누구나 환금성이 좋기 때문에 현금이라고도 생각한다. 대부분의 경매참여자는 투자수익이 확실하다는 걸 알고 있기 때문에 다른 종목보다 수익이 적어짐을 감수하면서도 안정성에 무게를 두고 높은 응찰가격으로 매수신청을 한다.

실거래 가격의 턱 밑까지 응찰가격을 적어 내기도 한다. 결과를 들여다보면 왜 경매로 어렵게 취득하려는지 이해가 가지 않는 낙찰가격도 빈번하게 보곤 한다. 호가를 실거래금액으로 잘못 조사하고 시세보다 더 높은 금액으로 매수신청을 하는 황당한 경우도 종종 눈에 띤다. 경매는 부동산 투자 중에서 회전율이 빠른 종목이다. 취득부터 매도까지 긴 시간이 소요되지 않기 때문에 급등지역이 아니고서는 가격변동이 크게 나질 않는다. 욕심을 버리고 마진을 적게 가져가면서 단기간에 끝내겠다는 투자자의 심리가 반영되어 아파트 낙찰가는 시세에 준하는 고공행진을 한다.

부동산상승 요인이 없다 하더라도 장기적으로 완만한 상향곡선을 그리거나, 최악의 경우라 하더라도 매수가 이하로 하락하는 경우는 극히 드물기 때문에 길게 보유한다면 투자는 실패하지 않는다.

하지만 경매는 단기투자이기 때문에 이야기는 달라질 수 있다. 적은 수익이라도 보장받고자 시세에 준하여 낙찰받은 아파트가 갑자기 튀어나오는 정부의 주택가격 안정책으로 인하여 거래 절벽을 맞는다면 예측하기 어려운 외부요인에 의해서 장기전으로 돌입하게 된다. 이때 보이지 않은 금융비용(leverage) 손실이 발생하게 된다. 큰 수익을 기대하고 투자했다면 일부 금융손실을 극복할 수 있겠지만 안정성에 무게를 둔 경우라면 적은 수익이 금융비용으로 사라지게 된다.

이율배반적인 이야기이긴 하지만 안정적인 투자처라고 생각한 아파트가 오히려 수익이 나지 않는 투자처가 될 수 있다.

그런 면에서 시장 참여자들이 선호하지 않는 투자처가 오히려 큰 수익을 가져다줄 수 있다고 생각한다.

가격이 정해지지 않은 다세대 주택을 생각해보자. 크기, 지역, 구조, 건축연도, 방향, 모두가 제각각이다. 이런 물건을 일정금액으로 환산해서 가치를 이야기하기란 무척 어려운 일이다. 비슷한 인근 사례를 토대로 응찰금액을 산출해야 한다. 이런 물건의 장점이라고 한다면 아파트처럼 정해진 가격이 없기 때문에 매도가격을 임의로 정할 수 있는 것이다.

물론 가치판단을 할 수 있는 실력이 뒷받침되어야 매도가격을 정할 수 있는 것이다. 초보자에게는 도박성이 짙기 때문에 선호하지 않는 물건이 되어 버린다. 그러다보니 선호하지 않는 투자처는 자연스럽게 패싱되거나 응찰하더라도 높은 가격으로 응찰하지 않는다. 이런 물건들을 낮은 금액으로 낙찰받아 큰 수익을 기대할 수 있기 때문에 야전에서 경매를 하는 사람들은 오히려 가격이 정해지지 않은 다세대를 선호한다.

  이 책에 나오는 경매사건 사례를 살펴보면 유독 단독 입찰이 많이 나온다. 위 이야기와 같은 맥락으로 이해해본다면 부동산에 대한 가치판단이 부족하기 때문에 응찰을 머뭇거리는 그 사이 글쓴이는 입찰을 감행하는 것이다.

  독자 입장에서 생각해보면 말도 안 되는 일이라고 생각할 것이다. 다음 회차에 응찰한다면 더 저감된 금액으로 취득할 텐데 꼭 이번 회차에 단독으로 낙찰받아야 했을까? 경매 좀 했다는 사람이 책에까지 수록할 이유가 있을까? 독자들은 그렇게 생각할 수도 있다. 그러나 단독입찰사건들을 돌이켜 생각해보면 치열하게 많은 사람을 제치고 낙찰받아온 물건보다 단독입찰사건이 훨씬 큰 수익을 안겨준 사건들이 많았기 때문에 지금도 탁월한 선택이었다고 자부하고 있다.

  응찰가를 정할 때 이런 생각을 한다.

① 목표 수익을 얼마로 정할 것이냐!

  2등하고 얼마 차이로 낙찰받았느냐 생각하지 않고 오로지 내 수익만 생각한다. 간발의 차이로 1등을 할 수 있는 능력이 있다면 점쟁이가 되어야지 경매를 해서는 안 된다. 점성술 능력을 배양하기 위해서 노력하다 보면 화병(火病)으로 명줄을 재촉할 수 있다.

② 완전히 익어버린 경매 물건은 부스러져 먹을 것이 없다.

한여름 잘 익은 수박을 손으로 잡으면 바스러져 버린다. 이번 회차에 낙찰받지 않는다면 다음 회차에는 엄청나게 많은 사람이 몰려든다. 수익이 보장된다면 한 발짝 앞에서 응찰받는 것이 낫다.

독자들의 웃음과 반전을 위해 필자는 단독으로 낙찰받은 물건을 무척 아쉬운 듯 글을 쓰지만 내심 누구도 들어오지 않을 거라는 믿음으로 응찰한다. 절대로 들어와서는 안 되는 물건이고 들어올 수도 없는 물건이다. 그래서 내가 들어간다.

경매를 오래하다 보면 인간이 가지는 욕심의 폭이 어느 정도인지 미루어 짐작할 수 있는 힘이 생긴다. 인간이기 때문에 갖는 욕심의 크기! 죽었다 깨어나도 다른 사람들은 이 금액 이상으로 매수 신청할 수 없다. 내가 정한 그 금액이 이 물건으로 거두어들일 목표 수익을 만족시킬 수 있다면 후회 없이 그 금액을 쓰는 것이다.

다른 이유로는 그들은 해결할 수 없지만 난 해결할 수 있는 전략을 가지고 있기 때문에 두려움 없이 입찰한다.

이번에는 일반 경매서적에서 찾아보기 힘든 경매사건을 소개해 본다.

경매물건 중에서 가장 인기 없는 종목은 어떤 것일까? 임야? 농지? 다가구? 법정지상권 토지? 지분? 물론 아니다.

한때는 다가구 주택이 50% 이하에 낙찰되던 시절도 있었다. 왜? 주거용 부동산 한 채를 낙찰받았을 때 명도해야 할 가구는 6~8가구가 된다. 다가구 주택은 92~95년 사이에 신축되었기 때문에 30년 가까운 세월이 흘렀다. 건축물도 늙어간다. 손봐야 할 곳이 한두 곳이 아니다. 취득과 동시에 상당금액을 들여 보수공사를 해야 하는 현실적 손실이 따르기 때문에 다가구는 경매시장에서 괄시받는 종목이었다.

몇 년 전에 집필했던 <365일 월세 받는 남자의 발칙한 경매>에서 해결책을 제시했던 적이 있다. 그 이후 괄시받던 다가구 주택은 블랙스완이 되었다. 다가구 주택은 선풍적 인기를 끌었고 지금은 고가로 낙찰되고 있다. 당시 필자도 많이 저감된 물건을 정상가격에 매도할 수 있는 방법을 골똘히 찾던 중이었다. 뜻이 통했는지 주택공사(LH 공사의 전신)로 매도하는 방법을 찾게 되었다. 아무도 가보지 않은 길이었기에 두려움은 있었지만 열매는 달콤했고 열린 길은 경이로웠다.

이번 사건은 "도로"다. 도로에 관한 서적은 시중에도 그다지 많지 않다. 어렵게 찾아 읽어본 관련 서적은 법률적 판단을 서술했을 뿐이지 해결 방안은 없었다. 자의적 노력으로 해결할 수 있기보다는 관계법령에 의해 국가가 해결해주거나 개발계획에 의해 자연스럽게 보상되는 쪽으로 가닥을 잡고 있다. 고도의 전략이 필요한 도로를 그렇게 접근해도 될까 싶은 생각을 하며 책장을 덮었다. 마치

영문법을 십여 년 공부했지만 외국인을 만나면 꿀 먹은 벙어리가 되어버리는 수박 겉핥기식 접근법이었다.

어떤 안목으로 접근하고 어떻게 해결해야 하는지 알려주는 곳이 없어 이 책에서 한 사례를 기술해 볼까 한다.

> **물권**
> 특정한 물건을 직접 지배하여 이익을 얻을 수 있는 배타적 권리

> **물권의 분류**
> 1. **용익물권(사용하기 위한 권리)**
>   - **지상권** : 타인의 토지에 건물이나 수목을 소유하기 위해 토지를 사용할 수 있는 권리(법정지상권)
>   - **지역권** : 타인의 토지를 자기 토지의 편익을 위해 사용할 수 있는 권리
>   * 요역지 : 편익을 받는 토지
>   * 승역지 : 편익을 제공하는 토지
>   - **전세권** : 전세금을 지급하고 타인의 부동산을 일정기간 그 용도에 따라 사용 수익한 후 그 부동산을 반환하고 전세금을 반환받을 수 있는 권리
> 2. **담보물권**
>   - **저당권** : 채무자 또는 제3자(물상보증인)가 채무의 담보로 제공한 부동산, 기타의 목적물을 채권자가 그 제공자로부터 인도받지 않고 관념상으로 지배하여 채무의 변제가 없는 경우에는 그 목적물에 대하여 다른 채권자보다 우선변제를 받을 수 있는 담보물권
>   - **유치권** : 채무의 변제가 없을 경우 그 목적물을 유치할 수 있는 권리
>   - **질권** : 물건을 채무의 변제가 있을 때까지 유치함으로써 채무의 변제를 간접적으로 강제하는 동시에, 변제가 없는 때에는 그 질물로부터 우선적으로 변제를 받는다.

위 사건의 이해를 돕기 위해 간단히 부연설명을 하고자 한다.

용익물권에는 여러 종류의 투자 방법이 있다.

지상권은 타인의 건물이 건축되어 있는 토지를 낙찰받아 법정 지상권 다툼으로 고수익을 내는 방법이다. 이미 경매 고수들 사이에는 잘 알려져 있는 투자방법이다.

전세권은 간간이 경매시장에 나온다. 담보물권인 전세권 경매이기 때문에 심플하다. 전세권자의 권리를 경매로 낙찰받아 대위하여 권리행사하기 때문에 명도저항이나 매매가 이뤄져야 수익이 보장되는 담보권 실행과는 전혀 다른 방식이다.

용익물권 중에 위 두 가지 권리는 이미 상용화된 투자방법이다. 이에 반해 용익물권의 하나인 지역권에 대해서는 아직 이렇다 할 테크닉이 알려지고 있지 않다. 실전 투자되었던 사례로 지역권 해결의 한 뿌리를 경험함으로써 보다 더 진보된 경매투자가 이뤄졌으면 한다. 지역권에 대한 연구와 고찰은 고수익을 낼 수 있는 미개척 분야이기 때문에 향후 많은 관심을 가지고 접근해 보았으면 좋겠다.

도로는 대부분 감정금액의 30~40%에서 낙찰된다.

지목이 도로로 지정되면 본인의 소유라 할지라도 공로로 사용되는 경우라서 취득 후 사용 수익하기가 어렵다. 조금 깊이 들어가자면 지역권(일정한 목적을 위하여 타인의 토지를 자기 토지의 편익에 이용할 수 있는 권리)이라는 용익물권이 있다.

2016년도 추운 겨울날, 경기 도심 지역에 지목이 도로로 지정되지는 않았지만 현황상 도로로 이용 중인 임야 92㎡가 경매 물건으로 나왔다. 대략 폭 2m 정도로 약 50m 가량 뻗어있는 길쭉한 토지였다. 누가 봐도 아무짝에 쓸 수 없는 땅이라는 건 자명한 사실이었다. 남의 집 상점 정문을 길게 막고 있기도 했고, 일부는 타인의 건물 안으로 파고 들어가 있었다.

　토지를 찾으려면 타인의 건물을 일부 철거해야 한다. 사람들의 왕래가 빈번한 인도였고 상점으로 들어가는 출입문 토지이기도 했다. 묘한 호기심이 발동하기 시작했다. 개인적으로 제일 좋은 경매는 매도처와 매도가를 정해놓고 낙찰받는 경매라고 생각한다.

매각기일이 지정되었다가 "변경"된 물건이다. 변경된 이후 매각가격의 변동이 생겼다. 약 5천2백만 원 저감되어 나왔다. 그 이유가 궁금했는데 감정평가서로 확인할 수 있었다. 최초 감정평가 토지는 117㎡였고 그때 감정가격이 254,400,000원이었다.

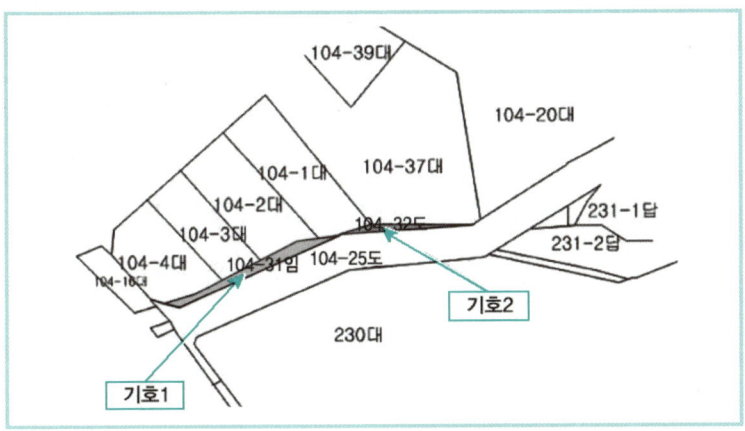

기호1 토지와 기호2 토지로 분리하여 경매가 진행되었다. 이중 기호2 물건은 경매 절차 준비 중에 이미 공매로 낙찰되어 버렸다. 경매계에서는 공매로 낙찰되어 대금까지 납부한 기호2 물건을 진행시킬 수 없었다. 부랴부랴 기호2 물건을 경매 진행 물건에서 제외하고 최초 입찰금액을 감액수정해서 진행시켰다.

그 절차를 준비하기 위해서 기일변경을 했던 것이다.

또 재미난 일이 하나 더 있었다. 기호1 토지의 경매 과정 중에 두 필지로 분필이 되었다. 오랜 세월 경매를 해왔지만 이런 경우는 처음이라 이리저리 뛰어다니며 속사정을 알아보았다. 경매진행 중에 기호1 토지 끝부분이 도시계획에 의해 수용되어야 하는 처지가 되었다. 전 소유주에게 보상받으라는 연락이 갔고 경매진행 중에 이게 웬 횡재냐 싶은 채무자는 그 길로 시청에 달려가 보상대상 토지를 분필하는 졸렬한 수작을 감행했다. 한심한 일이었다.

채무를 한 토지로 몰고 깨끗해진 분필 토지로 보상받으려 했으나 토지만 두 필지로 분필되었을 뿐 각각의 토지에 채무액 전액이 등기되었다. 흑심 대방출하려다가 필지분할 비용만 들어갔다.

통상적으로 도로는 감정금액의 30%로 낙찰받는다. 권리관계, 향후 매도처리 관계 등등 여러 각도로 면밀히 연구해보았다. 답이 나오는 게임이었다. 이미 갈 길은 정해졌다. 기다리고 멈춰 서서 서성일 시간이 없다. 서둘러야 할 이유가 있었다. 상가 주인들이 방어입찰을 응할 수 있다는 생각이 들었기 때문이었다. 상점 3개의 출입문이 이 토지를 거쳐야만 출입이 가능하기 때문에 건물소유주들에게는 꼭 확보해야 할 토지였다. 30~40%까지 저감시켜 낙찰받을 이 토지를 감정가격 그대로 100%에 입찰하기로 했다. 혹시 모를 방어입찰을 걱정하며 감정금액에 3백만 원을 더 얹었다. 똘끼일지 신기일지 모르지만 이 물건은 그 정도로 자신감을 갖고 있었다. 보증금만 들고 대들었으니 객기가 과히 국가대표급이라고 말할 수 있다. 잔금납부계획은 수립되어 있지 않았다. 다행히 이번에도 단독 입찰이다. 아쉽지는 않았다.

한 차례 유찰시켰다가 응찰하면 더 저렴하게 낙찰받을 수 있지 않을까 생각하겠지만 2회차에서는 분명히 1회차 가격 이상으로 치고 들어올 물건이기 때문에 선빵을 날리고 들어가야 했다. 다음 회차에는 건물주가 되든 경매선수가 되든 누군가는 들어온다. 상대방이 치고 들어올 타이밍을 주지 않고 물건을 낚아채는 순발력이 필요한 게임이 경매다. 전제조건은 절대적으로 수익이 발생한다는 확신이 들었을 때 행하는 것이다. 오로지 수익만 생각한다.

낙찰된 사실이 알려지면서 대위변제(상대의 채무를 제3자가 변제하고 채권을 양도 받는 것) 하겠다고 상가소유주들이 손을 쓰지 않을까 하는 걱정이 들었다.

채무변제만 이뤄지면 언제라도 경매과정은 취하된다. 경매가 진행되면 가장 큰 피해를 볼 사람은 상가 건물 주인들이다.

이 당시 건물주들은 전문가를 만나 조언을 듣고 경매취하 작업을 했어야 했다.

경매취하 방법에 있어서 임의경매와 강제경매가 다소 차이가 있다. 임의경매는 "채무부존재"만을 밝히면 취하가 가능하지만 강제경매는 낙찰자와 차순위 매수신고자까지도 동의를 받아야 하는 번거로움이 있다. 물론 낙찰자의 동의가 쉽지 않기 마련이다. 그럴 경우에는 다른 방법으로 가야한다. 이 책에 서술하기에는 너무 길고 장황해서 올리지 못한다.

<365일 월세 받는 남자의 발칙한 경매>에 수록되었으므로 참조했으면 한다.

대금기일이 지정되었다. 그때서야 대출 가능한 금융기관을 알아보기 시작했다. 여러 곳에 대출 의뢰를 해놓았으나 돌아오는 답변은 한결 같았다. "폭 2m 내외의 길게 뻗은 토지, 아무짝에도 쓸모없는 도로를 왜 이렇게 높은 금액에 낙찰받았는지 납득할 수 있도록 설명해달라"라는 이야기였다. 일일이 설명하자니 그것도 여간 성가신 일이 아니었다. 알아서 현장감식해서 판단하라고 전했더니 대출 받기 싫으냐며 연락하지 말란다. (싸가지에 왁싱을 했나! 고약하긴)

법원시간은 째깍째깍 잘도 흘러갔다. 아직 돈을 못 구했다. 통장 상견례 좀 하자며 친구에게 보이스 피싱을 했다.

- 나 : 야! 와리깡(공동구매) 하자.
- 친구 : 얼마나?
- 나 : 되는대로.
- 친구 : 부도어음 몇 개 있다. 가져갈래?

(너한테 연락한 내가 바보지!)

몇몇 걸인 친구들에게 연락을 해보았으나 역시 답은 같았다. (너희들은 전부 용도폐기다) 친구차단으로 친구를 처단해 버리고 만수르 친구에게 연락을 했다. 고수익 한정판 투자임을 주지시키고 끌어들이는데 성공했다.

대출없이 간신히 대금납부를 끝마쳤다. 다음 단계에는 건물소유주와의 급 만남을 가져야 한다. 자연스러운 만남을 위해서 러브레터를 보냈다. 며칠이 지나도 연락이 없다.

또 다시 내용증명을 보냈다.

> 안녕하십니까?
>
> 본인은 경기도 의왕시 오전동 104-31 ,104-48 의 토지를 수원지방법원 안양지청으로부터 2016.12.13.(2016타경100103) 낙찰받아 2017.1.23. 소유권이전등기를 마친 소유자입니다.
>
> 위 번지는 귀하께서 점유 중인 "경기도 의왕시 ○○○ ○○○"와 경계가 불분명하여 한국국토정보공사 경기지역본부에 경계복원 측량을 의뢰하였습니다. 각자의 재산권 행사에 상호간 오해가 없도록 당일 공적기관으로부터 명확한 경계측량을 실시할 예정이니 입회해 주시면 감사하겠습니다.
>
> 측량일은 2017.2.7.(화) 오전 9시 30분경에 일정이 잡혔음을 알려 드립니다.

토지 경계를 분명히 해서 서로의 재산권 다툼이 없게 하겠다는 숭고한 의지를 무대응으로 일관하고 있던 차에 한 소유자가 답변서를 보내왔다.

 내용증명(답변서)

> 안녕하십니까.
>
> 경기도 의왕시 ○○○ ○○○ 소유주입니다.
> 귀하가 보낸 내용증명에 따르면 "각자의 토지경계를 분명히 하여 재산권 다툼의 소지를 없애고자 당일 입회해 주실 것을 요청하였으나 불참하였기에 경계측량에 대한 이의가 없는 걸로 간주하고 재산권 회복 작업을 실

> 시하고자 합니다"라고 명시가 되어 있으나, 입회요청에 관련하여 귀하가 보낸 내용증명은 본인이 아닌 제3자가 수령하여 불가피하게 입회를 할 수 없었습니다.
>
> 추후 필요시에 저희 측에서 의뢰하여 경계복원 측량을 실시할 예정이오니 재산권 행사에 오해가 없도록 입회요청 보내도록 하겠습니다.

왜 과소비하려고 하지? 다른 측량기사가 나와도 면적이 달라지지 않을 텐데? 돈 들이지 말고 그냥 보면 될 일을 측량비를 이중으로 날려가며 힘 빼기를 하려는지!

비활성화 되어 있던 집행 본능이 꿈틀거리기 시작했다. 측량신청을 위해서 시청을 방문했다.

측량업체는 상주해 있지 않았고 시청직원이 신청접수를 받았다. 측량비로 몇 십만 원을 예납했다. 92㎡를 측량하는 비용이 이 정도면 몇 십만 평 정도를 측량하면 금액이 엄청날 거 같다는 생각에 들어 접수처 직원에게 비용 산출이 어떻게 되는지 물어보았다. 토지의 위치와 공시지가를 기준으로 해서 정한다고 했다. 임야의 경우 공시지가가 높지 않기 때문에 면적이 넓어도 비용이 많이 들지는 않는다고 한다. 확실히 공정한 사회구만!

선긋기(측량일) 날이다. (경매는 많은걸 경험하게 한다. 미술에는 재주가 1도 없었는데. 선긋기라니) 측량기사들이 장비를 내리고 기준점을 잡기 시작했다. 앞 도로가 도시계획에 의해서 수용되고 있던 차에 측량을 하고 있으니까 주민들이 웅성대기 시작했다. "이 지역 재개발되는 거예요?", "어디까지 개발되는 거예요?"하며 지나가는 사람들마다 한마디씩 던지고 간다. 재개발 때문에 측량하는 것이 아니라고 아무리 이야기해도 주민들은 선택적 난청인지 인정하지 않으려 한다.

어느새 재개발이 곧 실행된다는 소문으로 온 동네가 시끌시끌해졌다.

기사들은 시뻘건 막대기를 들고 돌아다니면서 군데군데 막대기를 박기 시작했다. 아스팔트 위에는 작은 철심을 박았다. 재미있어 보였다. 동물의 세계는 배설물로 자기의 영역을 표시한다. 나도 영역을 표시해볼까 하는 생각에 빨간 락카로 막대기와 막대기가 꽂혀 있는 사이를 연결해 나가기 시작했다. 보도블록을 지나 남의 집 담벼락을 치고 들어가고, 상가출입문을 막기도 했으며 식당 주방을 통과하기도 했다.

백주 대낮에 대로변에서 락카들고 행위예술을 했다. 부동산을 취득하면 등기부등본만 쳐다보면서 이게 내 소유구나 생각했는데 토지에 직접 선을 그어가며 느끼는 소유의 쾌감은 꽤 쏠쏠했다.

땅따먹기를 즐기시던 부동산 업계의 대선배 칭기즈칸 형님이 영토를 넓힐 때 이런 기분이었을까!

한창 선을 긋고 있는데 건물임차인이 뛰어나와 물었다.

"벌써 재건축해요?"

우리를 시청직원인 줄 알았던 모양이다. (척보면 경매인 냄새가 안 나나?) 자초지종을 이야기해도 잘못 알아듣고는 여러 번 되물어본다. 인정하고 싶지 않겠지만 일이 이 지경이 되어버린 걸 어떻게 하겠는가! 살면서 이런 일을 겪지 말아야 하는데.

"받아들이기 힘들겠지만 겸허히 수긍하고 건물주와 오순도순 대책 논의하세요! 좋은 결과 나오길 기대합니다."라고 이야기했다. 임차인은 재개발이 확정되면 영업권 보상이 이뤄진다는 소문을 듣고 기쁜 맘으로 나와 봤는데 난데없이 남의 토지가 식당으로 4m나 들어왔다는 이야기를 들었으니 황당

할 수밖에. 건물을 두부 자르듯이 반듯하게 철거할 사람이 필요한데 구할 수 있을는지 모르겠다.

측량이 끝날 때까지 건물주는 한 명도 나타나지 않았다. 선긋기가 대수롭지 않은 일이라고 생각했기 때문에 나오지 않았던 모양이다. 별일 있겠어! 하는 마음으로 말이다.

여기서 멈춘다면 건물주들 역시 안심하고 더 이상의 협의를 하려하지 않을 것이다. 남의 토지를 무단으로 이용하고 있다는 측량성과도를 각 건물주에게 보내주었다. 더불어 측량 당시 현장을 참관하지 않았으니 측량성과도에 대해서는 이의가 없는 걸로 알고 침범한 사유토지를 회복하겠다는 내용증명도 보내주었다.

역시 아무런 응대가 없었다. 토지를 되찾기 위해서 경계측량 성과도를 토대로 펜스 설치 작업을 준비했다. 줄자로 25m씩 재나가기 시작했다. 성과도를 봐서는 길이 50m 정도면 될 것으로 추정되었으나 실측을 해보니 60m가 넘게 나왔다. (펜스 설치비가 많이 나오겠다) 앉아서 길이를 재고 있는데 한 노인이 옆에 와서는 앞 건물 주인이라며 인사를 했다. (아! 이제야 출몰하셨네!)

> 나 : 여러 번 내용증명을 보냈는데 전부 반송되던데요.

> 건물주1 : 한 통도 못 받았습니다. 임차인에게 이야기 듣고 나와 봤습니다.

> 나 : 건물주 주소를 몰라서 등기부 등본에 나와 있는 주소로 보냈는데 못 받아보셨어요?

건물주1 : 여기 부동산 중개업소로 보내시면 됩니다.

(임대 준 건물에 공인중개업소가 있었다)

나 : 다음주 중에 펜스치려고 측정하고 있었는데 나오셨네요!

살짝 놀란 표정이었다. 너무나 속전속결로 진행시키는 걸 보고는 쉬운 상대가 아니라는 직감이 들었는지 "강 사장 토지가 내 건물에 들어와 있다고 알고 있습니다. 대화로 해결합시다."하며 이야기를 건넸다.

노란 안경테에 검은 선글라스를 끼고 요즘 유행하는 코트를 멋지게 입은 노신사였다. 나이가 80은 넘어 보였지만 앞뒤가 막힌 사람으로는 보이지 않았다. 내용을 잘 모르니 다시 한 번 우편으로 보내주었으면 좋겠다며 총총히 사라졌다. 의외로 잘 해결될 것 같아 보였다.

성과도와 앞으로의 계획을 소상히 적어 보내주었다. 보름이 지났는데 또 아무런 대답이 없다. 이거야 원! 굳이 이 사건에 휘말리고 싶지 않다는 속내였다. 남의 토지를 무단으로 이용하고 있으면서 아무런 해결방안도 제시하지 않으려 하는 심보는 도대체 뭔가! 실력행사 외에는 별다른 방법이 없었다. 철망업체를 수배했다. 비용절감을 위해서 토지 전체를 설치하지 않고 한쪽 면만 설치하고 출입만 통제하는 쪽으로 설치의뢰를 했다. 매쉬펜스라는 연두색 철망이 가장 저렴했는데 업체마다 가격은 천차만별이었다. 포천

쪽 업체가 비용이 제일 저렴했다. 이상한 건 한결같이 펜스 설치 장소를 촬영해서 보내라고 했다. 설치가 가능할지를 알아보기 위함이라고 하는데 그들의 답은 전부 설치 불가였다.

여러 이유를 이야기하지만 유추해서 해석해 보면 분쟁에 휘말리기 싫다는 말이었다.

그러던 중 경험 많은 펜스 업체를 찾게 되었다. 어떤 목적으로 펜스를 설치하는지 물어 오기에 자초지종을 설명해 주었더니, 펜스 업체에서는 설치할 때 저항이 있지 않겠냐며 걱정을 했다. 일요일이나 이른 새벽에 설치하기를 권했다. 맞는 이야기였다. 식당손님들이 식사하고 나왔는데 펜스에 갇혀 나가지 못한다면 난동이 발생할 것이다. 내 토지를 찾는 것이 목적이지 분쟁을 야기할 목적은 아니다. 영업시간을 피해서 설치해야 한다는 업체의 이야기를 따랐다.

의견대로 일요일 새벽 5시경에 펜스를 설치하기로 약속했다. 건물주의 사유재산도 중요하지만 남의 건물에 깔려서 억울하게 사용, 수익하지 못하고 있는 내 사유 토지확보도 보호받아야 할 정당한 권리인 것이다.

일찍 해가 뜨지 않는 초겨울이었다. 새벽기도를 가는 분들과 청소차들이 간혹 지나다녔다. 업체직원들이 차에서 철망을 내려 군데군데 쌓아 놓다보니 벌써 아침이 되었다. 드디어 한 장씩 까대기 시작했다.

보도블록과 건물 사이에 철조망을 설치해나갔다. (펜스치기 딱 좋은 날씨네!) 10m 가량 설치해 나가는데 임차인들이 하나둘씩 출근하기 시작했다. 남의 가게 앞에 왜 펜스를 치고 있냐고  난리쳤다. 내 토지를 찾기 위해서 펜스를 치는 거라고 밝히고 작업을 계속했다. 잠시 후 임차인들이 합세해서 우~~ 몰려왔다. 힘 있는 사람은 펜스를 붙잡고 작업을 못하게 막았고 욕 잘하는 사람은 욕지거리를 하며 난동을 피웠다. 마을 주민들은 재미난 구경거리가 생겼다며 모여들기 시작했다. 동네가 발칵 뒤집혔다. 순찰차가 신고를 받고 출동했다. (경찰은 누가 캐스팅 했냐! 아직 출연할 타임이 아닌데) 임차인들이 영업방해라며 경찰서에 신고를 했다.

경찰이 도착하자 임차인들은 지원군이라도 만났다는 듯 더 길길이 날뛰기 시작했다. 이 정도 일이야 이미 예견하고 있었던 상황이었다. 눈 하나 깜짝하지 않고 서 있었다. 경찰이 다가와 다짜고짜 누가 책임자냐고 물었다. (방한용 안경을 끼고 다니나! 척 보면 몰라!)

> 나 : 나요.

> 경찰 : 남의 사무실 앞에 이런 걸 설치하면 어떻게 합니까? 영업방해 신고가 들어와서 출동했습니다. 어떻게 된 일입니까?

> 나 : 내가 이 땅 소유주입니다. 저 사람들 영업권은 보호받아야 하고 내 토지에 대한 소유권은 보호받지 못하는 겁니까? 엄연한 사유지인데 남의 토지를 함부로 이용하고 있습니다. 그래서 철조망을 치고 있는 겁니다.

> 경찰 : 정말 토지 소유주 맞아요?

부동산 등기부 등본과 신분증을 보여주었다. 경찰관도 난감해했다.

민간인들 간의 분쟁은 공권력이 개입하지 않는다는 것이 경찰관들의 묵시적 규정이다. 시시비비는 법정에서 가리지만 서로의 권리 주장을 경찰이 자의적인 판단에 의해서 제지할 수는 없는 것이다.

> 경찰 : 그래도 영업을 못하게 하면 됩니까? 잘 해결하셔야죠!

> 나 : 내 땅에다 말뚝을 박든 호박을 심든 웬 참견입니까?

내 마음에 싱크홀이 깊게 파여 퇴거할 줄 알았던 모양이다. 그런데 오히려 거칠게 저항하는 것을 보고 적잖이 놀라고 있었다. 이에 질세라 공모자(임차인)들도 본인들의 주장을 펼쳤다. 경찰관은 동시통역하듯 이쪽에서 저쪽으로 저쪽에서 이쪽으로 의견을 전달했다.

내 작업을 중지시키면 모든 게 원만히 끝날 거라고 생각했는지 경찰관은 계속 나를 회유하며 수심을 체크하지만 씨알도 안 먹히는 일이었다. 일촉즉발의 상황이라 경찰관도 자리를 뜨지 못하고 주위를 맴돌고 있었다.

잠시 후 상황실에서 연락이 왔는지 급히 무전을 받고는 이쪽 상황을 보고 한다. 상황실 지시가 떨어졌다. 임차인과 내게 다가오더니 민간인들끼리의 분쟁은 정식재판으로 갈음하라며 떠나버렸. (조심해서 돌아가세요) 믿었던 지원군이 허무하게 자리를 떠나자 아연실색한 임차인들이 방송국에 전화를 하겠다며 또 퍼덕거렸다. 하든지 말든지 난 모르겠다. 그 사이 펜스는 아주 예쁘게 잘 깔렸다.

아메리칸 인디언들이 잘 쓰는 말인데 나도 한번 인용해본다.

"내 땅 안으로는 한 발짝도 못 들어간다."

건물주로 보이는 사람이 내게도 다가와 이야기 좀 하자며 팔을 붙든다. 이제야 건물주 출연이다. (이 양반들 참 만나보기 힘드네!) 이 상황을 먼 발치에서 이미 오래전부터 보고 있었다.

경찰관 출동으로 모든 게 진압될 줄 알았는데 내가 보통이 아니라는 걸 알고서야 어쩔 수 없이 출연하게 된 것이다. 이 사람들도 알아볼 만큼 알아봤을 것이고, 어떻게 덤비든 승소할 수 없다는 걸 잘 알고 있었다.

나도 이 물건을 입찰하기 전에 이미 법률적인 모든 경우에 수를 놓고 판단해 보았다.

주위토지통행권, 법정지상권, 시효취득, 지역권 등등 법률적인 모든 부분의 판례를 살펴보았고 확신이 생겨 입찰한 사람이다. 얼마나 자신 있었으면 30~40%에 낙찰받아도 될 "도로" 부지를 감정금액보다 더 높은 105%에 낙찰받았겠냐!

노신사가 건물주 중에는 가장 고령이었고 문제 해결의지도 있어 보였다.

> **건물주1** : 지난번에 대화로 해결하자고 했는데 이렇게까지 합니까?

> **나** : 그 이후 여러 차례 연락드렸는데 대답이 없으셔서 대화의지가 없는 걸로 알고 펜스설치 작업을 하게 된 겁니다.

> **건물주1** : 저기 올라가서 이야기합시다.

라며 소유자들의 건물로 올라가자고 팔을 잡아끌었다.

> **나** : 이미 감정이 상할 대로 상했으니까 각자 길 갑시다. 불편한 대로 한번 지내보시죠.

진작 해결의지를 보였으면 여기까지 안 왔을 것이다.

건물주 세 명이 다 모였다. 건물로 올라가 이야기를 시작했다.

↳ **건물주1** : 왜 100%에 낙찰을 받았습니까? 우리가 한 번 떨어지면 건물주들끼리 낙찰받으려고 했는데요.

↳ **나** : 그 땅이 좋더라고요.

(이미 그 수는 간파하고 있었습니다. 그래서 100%에 들어온 겁니다. 사람의 욕심이라는 게 그런 거지요. 경매의 실력 중에 반 스텝 빨리 움직이는 것도 큰 테크닉 입니다)

그 중 깐깐하게 생긴 건물주 한 사람이 이야기를 던진다.

↳ **건물주2** : 그냥 지료나 주면 되는 거 아닙니까? 주위토지통행권으로 막지 못합니다.

헛웃음이 지어졌다.

↳ **나** : 변호사 사무실에서 알아보지 않았습니까? 법정지상권도 주위토지통행권도 인정받을 수 없다는 거요! 주위토지통행권은 요역지(편익을 제공받는 토지)의 유일한 통로일 경우에만 승역지의 의무가 생기는 법입니다. 지금 이 건물들은 뒤편 출입문이 있기 때문에 저쪽으로 충분히 출입이 가능합니다. 그 때문에 주위토지통행권 주장이 불가능합니다. 법정지상권은 성립 자체가 되지 않습니다. 그냥 철거해야 하는 겁니다.

↳ **건물주2** : 전문적으로 경매만 하시는 분이십니까?

↳ **나** : 아닙니다. 취미로 합니다.

↳ **건물주2** : 아무짝에도 쓸모없는 길쭉한 27평 토지를 왜 낙찰받으신 겁니까?

↳ **나** : 미나리, 상추 같은 거 재배해 보려고요! 아스팔트에서 잘 자라는지 궁금해서요.

상업지역 내에 토지 27평을 채소를 재배하기 위해서 2억이 넘는 돈을 주고 낙찰받았다는 이야기에 건물주들이 기가 막혀한다. 물론 저쪽도 진심을 다하고 있지 않다는 걸 잘 알고 있다. 옆에 있던 다른 건물주가 인터넷에서 내 프로필을 찾아보았다고 웃으며 농담하지 말라고 이야기했다. 고령의 건물주가 말을 자르고 협상을 제의했다.

> **건물주1** : 우리도 알아볼 만큼 알아보았습니다. 매수하는 방법뿐이고 달리 방법이 없다는 것도 잘 압니다. 매수가격이나 제시하십쇼.
> **나** : 부동산가격에 희망소비자 가격이라는 게 있습니까? 필요한 쪽이 그 대가를 충분하게 지불하는 거죠.

골든타임을 놓치고 감정의 골이 깊어지면서 펜스를 설치하는 추가비용까지 발생하는 사태가 생겼기 때문에 가격을 조금 올려 받을 계획이었다.

상당히 긴 시간동안 가격 절충안이 협의되었다. 본인소유 재산은 고가라고 생각하고 남의 재산은 허드레 값으로 가져가려는 심리가 협상을 난항으로 몰고 가고 있었다. 1 대 3(건물주)의 협상테이블은 긴장감이 팽팽하게 맞서고 있었다. 3명의 건물주가 일치된 의견을 이끌어내는 일은 참 어려운 일이었다. 한 사람과 협상이 원만하면 다른 사람이 이견을 들고 나오고 다시 또 다른 사람이 하자를 들고 나왔다. 참 피곤한 협상이다.

협상 결렬을 선언하기도 하고 달래기도 해가며 협상을 해나갔다. 한 사람이 계속 이상한 협상안을 들고 나오길래 한마디 던졌다.

- **나** : 직업이 농부에요?
- **건물주3** : 왜요?
- **나** : 왜 자꾸 삽질을 하셔요?

한 때 결렬 직전으로 치달으며 소송으로 끝장을 보자는 이야기까지 나왔다. 나도 질세라 좋다고 했다. 소송 꽤나 좋아하는데 한번 해보자고 했다. 뼈돌이 건물주가 부동산 전문 변호사에게 벌써 의뢰해 놓았다며 시간이야 걸리겠지만 대법원까지 가볼 생각이라며 항전 의지를 불살랐다.

- **나** : 사장님, 변호사 누굽니까? 어지간한 부동산 전문변호사는 내가 다 아는데 경매사건을 수임받으면 내게 자문을 구하러 전화가 곧 올 겁니다. 그 변호사가 누굽니까?
- **건물주3** : …….

당황스럽지 않을 수 없는 상황이 전개되었다. 기선을 잡았으니 고삐를 더 당겨야 한다.

- **나** : 소송으로 가면 철거 정도로 끝나지 않을 겁니다. 내 토지 위에 걸쳐 있는 건물뿐만 아니라 나머지 건물 보유분도 무사하지 못할 겁니다. 다 경매로 날릴 겁니다.

가능할지는 모르지만 그 전략까지도 구상해놓고 들어온 물건이었다. 허풍으로 던진 말이 아니었다. 이 한 마디에 건물주들은 상당한 위기감을 느끼고 있었다. 주변 시세에 맞춰서 매수해 줄 것을 요구했으나 건물주들은 도로로 이용 중인 토지이기 때문에 저렴한 가격으로 매수하겠다는 입장을 밝혔다.

타인에게는 도로로 보일지 모르겠지만 본인들에게는 건물의 진출입로이기 때문에 필요성에 따라 가치를 정해야 한다는 것이 내 입장이었다.

그렇다고 터무니없는 금액을 제시한 것은 아니었다.

일반 주거 지역의 토지 가격으로 맞춰달라는 제안을 했다. 그러자 건물주는 공시지가로 가격을 매수하겠다고 의사를 밝혔다. 더 이상 매매협상이 진행되기 어렵다는 판단하에 자리를 박차고 나왔다.

머릿속은 소송 준비로 가득했다. 특수 물건을 진행하면서 수없이 많은 소송을 수행했다. 시간이 조금 길어질 뿐 머릿속은 승소의 자신감으로 가득했다. 차를 몰고 사무실 근처까지 왔는데 건물주들에게 또 전화가 걸려 왔다. 내가 제시했던 금액에서 조금만 낮춰준다면 매수하겠다는 제안이었다. 시간이 걸리더라도 소송으로 밀고 가서 목표수익을 창출하느냐 아니면 이쯤에서 매듭을 짓느냐의 갈림길이었다. 재판이라는 게 길게 가봐야 서로에게 상처만 남고 실익이 없는 일이다. 마음을 고쳐먹고 금액을 낮춰 매듭짓기로 했다.

경매는 각 고비를 슬기롭게 넘기면서 실력을 쌓는 일이다. 그 단계를 넘어서면 경매물건을 분석하고 향후 사건 진행까지도 예측하며 거기에 맞는 대처 방안을 준비해두고 최악의 상황에 대한 구상도 머릿속에 짜두는 일까지 염두에 두게 된다. 이 정도가 된다면 경매투자에서 큰돈을 벌 수 있는 기본 소양은 된 것이다.

셜록 홈즈처럼 탐문하라

고수익 낼 수 있는 경매 물건은?

1. 얼마나 어렵게 꼬여 있느냐

경매의 투자목적은 수익이다.

경매참여자들은 같은 선상에서 달릴 준비를 하지만 우승을 맛보는 사람은 오직 한 사람뿐이다. 은, 동은 개평 한푼 받지 못하는 냉혹한 게임이다.

어렵게 결승선을 통과한 낙찰자는 큰 수익을 보장받을 수 있느냐? 승자가 꼭 수익을 크게 낼 수 있다고 생각하지 않는다. 오히려 치열한 경쟁을 뚫고 승자가 된 낙찰자는 수익적인 면에서는 경쟁률에 반비례하는 결과를 얻을 수 있다.

결국 낙찰만이 능사가 아니라는 생각에 도달하게 되는데 그때서야 수익성 높은 물건으로 눈을 돌리기 시작한다.

입찰에서 경쟁자를 자연스럽게 따돌리기 위해서는 물건이 가지고 있는 문제점의 난이도가 높아야 한다. 난이도가 높으면 응찰자들이 현저히 줄어든다. 큰 risk를 안고 막대한 자금을 투자할 초보자는 많지 않기 때문이다.

고수들이 들어가는 물건은 단독입찰이거나 3~4명 정도 몰린다. 고수는 절대로 바글바글한 응찰자 틈바구니에 끼어 있지 않는다. 손도 댈 수 없을 정도로 어려운 물건은 약이 아니라 독이 될 수도 있다. 어려운 물건만이 고수익이 나는 건 아니므로 미리 포기할 이유는 없다. 비법은 있다.

아무리 어려운 물건이라도 경매는 현장에 답이 있다. 어렵게 꼬인 물건일수록 많은 발품을 팔아라. 분명한 해답은 발품에 있음을 잊지 말아라.

2. 얼마나 빨리 끝낼 수 있을까

오랜 시간 끝에 매도까지 완료했다.

고수익이라는 수식어를 붙일 수 있을까. 많은 차익이 났다고 하더라도 고수익이라고 볼 수는 없다. 자본을 다시 한 번 굴릴 기회비용을 잃어버렸고 레버리지를 이용했기 때문에 금융비용이 발생했다. 고수익이라는 이름표를 달기는 부끄러운 일이 되어 버린다.

수익률은 기간을 전제로 한다. 이때 "어떻게 기간을 줄입니까?"라는 의문을 가질 수 있을 것이다. 이 역시 방법은 있다.

경매 물건을 낙찰받고자 한다면 로드맵을 짜라. 경매 진행 과정은 돌발변수가 곳곳에서 튀어 나온다. 너무 당황하지 마라. 오히려 돌발변수가 나오지 않는 게 이상한 일이다. 그런 변수에 당황하고 있다는 건 낙찰받는 일 외에는 아무것도 준비하고 있지 않았다는 이야기다.

낙찰 후 대금납부, 대출, 명도, 매도까지 돌발 상황에 대한 가상 시나리오를 짜고 대응책을 준비해 두어라. 시간은 내 편이 될 것이다. 빠른 시간 내에 좋은 결과를 던져줄 것이다.

그렇다고 조급해 할 필요는 없다. 어떤 물건들은 경우에 따라 숙성시켜야 수익이 커지는 물건도 있다. 부동산투자는 숙성 발효되면 부패하지 않고 모두가 약이 된다는 것도 잊지 말아야 한다.

3. 자금을 확보할 수 있을까

특수물건은 하고 싶어도 실투가 커서 감히 접근하지 못하고 바라보는 경우가 많다. 대부분의 경매투자자들은 레버리지를 이용한다. 자금력이 준비가 되고 문제해결 대안을 갖고 있는 경매물건이라면 오히려 대출 불가능한 물건이 큰 수익을 가져다준다. 대출이라는 허들을 건너지 못하는 많은 경쟁자들을 물리치고 앞으로 달려나갈 수 있기 때문이다.

"위장 임차인"을 선별해서 고수익을 내는 경매 비법은 많이 공개되어 왔다. 이 단락에서 실투 2억 원으로 1억 원을 벌어들인 이야기를 입증자료와 위장 임차인을 선별한 사례로 이해를 돕고자 한다.

임차인현황 (말소기준권리: 2005.11.11 / 배당요구종기일: 2015.03.02)							
임차인	점유부분	전입/확정/배당	보증금/차임	대항력	배당예상금액	기타	
김○옥	주거용 전부	전 입 일: 2005.08.26 확 정 일: 미상 배당요구일: 없음		미상	배당금 없음		
기타사항	☞본건 부동산에 4회(야간 및 휴일 포함) 방문하였으나 폐문부재이고, 방문한 취지 및 연락처를 남겼으나 아무런 연락이 없어 임대차 관계를 확인하지 못하였으나 본건에 주민등록 전입된 세대가 있어 이를 임용 임대차 관계 조사서에 기재함						

등기부현황 (채권액합계: 345,600,000원)						
No	접수	권리종류	권리자	채권금액	비고	소멸여부
1(갑1)	2005.11.11	소유권이전(매매)	남궁○			
2(을1)	2005.11.11	근저당	신한은행 (방배동지점)	345,600,000원	말소기준등기 구)조흥은행	소멸
3(갑3)	2012.02.06	가처분	황○철		소유권이전등기청구권 서울중앙지법 2012카합39 사건검색	소멸
4(갑4)	2014.12.09	강제경매	황○철	청구금액: 583,561,644원	2014타경31913	소멸
5(갑5)	2015.01.12	압류	서울특별시서초구			소멸
주의사항	☞김경옥은(는) 전입일상 대항력이 있으므로, 보증금있는 임차인일 경우 인수여지 있어 주의요함.					

말소기준권리보다 앞선 전입자가 있는 경매물건이다. 초보자들은 패스하고, 경매를 좀 아신다는 분들은 혹시 전출해 나가지 않았을까 세대열람 정도의 관심을 가져볼 물건이다.

이 사건을 의심하기 시작한 것은 "최초 근저당권자인 신한은행이 선순위임차인으로 보이는 김○옥 씨가 점유 중인데 순순히 대출해주었을까?" 하는 생각이 들었기 때문이었다.

대부분의 1금융권은 1순위 근저당권이 아니면 대출자체를 기피한다. 채권 최고액(345,600,000원)은 시세의 몇 프로 정도나 될까? 2005년도 실거래가격은 4억 5천~5억 원선이었다.

당시는 노무현 정부 시절이다. 더 이상의 부동산 규제책은 없을 거라며 모든 방법을 총동원해서 부동산을 규제했다. 그중에는 대출규제도 들어가 있었다. 그런 시절 1금융권에서 주택담보대출로 매가의 70%를 대출 받았다는 것은 점유자에 대해서 어떤 형태로든 임대차관계가 아니라는 입증자료를 제출받았을 가능성이 높다.

몇 가지 문제점을 정리해보았다.

① 만약 선순위 점유자를 은행이 인정하고 대출을 해주었다면 저 금액까지 대출이 가능할까? 선순위 임차인의 전세가격이 1억 원이라면 후순위 근저당권 345,600,000원과 합은 거의 아파트시세와 비슷한 금액이 된다. 성립하기 힘든 가설이다.

② 월세 임차인이라면 한 푼이 아쉬운 사람이다. 확정일자를 꼭 받아두었을 것이다. 만약 우리의 예상보다 훨씬 적은 금액의 소액 임차인이라면 확정일자를 받지 않아도 배당요구를 했다면 배당을 받을 수 있다. 그런데 배당요구도 하지 않았다. 이게 현실적으로 납득할 이야기인가?

아래쪽에 "주의사항"에 점유자의 대항력에 대해서 친절하게 공지해준 경매정보지업체에 감사를 드린다. 초심자들의 무모한 응찰을 막기 위해 거름망을 쳐 주었으니 얼마나 고마운 일인가! 현장조사가 이뤄지지 않은 물건은 아무리 좋아 보여도 입찰하지 않는다는 게 내 소신이다. 지도상 입지는 아주 좋은 편이다. 주변시세에 비해 아파트가격이 상당히 저렴하다는 것도 강점으로 꼽을 수 있다.

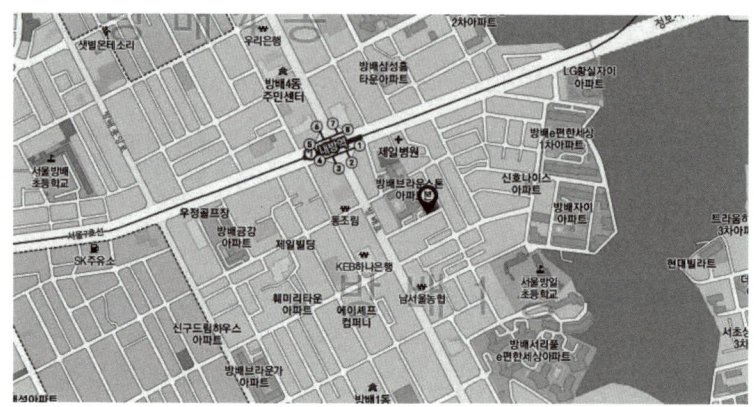

　인근 동일 평형의 방배동 아파트의 시세가 10억을 넘나들고 있었다. 부동산중개업소를 다니며 시세를 물어보았으나 어떤 업소에서도 흔쾌하게 시세를 이야기해주는 곳이 없었다. 매물과 전세가 없을 뿐더러 오래전 거래사례뿐이라 현재 시세를 정확히 이야기해 주지 못하고 있었다. 그래도 전세와 매수 대기수요가 풍부하다는 정보를 들을 수 있었다. 가격을 책정할 수 없는 부동산! 베리 굿이다. 부동산가격은 소비자가격이 없다.

　수요와 공급의 원칙에 의해 가격이 결정된다.

　중개업소에 방문해서 경매가 진행되는 아파트를 응찰하기 위해서 답사 나왔음을 알리고 선순위로 보이는 임차인에 대한 정보를 물어보았다. 중개업소도 그 집 사정을 잘 모른다고 했다. 중개업소에서도 입찰을 권유할 투자자를 찾고 있는 눈치였다.

8/27

매각 기일 5일 전.

이거다 싶은 뜨거움이 뱃속 깊은 곳으로부터 용솟음쳐 올라왔다. 입가에 웃음이 감돈다. (가자! 진실을 알아내러 경매신청권자의 집으로 가자)

앞뒤가 맞지 않는 구린 느낌이 진동을 한다. 경매신청권자는 진실을 말해 줄 것이다.

왜? 지금 상태로 계속 진행된다면 경매신청권자의 채권은 회수불능에 빠질 것이다. 얼마나 많은 금액을 인수할지 모르는 선순위 임차인이 존재하기 때문에 응찰을 기피할 것이고 낙찰가는 계속 떨어질 것이다. 본인이 손실을 덜 입으려면 채권자는 입을 열어야 한다. 단지 확성기를 들고 크게 떠들지 않았으면 한다.

탐문조사를 하기 위해 채권자의 서식지로 달려갔다. 오후 10시였다. 경비원이 현관에서 출입호실을 체크하고 있었다. 방문 호실을 알려주니 아직 귀가 전이라고 이야기한다. 건물 내 입주자가 들어오면 자동보고 된다고 한다. (참! 사생활 없는 동네네!) 지금은 안주인만 있다고 한다. 하지만 여기까지 와서 물러설 수 없었다. 인터폰 연결을 요청했다. 노부인이 1층 로비까지 내려왔고, 고급 정보를 많이 들려주었다. 좀 더 확실한 건 신랑이 와야 알 수 있다고 했다.

명함을 전달하고 인근 식당에서 신랑의 전화를 기다렸다. 밤을 새워서라도 그의 전화를 받아야 했다. 그리고 응찰할 건지 아니면 포기할 것인지 판단해야 했다. 장기전을 생각해서 24시간 운영하는 해장국집에서 잠복을 했다. 12시가 가까울 무렵 전화가 왔고, 한 시간 가량 통화를 했다. 알만한 내용은 모두 전달 받았다.

선순위 점유자는 실제소유자이며 부동산등기부등본의 소유권자로 등재되어 있는 사람은 올케라고 했다. 선순위 점유자(실제 소유권자)의 남편은 재건축 조합장 일을 하다가 여러 사람의 돈을 편취해서 징역을 살고 있다고 했다. 본인(경매신청권자)도 여러 채권자 중에 한 사람이며 재판과정에서 선순위 점유자가 진정한 소유자임을 밝혔고 승소한 판결문에는 올케 명의로 명의신탁이 된 아파트를 경매 진행시킬 수 있다는 내용이 들어있다고 했다.

이제 모든 것이 명백히 밝혀졌다. 12시가 넘도록 탐문 조사를 한 보람이 있다. 본인이 이렇게까지 이야기하는 것은 문제없는 물건이니 꼭 낙찰받기를 바라는 마음에서 정보를 전달해준 것이다. 그래야 본인도 채권회수가 이뤄지기 때문이다.

한 가지 더 정보를 준다며 오늘까지 이렇게 자기에게 묻고 간 팀이 우리까지 5팀째라는 사실까지 친절하게 알려주었다. (심문사항 아닌 것을 너무 상세하게 알려주는 거 아닌가? 고도의 심리전?) 경쟁자가 우리 말고도 더 있으니 넉넉히 써보라는 무언의 펌프질! 고급정보이긴 한데 좀 부담스러웠다. 이 말 역시 진실 여부를 가려봐야 한다. (곳곳이 지뢰구만!)

돌아오면서 곰곰이 생각해보았다. 낮에 중개업소를 방문했을 때 사람들이 웅성대다가 경매물건을 알아보러 왔다고 하니까 삽시간에 침묵이 흘렀다. 그런 업소가 몇 군데 있었다. 매물이 없어서 인근 중개업소는 개점휴업 상태다. 침을 안 삼킬 수 없는 물건임에 틀림없다. 일반 매물을 찾는 투자자는 풍부하다 했으니 그 중 몇 사람들에게 추천했을 것이다. 추정은 확신을 갖게 하고 확신은 현실에 반영된다.

채권자와 다시 말을 이어갔다.

> **나** : 사장님! 저도 낙찰받으면 대출을 받아서 잔금납부를 해야 합니다. 지금 상태로는 대출이 불가합니다. 선순위 점유자가 있기 때문입니다. 채권자께서 선순위 점유자가 소유자라는 확정 판결을 가지고 계시잖습니까? 그걸 제공해 주실 수 있겠습니까?

> **채권자** : 얼마든지 해드리겠습니다.

대출문제까지 해결되었다. 대부분의 특수물건은 권리관계의 애매함 때문에 금융기관의 대출을 받기가 어렵다. 입증할 수 있는 증빙서류를 제출할 수 있다면 대출은 가능해진다. 그 서류가 법원판결문이라면 더 이상 말이 필요 없다.

특수물건으로 분류되어 대출이 막힐까 내심 걱정을 했다.

발품을 팔아 조사하던 중 특수물건이 일반물건화 되면서 대출까지 해결되었다. 발품이라는 게 얼마나 많은 정보와 기회를 주는지 다시 한 번 되새기게 한다. 어지간한 노력과 발품이 아니면 선순위 위장임차인을 밝히기 어려운 상황이었다. 고수익을 얻기 위해 지역분석이나 호재를 보고 응찰 받는 건 이제 진부한 옛날 기법이다. 호재 있는 좋은 물건이 나만을 위해서 기다려 줄 리 없고 내 눈에만 보이는 것도 아니다. 발품을 팔아야 값진 진주를 얻을 수 있는 것이다. 꼭 잡아야 했다.

오래전부터 좋은 물건 하나 부탁하던 지인에게 연락을 했다.

- 나 : 실투 2억 원으로 1억 원 차익 실현인데 해볼래요?
- 지인 : 어디 물건인데요?

사건 번호를 보내줬다. 응찰해 보겠다고 했다. 지인 역시 경매경험이 많은 사람이다. 오랜 시간동안 여러 경매 물건을 해보았지만 내가 제시한 정도의 수익이 창출되는 경매물건은 해보지 못했기 때문에 긴가민가하며 해보겠다고 이야기를 했다. 물론 직장생활을 하고 있었기 때문에 전적으로 발품 팔아가며 조사할 여력은 없다고 했다.

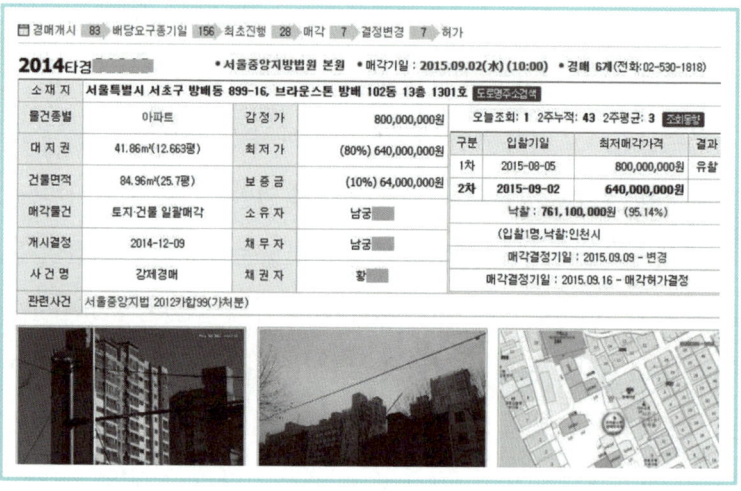

최저가격에서 1억 원을 올려 써야 한다고 응찰금액을 지정해 주었다. 처음부터 나를 믿고 하는 투자였기 때문에 별다른 이의를 제

기하지 않았다.

채권자 5명에게 찾아가 진실을 파악해 갔다. 경쟁력 있게 응찰하려면 그 정도는 써야 했다. 한 팀은 인근 중개업소에서 투자자를 직접 데리고 왔다고 한다. 중개업소를 드나들며 투자처를 찾고 있던 사람이었으니 분명히 응찰할 것이다.

당일 예상 외로 중앙지법이 썰렁했다. 개찰이 가까워지면 사람이 많이 몰린다. 이 분위기 속지 않으리 다짐하며 응찰했다, 앗! 단독 응찰이다. 최저 금액에서 1억 2천만 원 더 썼는데 단독이라니. 5팀이나 왔다갔다고 했는데 왜 안 들어왔을까? (캐스팅되었으면 출연해 줘야 하는 거 아닌가. 이런 건 업계 상도의가 아닌데! 와~ 환장하겠네. 이렇게 완벽한 물건을 안 들어온단 말인가?) 누군가 뒤꼭지를 잡고 상고놀이를 하는 거 같았다. 예상치 못한 결과에 무척 당혹스러웠다. (하긴 이런 거까지 맞추면 미아리에서 돗자리 깔지. 왜 경매하겠어!) 멍멍한 가슴을 안고 집으로 돌아왔다.

낙찰을 받고 며칠이 지났다. 난데없이 전화가 걸려왔다.

▶ **사무장** : 저는 변호사 사무실 사무장인데요. 선순위 김○옥 씨 문제 해결할 수 있으십니까? (이게 무슨 똥딴지같은 소리인가? 그런 보안책 없이 낙찰받았겠는가! 나를 뭐로 보고? 가뜩이나 높은 낙찰가격 때문에 후유증으로 열받아 있는데 놀라네!) 경매 취하시켜 드릴 수 있는데 그렇게 하실래요? 너무 높게 받으시지 않으셨나요? 이번에 취하시키시고 다음 회차에 다시 받으시죠? (낙찰가가 감정가격에 육박하는 요즘 이 가격에 받으면 잘 받은 건데 얘가 무슨 소리를 하는 거지! 경매 시장을 잘 모르는 초짠가?)

↳ **나** : 변호사 사무실 개업한 지 얼마 안 되었죠?

↳ **사무장** : 왜요?

↳ **나** : 요즘 시장 상황을 잘 모르는 거 같아서요.

↳ **사무장** : …….

↳ **나** : 어떻게 하실 건데요!

시치미 뚝 떼고 저쪽이 무슨 생각으로 접근하는지 알아보고 싶었다.

↳ **사무장** : 제가 이 사건의 재판내용을 전부 가지고 있습니다. 취하시켜 드릴 수 있습니다.

그때서야 돌아가는 이야기를 대충 짐작할 수 있었다. 이 사람은 채권자나 채무자 중 한 사람의 변호를 맡은 사람이고 사건의 전말과 김ㅇ옥이 명의신탁자라는 것을 알고 있는 사람이다. 더 저감되면 누군가를 응찰시켜 이윤을 극대화하려고 대기 중이었는데 내가 덥석 이 물건을 물어버린 것이다. 그동안 공들여 준비해왔던 것이 물거품이 되어버리니까 어떻게든 인건비라도 건져볼 생각에 내게 접근한 것이다.

내 연락처는 어떻게 알았을까? 입찰서를 봤을 것이다.
법원경매 정보를 제공하는 대법원 사이트를 들어가 보았다.

● 문건처리내역

접수일	접수내역	결과
2014.12.10	등기소 서울중앙지방법원 등기국 등기필증 제출	
2014.12.24	기타 중앙감정평가법인 감정평가서 제출	
2014.12.30	기타 서울중앙지방법원 집행관실 현황조사서 제출	
2015.02.25	압류권자 서울특별시서초구 교부청구 제출	
2015.09.15	채무자겸소유자 남궁경화 열람및복사신청 제출	
2015.09.22	최고가매수신고인 열람및복사신청 제출	
2015.09.24	근저당권자 주식회사 신한은행 채권계산서 제출	
2015.09.24	근저당권자 주식회사 신한은행 주소/송달장소 변경신고서 제출	

낙찰 이후 명의신탁자의 동의를 얻어 열람하였다. 그렇게 내 연락처를 찾아 연락하게 된 것이다. 어디서 밑장 빼기수법을 쓰냐! 정상적으로 진행된다면 9/2 낙찰 이후 7일 이후인 9/9 낙찰 허가 결정이 나와야 했다. 하지만 허가 결정은 나오지 않았다.

● 기일내역

물건번호	감정평가액	기일	기일종류	기일장소	최저매각가격	기일결과
1	800,000,000원	2015.08.05(10:00)	매각기일	제4별관 211호 법정	800,000,000	유찰
		2015.09.02(10:00)	매각기일	제4별관 211호 법정	640,000,000	매각 (761,100,000원)
		2015.09.02(10:00)	매각기일	제4별관 211호 법정	640,000,000	매각
		2015.09.09(14:00)	매각결정기일	제4별관 3층 7호 법정		변경
		2015.09.16(14:00)	매각결정기일	제4별관 3층 7호 법정		최고가매각허가결정
		2015.10.22(16:00)	대금지급기한	민사집행과 경매6계		진행

변고가 있는 건 아닌지 걱정되었다. 선순위 점유자에게는 심문서가 한 번 더 보내졌다. 한 번의 "변경"이 이뤄지고 다시 2주가 지났다. 최고가 매수인 허가결정이 떨어졌다. 이제 대출문제를 해결해야 한다. 선순위로 보이는 점유자가 가장 임차임을 대출기관에

입증해야 하는 문제가 남아있다. 판결문이 필요하다. 채권자(경매신청권자)에게 전화를 했다.

- **나** : 브라운스톤 경매신청권자시죠?
- **경매신청권자** : 예. 낙찰되었던데요.
- **나** : 제가 받았습니다. 기억나시죠! 입찰기일 전날 밤에 달려와서 내용 파악해갔던 사람입니다.
- **경매신청권자** : 아~ 알죠.
- **나** : 대출 때문에 판결문이 필요합니다.
- **경매신청권자** : 아~ 그랬죠. 그런데 제가 내일 아침에 외국에 골프 치러 갑니다. 며칠 기다리셔야겠네요.
- **나** : 얼마나요?
- **경매신청권자** : 다음 주 월요일 날 전화 주세요.

뭔가 목덜미가 서늘했다. 경매신청권자는 고가에 낙찰되어야 한 푼이라도 더 대여금을 회수할 수 있다. 그때는 꼭 응찰시키기 위해서 입안에 혀처럼 굴더니 정작 낙찰받고 나니까 뒷짐 지고 "네가 어떻게 하겠냐!"는 투로 전화를 받는다. 화장실 들어갈 때와 나올 때 달라진다더니 그런 건가! 약속한 월요일에 아무리 기다려도 전화가 오지 않아서 먼저 전화를 했다.

- **나** : 경매신청권자시죠? 브라운스톤 낙찰받은 사람입니다. 판결문 주신다고 약속해서 전화했는데요!
- **경매신청권자** : 아참, 그랬지!

(이건 또 무슨 헐리우드 액션인가? 약속해놓고 잊고 있었다!)

서늘한 기운이 또 한 번 목덜미로 흐른다. 만에 하나 잘못되면 보증금만 6천 6백만 원은 몰수다. 최악의 방책을 세워두지 않은 건 아니지만 생각지 못한 변수들은 항상 경매과정 곳곳에서 출몰하는 법이었다. (도대체 무슨 꿍꿍이로 판결문을 건네주지 않는 거지! 지난번 사무장 녀석처럼 혹시 뒷거래 하자는 거 아닌가!)

판결문이 우리에게 얼마나 중요한 문서인지는 경매신청권자가 이미 잘 알고 있다. 본인은 채권액을 전액 배당받지 못한다. 그렇다면 이 판결문을 배당받지 못하는 금액의 보상대가로 이용하려 하는 것은 아닐까? 또 서늘해진다.

똥차(사무장) 피했더니 쓰레기차(경매신청권자)가 덤비는 건가! 나 참. 나도 이 바닥 에이스를 자처하는 사람인데 그렇게 무대책으로 응찰하진 않는다.

이런 걸 대비해서 대화 내용을 전부 녹취해 두었다. 채권자가 채권회수를 위해 거짓말을 했다는 근거 자료다. 여차하면 형사고소 할 수도 있다.

그렇게 치고 들어간다면 그쪽도 어쩔 수 없이 판결문을 내놓을 것이다. 내가 그렇게 호락호락하지는 않다는 걸 주지시킬 것이다.

> **나** : 판결문 주실 생각이 없으신 건 아니죠? 그러면 대금납부 못해서 보증금을 몰수당하게 됩니다!

> **경매신청권자** : 그럴리가요. 찾아보고 수일 내로 전화하죠!

며칠이 지나도 전화가 없다. 정말 판결문을 미끼로 써보려는 걸까? 나의 묘수는 항상 소주잔에서 나온다. 술 한 병을 복용하고 두 병째 음복 중이었다.

아, 이걸 정말……. 아무리 생각해도 열 받는다.

가만히 생각해 보았다. 판결문은 재발급 되는 서류가 아니다. 아주 특별한 사정이 있는 경우에만 재발급이 가능하다. 왜냐하면 집행문이 부여되는 판결문이 여러 장일 경우 판결문으로 채무자의 재산을 여러 번 경매 진행시킬 수 있기 때문에 한 사건에 한 번만 사용할 수 있도록 한다. 한 장뿐이 없는 이 판결문이 어디 갔을까?

앗, 그런데……. 또 누군가 머리 뒤꼭지를 잡고 상고놀이를 하는 기분이 들었다. 이 경매사건은 신청할 때 채무명의(판결문)가 필요한 "강제경매"다. 강제경매신청을 하려면 판결문 원본을 경매계에 제출해야 한다.

(역시 난 쐬주가 들어가야 머리가 돌아~)

판결문은 경매계에 첨부되어 있을 것이다. 낙찰허가 결정을 받은 이해관계인이기 때문에 경매서류 열람 복사가 가능하다. 경매신청권자가 판결문을 찾지 못하는 것은 당연한 일이다. 법원에 제출했는데 집에 있을 턱이 없다. 아, 그래서 못 찾은 거구나! 다음날 서류를 열람했다. 판결문이 떡하니 경매서류에 첨부되어 있었다.

경매는 종합예술이다. 넘어야 할 산은 계속 나온다. 어떻게 풀어야 할지 계속 연구하고 전략을 짜야 한다. 그에 따라 성패가 갈린다.

대출이 나온다 안 나온다 생난리였다. 금융기관을 간추려보니까 두 곳으로 압축되었다. 경락잔금 대출이 80% 가능했다. (아하~ 요거 괜찮은데) 대출액이 워낙 많아서 한시가 급했다. 명도도 매도도 속도를 내야 했다. 소유권이전등기를 완료하고 전 소유자에게 연락을 했다. 무응답이다.

어느 늦은 저녁 웬 남자한테서 전화가 왔다. 다짜고짜 만나자고 한다. (이건 또 뭐야!) 점유자의 오빠라고 한다. 옳거니. 약속장소를 정하고 기다리는데 30분 정도 늦게 오빠라는 남자가 도착했다. 이미 실제소유자로써 점유 중이라는 걸 기정사실화 해놓고 이야기를 시작했다. 순순히 명도해줄 거 같지 않아서 먼저 강수를 들고 나간 것이다.

대출과 인도명령은 다른 문제다. 혹시라도 선순위 임차인임을 주장한다면 입증 다툼에 상당한 시간을 뺏기게 된다. 여기서 기선을 잡아야 한다.

나 : 위장 임차인들 요즘 특별단속기간이더라고요.
(나도 정말 거짓말 하나는 타고 났어!)

상대가 뜨끔해하는 눈치였다. 선순위 임대차 관계를 주장하며 이사비라도 듬뿍 뜯어보려 나왔다가 목덜미만 잡혀버렸다. 씨알도 먹히지 않을 거라는 판단이 들었는지 대화를 급선회했다. 12월 말까지만 거주할 수 있게 해 달라고 했다. 이건 어렵다. 대출액이 너무 커서 금융비용이 만만치 않게 들어가고 있다고 했다. 수능을 준비하는 수험생이 있는 모양이었다. 수능 끝나고 한 달만 시간을 달라고 했다. 지루한 협상 끝에 답을 찾지 못한 채 다음 약속을 정하고 자리를 피했다.

요구한 날짜로 명도기일을 양보한다 해도 정작 약속을 지켜줄 수 있는지 알 수 없는 일이다. 경매는 항상 최악의 상황을 준비해 두어야 한다.

요즘은 소유권이전등기를 하면 인도명령 신청을 서비스로 해준다. 하지만 이번 인도명령신청서는 내가 작성하기로 했다. 명도일정이 협의 중이지만 만일을 대비해 법원조치는 준비해 두어야 한다. 사람은 거짓말을 하지 않는다. 항상 준비되어야 할 돈이 준비되지 않아 계획에 차질이 생기면서 거짓말쟁이가 되는 것이다. 경매를 당하는 사람은 단돈 만 원짜리 한 장도 구하기 어렵다. 왕년에 아무리 잘나갔다고 해도 경매 진행된다는 이야기가 나돌기 시작하면 친인척까지 모두가 외면하고 돌아서는 게 세상인심이다. 집을 잃어버리는 아픔보다 주위 사람들로부터 배신당하는 슬픔이 더 큰 아픔이다.

인도명령을 허술하게 작성하면 오히려 일이 더 복잡해질 수 있기에 맡기지 않고 내가 직접 작성했다.

부동산 인도명령 신청서

사　　　　　건 : 20**타경 ○○○○○

신청인(낙찰자) 성명 : ○○○

주　　　　　소 :

피신청인(점유자) 성명 : ○○○

주　　　　　소 : 서울시 서초구

　위 부동산경매 사건에 관하여 신청인은 별지 목록 기재 부동산에 대한 매각 허가 결정을 받고 2015.10.21. 낙찰대금을 완납하였으며 피신청인에 대하여 위 부동산의 인도를 요구하였으나, 피신청인은 그 인도를 거부하므로 피 신청인의 점유를 풀고 이를 신청인이 인도받을 수 있도록 인도명령을 하여 주시기 바랍니다.

신청 이유

1. 채무자 최ㅇ식은 처남댁인 남궁ㅇㅇ의 명의를 빌려 금융기관인 조흥은행으로부터 2005.8.23. 대출 실행시키고 부동산 보전등기 완료일인 2005.11.11. 소유권이전등기를 완료함과 동시에 근저당 설정을 완료하였습니다. 이후 명의신탁자 최ㅇ식은 대출 이자 및 상환금을 남궁ㅇㅇ의 통장으로 입금함으로써 명의신탁에 의한 취득이었음이 밝혀진바 있습니다. (갑 제1호증 판결서, 갑 제2호증 금융거래사실 증명원)

2. 위 사건의 피신청인(점유자) 김ㅇ옥은 채무자인 최ㅇ식의 부인으로써 2005.8.26.부터 별지 목록 기재 부동산을 점유하고 있었습니다. (갑 제3호증 제적 등본)

3. 경매신청권자인 황ㅇ철에게 5억 원을 빌리면서 2011.12.27. 무상임차확인서를 자필 작성하여 주었습니다. (갑 제4호증 무상임차확인서)

4. 한편 최ㅇ식은 *** 주택 조합 업무와 관련하여 배임죄 등으로 2012.11경 구속되었고 무자력자가 되어 버린 최ㅇ식은 경매신청권자 황ㅇ철에게 무상임차확인서를 작성해준 사실을 부정하며 아내를 앞세워 처남댁인 남궁ㅇㅇ와 통모하여 허위임대차 계약서를 작성하였습니다. 이후 이들은 임차인의 권리를 주장하게 되었습니다.

그러나 2012가합39009(갑 제1호증 판결서) 재판과정에서 최ㅇ식이나 그의 처가 임대보증금을 송금한 내역을 밝히지 못했을 뿐만 아니라 증인신문 과정에서도 최ㅇ식 본인과 처는 송금사실이 없음을 자인하였습니다. (갑 제5호증 증인신문서)

이와 같이 채무자 최ㅇ식의 배우자인 처 김ㅇ옥에 대하여는 권리가 없는 점유자이므로 인도명령결정을 신청합니다.

입증서류 및 첨부서류

1. 2012가합39009 판결서   갑 제1호증
2. 금융거래사실 증명원   갑 제2호증
3. 제적등본   갑 제3호증
4. 무상임차확인서   갑 제4호증
5. 증인신문서   갑 제5호증
6. 부동산 등기부등본   갑 제6호증
7. 부동산 목록 3통   갑 제7호증
8. 송달료 영수증

2015.××.××.

위 신 청 인

인도명령 신청을 제출하고 느긋하게 기다렸다. 모든 정황이 완벽하고 사실관계가 입증되었기 때문에 바로 인도명령이 인용될 거라고 믿었다.

하지만 결과는 바로 나오지 않았다. 경매계에 전화를 걸어 진행 상황을 물어보았다. 재판부가 판단을 보류하는 거 같으니까 급하면 "인도명령 촉구서"를 내보는 것이 어떠냐고 반문을 했다. 못할 거 없지만 그다지 효과적일 것 같지는 않다. 인도명령 촉구서에 이러한 내용을 작성해서 제출하였다. "…… 낙찰받은 집으로 이사 들어가기 위해서 전에 거주하던 집을 매도 처분했기 때문에 한시라도 입주를 늦춘다면 추운 겨울에 거리로 내 몰릴 상황이다.", "…… 무리한 대출로 인한 이자 부담도 크다. 내가 산 집을 내가 왜 이렇게 늦게 들어가게 되느냐."

그래도 재판부는 묵묵부답이었다. 관례상 배당기일 이후에는 인도명령을 내어주기 때문에 11/12까지 기다렸다. 통상적으로 배당기일 날에는 유치권자나 애매한 임차인 매각물건 명세서상에 기록이 없는 거주자들에 대한 인도명령 결정문을 내어준다.

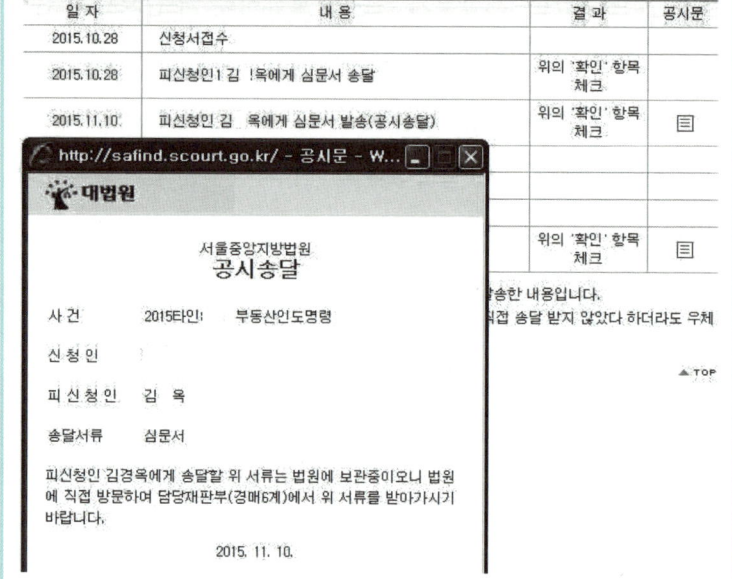

경매계에서 여러 번에 걸쳐 점유자에게 심문서를 발송한 모양이었다. 별달리 할 말 없는 점유자는 계속 송달을 거부했다. 결국 공시송달이라는 피치 못할 상황까지 진행시켰다. 아, 이건 좀 의외의 상황이다. 한시가 급한 이 상황에 심문서 공시송달이라니 이런 해괴망측한 일이 있나! 배당기일이 끝나는 25일로 공시송달 효력 발생시점이 잡혔다.

> **서울중앙지방법원**
> **공시송달**
>
> 사 건   2015타인   부동산인도명령
>
> 신 청 인
>
> 피 신 청 인   김○옥
>
> 송달서류   심문서
>
> 피신청인 김○옥에게 송달할 위 서류는 법원에 보관중이오니 법원에 직접 방문하여 담당재판부(경매6계)에서 위 서류를 받아가시기 바랍니다.
>
> 2015. 11. 10.
>
> 법원주사보
> [연락처 : 530-1818]
>
> [닫기]
>
> ※ 사건번호가 확인되면 "Home>소송절차>사건검색"에서 재판관련 각종정보를 열람할 수 있습니다.
> ※ 본 공시송달은 (2015. 11. 25. 0시) 송달된 것으로 효력이 발생됩니다.

계속해서 상황을 주시하기로 했다. 심문서 송달완료일 다음날인 26일날이다. 빨리 진행시켜줘서 고맙긴 한데, 법을 집행하는 사법부가 뭔가 원칙 없이 처리하는 듯한 느낌도 살짝 들었다. (내가 이래서 법원을 안 믿는 게!)

인도명령이 떨어지자 대리인 역할을 하던 오빠한테서 만나자고 연락이 왔다. 이사비 이야기를 꺼낼 거라는 예상을 하며 현장에 나갔다.

> 나 : 인도명령결정이 나왔습니다. 바로 집행하면 되는 상태입니다. 어떻게 하시겠습니까?

> 대리인 : …….

선순위 임차인처럼 애매하게 올라와 있었기 때문에 명도소송으로 갈 줄 알았던 모양이다. 그리되면 민사소송은 최소 6개월 이상 시간이 소요되기 때문에 1년 정도는 무난하게 거주할 수 있을 거라는 기대를 하고 있었다. 인도명령결정이 나왔다는 소식에 약간은 의외라는 눈치였다. 이사비 이야기를 한다.

> 나 : 집행비용 정도 생각하십쇼.

> 대리인 : 그래서 얼마요?

상당히 신경질적으로 이야기를 받는다. 법적으로 이사비를 줘야 한다는 조항도 없는데 점유자들은 마치 당연히 받아야 할 돈이라는 듯 행동하는걸 보면 참 울화가 터진다.

> 나 : 200만 원 정도면 집행될 겁니다. 그 정도로 생각하십쇼.

> 대리인 : 500만 원 주십쇼.

이 사람도 역시 맡겨둔 돈 달라는 듯 이야기한다. 지루한 밀당 끝에 결국 250만 원으로 협의했다. 명도일은 12/4로 정했다.

날짜가 가까워졌다. 혹시나 이사 날짜를 어길까 봐 월요일부터 계속 전화를 했다.

> **나** : 그날 나가시는 거 이상 없죠!
> **대리인** : 틀림없다니까요.

전날 전화를 했는데 이상하게 전화를 안 받는다. 당일날 아침에 전화가 왔다. 살림 도구에 전부 "압류"딱지가 붙어서 이삿짐 업체가 옮길 수 없다는 내용이었다. 누이가 이삿짐에 압류딱지 붙은 걸 이야기하지 않았다고 한다. (뭐하나 쉬운 게 없다!)

> 유체동산압류는 채권자나 채무자의 동의 없이 함부로 옮길 수 없다.

또 다시 일주일만 기다려 달라고 사정을 했다. 압류 가재도구 이전은 부동산인도명령결정을 받았다 하더라도 집행 불능 사안이다. 또다시 일주일을 연기해 12/11에 이사 나가는 걸로 다시 합의했다.

명도기일 아침 10시 현장에 도착했다. 이삿짐센터가 9시부터 일을 시작한다. 10시에 인도받는다는 건 어림도 없는 이야기다. 현장에 도착하니 사다리차에서 이삿짐이 하나둘씩 내려오고 있었다. 드디어 이사를 하는구나!

두 차례나 인도기일을 지켜주지 않아서 불안했는데 다행히도 오늘은 이삿짐을 옮기고 있다. 아파트는 정남향이라 볕이 잘 들었다.

　이삿짐이 나가자 낯선 이가 찾아왔다. 부동산 중개인이었다. 동네 매물이 없어서 그러는지 이삿짐 차만 들어오면 부리나케 찾아온다. 매매가격을 물어보았다. 부동산 중개업소는 9억까지도 무난하게 받을 수 있을 것 같다고 펌프질을 한다. 이후 부동산 규제책이 나와 다소 저감된 금액으로 2개월 후 매도하게 되었다.

위장임차인 실전경매 정리

1. 8/25일 가장 선순위 임차인이 추정되는 물건 발견

2. 8/27일 관계서류 검토 후 경매신청권자 심문으로 무상임차 확신

3. 9/2일 오발이 명중
   최저가 6억 4천만 원
   응찰가 7억 6천만 원(단독 낙찰)
   (벤츠 한 대 지나갔어. 손가락을 확~부러뜨리고 싶었지만)

4. 9/9일 낙찰허가 결정 연기
   (심상치 않은 법원의 행동에 바짝 긴장, 이러면 안 되는데)

5. 9/16 일 낙찰허가 결정
   (허가 촉구서 발송. 발칙했는지 허가결정)

6. 10/22일 대금 납부

    (인도명령 신청하였으나 점유자의 심문서 미확인으로 공시송달 후 인도명령결정)

7. 12/11일 명도 완료

    (명도불이행 2회 후 명도완료. 아쉽게도 이사비 250만 원 뜯김)

8. 1/15 매매 계약

    낙 찰 가 : 761,100,000

    매   도 : 882,000,000

    실   투 : 150,000,000

    차   익 : 120,000,000

    진행기간 : 5개월

위장임차인으로 가려내기란 쉽지 않다. 입증도 어렵다. 법원이 속 시원하게 밝혀주면 좋겠지만 그러지 않다보니 응찰자 입장은 항상 불안하기만 하다. 이런 환경이 어쩌면 더 큰 수익을 낼 수 있는 기회일지 모른다. 좀 더 발품을 팔아 정확한 정보를 얻을 수만 있다면 말이다. 하지만 어설픈 추리로 접근했다간 큰 낭패를 볼 수 있는 것이 위장 임차인이다. 확실한 입증자료를 거머쥘 수 있을 때 응찰하길 바란다.

엄마야 누나야 강변 살자

광장동쪽 경매물건 임장을 나왔다가 워커힐 호텔까지 날아갔다. 하루 숙박비가 웬만한 오피스텔 한 달 임대료다. 호텔 앞에서 바라보는 한강변은 너무 아름다웠다. 왜 이 호텔 방값이 이렇게 비싼지 짐작이 된다. 한강은 바라보는 위치에 따라 다양한 모습을 보여주는 곳이다. 강 주변으로 길게 뻗은 고수부지와 유유히 흐르는 강물, 그 위에 떠다니는 보트와 유람선, 바람에 하늘거리는 나뭇잎들. 유럽 어디에 내 놓아도 뒤지지 않을 멋진 풍광이다.

여의도 샛강 근처에서 유년시절을 보냈다. 여의도 북단까지 걸어가서 마포대교 남단에서 건너편을 바라보면 또 다른 도시가 보였고 그 도시와 경계를 짓는 웅장한 강이 있었다.

그 강을 건너면 다른 세상을 만날 수 있었다. 바로 그 큰 강이 한

강이었다. 대지와 강은 높낮이 없이 평평했다. 강은 한없이 넓었고 강 건너 대지는 멀게만 느껴졌다.

워커힐호텔 언덕에 올라서 굽어보는 한강은 가슴으로 끌어안은 듯한 벅찬 느낌이 있었다.

(이래서 사람들이 강이 보이는 언덕에 묻어달라고 하는 거구나)

이런 곳에서 산다면 우울증에 걸릴 일은 없을 것 같았다. 강변 아래로는 고급 주택들이 즐비하게 들어서 있었다. 인적도 한산했고 치렁치렁하게 늘어진 가로수는 한낮의 한가로운 여유로움을 가져다주었다.

2014타경		● 서울동부지방법원 본원 ● 매각기일 : 2015.04.13(月) (10:00) ● 경매 3계 (전화:02-2204-2407)					
소재지	서울특별시 광진구 광장동			토지이용계획	Daum 지도	NAVER 지도	
새주소	서울특별시 광진구 아차산로						
물건종별	아파트	감정가	655,000,000원	오늘조회: 2 2주누적: 2 2주평균: 0		조회동향	
대지권	41.39㎡(12.52평)	최저가	(80%) 524,000,000원	구분	입찰기일	최저매각가격	결과
건물면적	92.4㎡(27.95평)	보증금	(10%) 52,400,000원	1차	2015-03-09	655,000,000원	유찰
				2차	2015-04-13	524,000,000원	
매각물건	토지·건물 일괄매각	소유자	워커힐일신아파트리모델링주택조합	낙찰 : 621,100,000원 (94.82%)			
				(입찰3명,낙찰:)			
개시결정	2014-04-07	채무자	삼우건설(주)	매각결정기일 : 2015.04.20 - 매각허가결정			
				대금지급기한 : 2015.06.02			
사건명	임의경매	채권자	이에이케이제이차유동화전문유한회사(변경전:국민은행)	대금납부 2015.05.08 / 배당기일 2015.06.05			
				배당종결 2015.06.05			

풍류를 뒤로 하고 본연의 임무를 수행하고자 경매로 나온 아파트로 가 보았다. 등기부등본상으로는 연식이 꽤 된 아파트임에 불구하고 의외로 깔끔했다. 인근 부동산 중개업소에서 물어보았더니 몇 년 전에 리모델링 공사를 했다고 한다. 전용면적 71.14㎡이었던 아파트가 리모델링 공사 후 92.4㎡로 확장되었다고 한다.

1층은 주차공간으로 바뀌었기 때문에 606호는 706호로 호실 변경이 이뤄졌다고 한다. 대부분의 아파트는 국민주택급(85㎡) 이하로 건축을 해야 여러 면에서 많은 혜택을 보기 때문에 85㎡ 이하로 신축을 한다.

이 아파트의 경우 전용면적이 92.4㎡인 걸 보고 신축 후 구조변경이나 리모델링으로 전용면적이 늘어나지 않았을까 하는 추측을 하며 현장에 왔다. 예상은 틀리지 않았다. 골조만 남겨 두고 모두 바꾸어 버렸다고 한다.

비용도 상당히 많이 들어갔을 것이다. 리모델링은 각 호실별 부담인데 개중에는 공사비를 부담할 수 없는 세대가 생기기도 한다.

공사비 미납 호실만 빼고 공사를 진행할 수 없기 때문에 전체 공사를 진행하고 나중에 공사비 정산 후 미납분을 재건축 조합이 미납세대에게 채권추심을 하게 된다. 이때 공사비에 대한 추심 과정

에서 채권과 유치권이 권리신고를 병행한다. 쉽지 않은 문제이긴 하지만 이 문제만 해결한다면 꽤 좋아 보이는 물건이었다.

7층이기 때문에 잘하면 강도 볼 수 있을 것 같았다. 광진구에서 가격 대비 이 정도 입지를 갖춘 아파트는 많지 않다. 가성비 좋은 아파트임에 틀림없었다. 리모델링 이후 매매 사례가 없기 때문에 누가 먼저 어떤 금액에 깃발을 꽂느냐에 따라 아파트 가격이 정해진다. 매매가격을 주도할 수 있다는 건 매력적이지 않을 수 없다.

부동산 분위기를 알아보기 위해서 다른 부동산 중개업소를 방문했다.

> 나 : 안녕하셔요. 경매 나온 물건 때문에 시세 좀 알아보려고 왔습니다!

중개업소 대표로 보이는 나이 지긋한 사람이 손사래를 치며 절대 들어가지 말라고 극구 말렸다. 정말 큰 문제가 도사리고 있어서 응찰을 말리는 건지 아니면 본인의 응찰을 위해 경쟁자를 쳐내고 있는 건지 알 수 없었다. 중개업소 대표의 이야기는 이렇다.

해당 입주민은 돈 없이 리모델링을 찬성했고 모든 공사가 완료되었는데도 분담금을 납부하지 않아 조합이 소송으로 공사비에 대한 채권을 확보했고 경매과정에 참여해서 "유치권" 행사를 하고 있는 중이라고 했다. 경매신청권자는 제1채권자인 국민은행이라고 했다.

(아! 완벽한 유치권 행사다)

딱 떨어지는 유치권이다. 잘못했다가는 "으악" 소리 한번 못 지르고 낙찰대금 외 유치권 공사비까지 고스란히 물어 줄 수 있는 위험천만한 물건이다.

No	접수	권리종류	권리자	채권금액	비고	소멸여부
1(갑1)	1989.05.22	소유권이전(매매)	조성현			
2(을8)	2012.03.26	근저당	국민은행(의정부서지점)	384,000,000원	말소기준등기	소멸
3(갑13)	2012.09.12	소유권이전(신탁)	워커힐일신아파트리모델링주택조합(수탁자)			
4(갑15)	2013.09.09	소유권이전(신탁)	조성현		신탁재산의귀속	
5(갑16)	2013.09.09	소유권이전(매매)	김현숙		거래가액:430,000,000원	
6(갑17)	2013.09.09	소유권이전(신탁)	워커힐일신아파트리모델링주택조합(수탁자)			
7(갑19)	2014.04.07	임의경매	국민은행	청구금액:	2014타경5061	소멸

이제부터 이 물건 해결 방안을 알아보자.

소유권 변경 상황을 본다면 아래와 같다.

소유자(조ㅇ현) → 워커힐 일신아파트 리모델링(신탁) → 신탁해지(조ㅇ현) → 사해 행위에 의한 허위 매도(김ㅇ숙) → 워커힐 일신아파트 리모델링(신탁)

워커힐 일신아파트 조합(신탁)이 리모델링비 3억 5천만 원을 받지 못해서 706호에 유치권을 행사하고 있다고 한다. 공사비에 대한 채권은 진성유치권이었기에 인근 부동산 중개업소들은 어쩌지 못하고 군침만 질질 흘리고 있었다.

공사가 명백히 이뤄졌다는 사실을 누구보다 잘 알고 있었기 때문이다.

중개업소는 임장 온 사람들에게 절대 응찰 말라고 신신당부를 했다. 이렇게 고마울 수가 있나. 동네 주민과 공인중개업소가 합심하여 펜스를 쳐주니 내게는 고마운 일이 아닐 수 없다.

관리실에 방문했다. 관리소는 유치권자의 전초기지 역할을 하는 곳이다.

- **관리실** : 밀린 관리비도 관리비지만 유치권 금액이 커요. 그거 해결하셔야 해요.
- **나** : 공사하셨는데 보상해드려야죠 (개코나!)
- **관리실** : 이번에 들어가지 마시고 좀 더 떨어지면 들어가세요! 유치권 금액 물어줘야 하잖아요.
- **나** : 친절에 감사드립니다. 선의의 피해자가 생기지 않도록 다른 분들에게도 진성유치권이 있다고 널리 알려주십쇼.

어렵게 꼬여 있다니까 악착같이 낙찰받고 싶은 생각이 저 밑에서부터 스멀스멀 올라왔다. 유치권을 푸는 성취감도 있지만 이 정도로 유치권주장이 완벽한 물건이라면 응찰자 없는 무혈입성이 가능하지 않을까 하는 기대심리도 있었다. 무혈입성까지는 아니어도 저렴하게 낙찰받을 수 있지 않을까 하는 기대 말이다.

1년 가까이 경매물건을 추천받기 위해서 기다렸던 분이 있었다. 경매는 잘 모르지만 거주할 집을 경매로 취득해 비과세 요건이 맞으면 매도하고 나올 생각을 하는 사람이었다. 아파트 리모델링 이후 전후사정과 지역분석 및 유치권에 대한 대응책 등을 상세히 설명을 해 주었다.

이미 주변시설을 돌아보고 온 응찰자는 내 설명은 안중에도 없었다. 여자 혼자 사는 주거공간이라서 치안을 제일 걱정하고 있었다. 그런데 이곳은 치안도 괜찮을 뿐만 아니라 조용하고 호젓한 강가 산책로까지 갖추고 있어서 여간 맘에 들어 하는 눈치가 아니었다.

지역자체가 부촌인데다가 연예인들도 많이 거주하고 있어서 개인 사생활 침해에 대한 보안장치가 잘 되어 있었다. 건너편 아파트에 전 국회의원도 살고 있다는 이야기도 들었으나 확인하지는 못했다.

매각기일 아침 조금 높게 쓰더라도 꼭 낙찰을 받고 싶다는 요청에 감정가격보다 3,000만 원 정도 저렴한 621,100,000원에 응찰해서 낙찰받았다. 호가이긴 하지만 현재 부동산 중개업소에 매물로 나온 가격대는 750,000,000원선이다.

낙찰을 받고 법원을 나오는데 묘령의 아가씨가 뒤따라 붙었다. 낙찰받은 물건에 응찰했던 아가씨였다. 말을 걸듯 말듯 가까이 다가온다. (점점 가까이. 왜 따라올까?)

↳ **응찰자** : 아저씨! 아저씨!

↳ **나** : 저를 부르셨나요?

방긋 웃으며 돌아보았다.

↳ **응찰자** : 그 물건 유치권 있는 거 알고 들어오셨어요?

↳ **나** : 오브 콜스.

↳ **응찰자** : 진성 유치권인데 해결할 수 있으세요?

↳ **나** : 보시기에 제가 좀 못 미더워 보이나 봐요! 해결 못하면 아가씨가 해결해 주실래요?

↳ **응찰자** : 그 유치권 진성 유치권이에요. 어떻게 하시려고요?

석연치 않은 뉘앙스. 아무리 봐도 내부자의 지령을 받고 거저먹으려 응찰했던 유치권자의 끄나풀이 분명했다.

"진짜 유치권인데"

"진짜 유치권인데"

"진짜 유치권인데"

"진짜 유치권인데"

아가씨의 목소리가 페이드아웃(fade out)되어 멀리 사라진다. 단독일 거라고 생각했던 모양이다. 퍽이나 아쉬웠는지 비 맞은 중처럼 중얼대며 내게서 멀어져 갔다.

유치권저항을 어떻게 하고 있는지 확인하기 위해서 706호로 올라가 보았다.

현관에 들어서니 현수막에 유치권 행사 중이라고 써 붙여 세워 놓았다. (애 많이 쓰시네. 허위인지 진성인지 그런 거 난 모르겠고 집이나 비워주세요!)

경매사건이 어려우면 어려울수록 수익은 반비례하는 법이다.

어디서 유치권에 대한 조언을 받았는지 조합사무실에 있어야 할 집기들을 706호로 옮겨 놓았다. (이렇게 되면 점유 중이라는 건데. 교본대로 잘 하고 계시네)

▸ **나** : "조합장님을 뵈러 왔습니다!"

조합장님이 들어오는 길이라며 조금만 기다리라고 한다.

(왜 남의 집에 들어와 있는 걸까? 말로 할 때 가방 싸지!)

들어온 김에 내부사진을 몇 장 찍었다. 권원 없이 남의 집에 점유를 시작한 사람이 부동산을 훼손할 경우 전부 배상 책임을 물리겠다는 증거 확보용이었다.

잠시 후 조합장이 들어왔다. 자리에 앉더니 공손히 차 드셨냐고 묻는다. 커피를 가운데 놓고 조합장은 유치권자로서의 권리가 이러쿵저러쿵 떠들어 댄다. (사람 참 말 많네. 공갈 젖꼭지라도 좀 물렸으면 좋겠네)

이야기를 종합해 본다면 진정한 유치권자로서 공사대금채권이 남아 있다. 채권변제 받기 전까지는 못나간다. 대충 이렇게 읊고 있었다.

(내 생각으로는 전 주인한테 받으면 되겠구먼! 너무 무식해 보였나? 법을 잘 몰라서)

유치권자가 정당한 권리라며 열심히 짖는 걸 조용히 다 들었다. 잘 들었다. 이해한다. 하지만 점유 중인 아파트는 빠른 시일 내에 비워달라고 한마디하고 나와 버렸다. 조합장은 어안이 벙벙했는지 내 뒤통수에 대고 "이보쇼! 인도명령이 나올 거 같아? 공사비 안 주면 한 발짝도 못나가니까 그런 줄 아시오!" 하고 소리친다. (그러든지! 말든지!)

조합장은 인도명령이 '기각' 당할 거라고 굳게 믿고 있었다. (내 생각하고 많이 다르네. 난 "인용"될 거 같은데 말이야! 동상이몽인가!) 그 이후에도 여러 차례 방문해서 부동산 인도를 종용했으나 조합장은 유치권 행사 중이기 때문에 법원의 결정에 따라 움직이겠다는 입장을 고수하고 있었다. 다시 말해서 법원으로부터 "인도명령을 받아와라" 이런 이야기였다. 가소롭게도 말이다.

중국의 최고 병서인 손자병법을 보면 가장 큰 승리는 "부전승"이라 했다. 즉 싸우지 않고 이기는 것을 말한다. 이렇게까지 명도저항을 해오니 어쩔 수 없다. 법원으로부터 인도명령을 받아오는 도리밖에.

인도명령이 인용되어야 하는 사정에 대해서 구구절절 적어서 인도 명령 신청서를 제출했다.

경매를 시작해보려는 분들에게 작은 조언을 하자면 논리적인 글을 물 흐르듯 이해하기 쉽게 쓰는 연습을 해 두시면 좋겠다.
우리는 법조인이 아니기 때문에 적정한 법령을 끌어다 재판부를 설득시키기는 어렵겠지만 어느 누가 보더라도 억울함이 명확하다고 느낄 수 있게 솔직히 적어 재판부에 제출한다면 그 진정성을 인정받을 수 있다. 법은 누구에게 공정하기 때문이다. 가끔은 법원에 호소력 있는 글을 써 내야 할 때가 있어서 주제넘은 조언을 하는 것이다.

며칠 후 인도명령이 인용되었다. 신청서의 요지는 다음과 같았다.

① 사해행위로 김ㅇ숙에게 넘어간 소유권을 채무확보를 위해서 조합에게 다시 넘기라는 판결을 받아 조합으로 소유권이 전이 완료되었고 제1채권자인 국민은행이 경매를 신청했다. 현재의 소유권자는 워커힐 일신 아파트 리모델링 조합이다. 유치권이란 타인의 부동산에 생긴 채권에 대해서만 변제 받기 위해서 행사할 수 있을 뿐인데 자가 소유 부동산에 유치권을 주장하고 있기 때문에 인정받을 수 없다는 주장이다.

② 낙찰대금은 채무를 변제하고 남음이 있음을 알고 배당금 중 유치권금액을 확정판결 받아 전액 수령했기 때문에 유치권 주장은 원인무효로 봐야 한다.

이 두 가지 주장으로 인도명령 결정을 받았다. 인도명령은 곧바로 채무자에게 송달되었고 바로 강제집행이 가능해졌다.

706호로 다시 찾아갔다. 인도명령 결정이 나오면 점유자는 대부분 점유를 포기하고 나갈 준비를 한다.

조합장은 처음 만났을 때 신사적인 행동을 보였기에 별다른 저항 없이 나갈 거라고 생각했는데 그렇지 않았다. 인도명령 결정은 떨어졌으니 나가주었으면 한다고 했다. 유치권주장이 쉽게 깨져버린 것을 못내 아쉬워하며 본인도 이미 알고 있다고 한다. (아는 사람이 그래!)

▶ 나 : 그럼 점유를 푸시고 부동산을 인도해주셔야죠?

▸**조합장** : 저희가 신보로부터 배당금에 대한 소송이 진행되기 때문에 리모델링 비용에 대한 손실이 우려됩니다.

(이건 또 무슨 뜬금없는 소리!)

▸**조합장** : 그 손실부분이 2,000만 원 정도 되는데 그걸 보존해 준다면 나가겠습니다!

(아직 똥인지 된장인지 구별을 못하고 있네)

▸**나** : 인도명령이 떨어졌는데 손실 날지도 모르는 금액에 대해서 보존해 달라 이겁니까?

어이가 없어서 헛웃음을 짓고 말았다. 어차피 코미디 하자고 깐죽대는데 비웃음으로 나도 추임새를 넣어주었다.

▸**나** : 2,000만 원 드리면 조합이 승소해서 돌려주시는 건가요?

말도 안 되는 일이지만 장단을 맞춰주었다.

▸**조합장** : 그건 아니죠!

▸**나** : 그럼 2,000만 원의 명목이 이사비입니까?

▸**조합장** : 전 소유주의 미납한 공사대금이죠.

이게 말이야 막걸리야! 법원으로부터 공사비 금액에 대해서 유치권을 주장할 수 없다는 인도명령 결정을 받았는데 아직도 비몽사몽 꿈길을 헤매는 이야기를 하고 있다. 말을 못 알아듣는 건지! 아니면 못 알아듣은 척 하는 건지!

신사적인 얼굴 뒤에 능구렁이 한 마리가 숨어 있었다. 2,000만 원 요구는 그의 검은 속내를 제대로 드러내는 이야기였다.

↳ **조합장** : 아파트 단지 내에서 지금까지 4채가 경매 진행되었는데 3분들은 전부 2,000만 원씩 납부하고 입주했습니다.

내 경매사건처럼 전혀 받을 권원이 없는 공사비를 받아왔다는 이야기였다. 빤히 쳐다보며 이야기를 들어보았다. 멋쩍은 듯 이야기한다. 조합에서는 그 대가로 키도 주고 현관문 암호도 알려준다고 한다. (2,000만 원의 대가로 키와 현관 번호키를 준다 이거지!)

조합장은 유치권자 행세를 하면서 낙찰받은 사람들을 상대로 2,000만 원씩을 편취를 해왔던 것이다. 리모델링 공사가 끝나버린 지금 조합원들은 조합이 청산을 했는지 아닌지도 모르고 있는데 조합은 간판만 걸어놓고 이렇게 엄청난 일을 자행하고 있었다.

'이정도로 이권에 밝은 조합장이라면 리모델링 공사 중에도 조합원들의 조합비를 많이 편취했을 것이라는 생각이 들었다. 속에서 열불이 나서 도저히 가만히 듣고만 있을 수 없었다. 여기서 또 정의사회구현을 한번 해야겠다.

↳ **나** : 지금까지 언성 높이지 않고 이성적이고 합리적인 방법으로 풀어 보려고 많이 노력했는데 이런 식으로 나오면 나도 가만히 있을 수가 없습니다.

↳ **조합장** : 무슨 말입니까?

↳ **나** : 권원도 없는 돈을 요구하지 않나! 법원의 결정이 떨어졌는데 점유는 알아서 풀어보라고 배짱을 부리지 않나? 웃깁니다! 나를 잘 모르죠? 평생을 경매로 밥 벌어먹고 살아 온 사람입니다. 법이

라면 누구보다 잘 알고 당신 같은 사람 애먹이는 방법도 잘 알고 있는 사람입니다. 소유권이전일로부터 당신들 점거하고 있었으니까 부당이득 발생한 거 알죠? 겁박으로 근거도 없는 돈을 요구했으니 갈취미수 및 사기로 형사사건도 되는 거 알 거고!

미주알고주알 한참 설명했다.

조합장 : 나도 리모델링하면서 명도 많이 해 본 사람입니다!

(아는 놈이 그래?) 그러면서 하는 말이

조합장 : 제가 인도명령에 대해서 항고나 이의신청을 할 수 있었으나 그러지 않았습니다!

자기가 저항하지 않는 것에 대한 대가를 달라는 투였다. 내 말을 이해하는가 싶더니 다시 본인 이권을 챙기기 위한 구실을 만들고 있었다. 이 인간의 머릿속 이권욕은 완전히 치외법권이었다. (이런 미친놈을 보았나!)

나 : 조금 전 내가 강의하는 사람이라고 이야기 했죠. 강제집행에 대해서 다시 설명해 드리죠! 즉시 항고는 집행정지의 효력을 가지지 아니하고(민사집행법 제15조 제6항) 강제집행을 막으려면 집행정지결정문이 있어야 가능한 겁니다. 민사소송사건처럼 단순히 불복하고 항소한다고 해서 집행정지가 되는 게 아니란 말입니다. 이게 바로 명도소송과 인도명령의 차이입니다.

> **민사집행법 제15조 제6항**
> ⑥ 제1항의 즉시항고는 집행정지의 효력을 가지지 아니한다. 다만, 항고법원(재판기록이 원심법원에 남아 있는 때에는 원심법원)은 즉시항고에 대한 결정이 있을 때까지 담보를 제공하게 하거나 담보를 제공하게 하지 아니하고 원심재판의 집행을 정지하거나 집행절차의 전부 또는 일부를 정지하도록 명할 수 있고, 담보를 제공하게 하고 그 집행을 계속하도록 명할 수 있다.

▷ **조합장** : …….

▷ **나** : 고문변호사 있다면서요.

이 이야기도 순전히 거짓말로 확인되었다. 법리를 자꾸 따지니까 불리할 때마다 고문변호사에게 조언을 들어보겠다며 답변을 피하기 위한 방법으로 이용해왔다.

▷ **나** : 충분히 알아보고 와서 이야기하시죠. 변호사를 보내든가!

찍소리 않고 있더니 마지막 한마디 던진다.

▷ **조합장** : 저는 조합장으로써 이렇게 대응할 수밖에 없는 거니까 집행하시죠. 그래야 명분이라도 서지요.

(뼈대 있는 집안 자손이네! 명분 찾는 걸 보니) 이 이야기를 풀어보면 강제집행하면 집행비가 들어갈 텐데 그 돈이라도 자기에게 달라는 말이다.

▷ **나** : 이렇게 골탕을 먹었는데 단순히 집행으로 끝날 것 같습니까? 손해배상 청구하고 민형사상 책임을 물을 겁니다. 다음 주까지 알아서 나가준다면 없던 일로 해주겠습니다! 그 이후에는 끝까지

가겠다는 선전포고로 알고 진행합니다.

조합장 본인도 침몰하고 있다는 걸 인지하고 있었다. 괜히 건드려서 좋을 거 없다는 걸 이제야 인지하고 있었다.

계고 이후 집행까지 2주일 여유를 준다. 계고출장비를 예납해 놓고 3일을 기다렸다. 법원에서는 연락이 없었다. 집행비 납부서에 적혀있는 집행관에게 전화를 했다. 한 지역 집행사건을 몰아서 진행하다보니 늦었다고 한다. 광장동은 내일 예정이란다. 오후에 연락이 왔다. 내일 2시 20분에 현장에서 보자고 한다.

리모델링하면서 본인도 입주자들 상대로 명도를 진행해 봤다고 했다. 조합장은 누구보다 강제집행을 잘 알고 있을 것이다. 조합장에게 이미 끝난 게임이니 서로 얼굴 붉히는 일 없도록 하자는 문자를 넣었다. 그리고 마지막 문장에 "내일 법원에서 나갈 겁니다!"라고 썼다.

잠시 후, "알려주셔서 고맙습니다!"라고 답장이 왔다. 알려줘서 고맙다고? 나가겠다는 이야기인지 아니면 대책을 세워 대항하겠다는 건지 알 수가 없었다.

첫 대면이 신사적이라 별다른 저항이 없었을 거라고 생각했다. 중간에 매듭이 지어지더라도 끝까지 간다는 생각으로 준비를 해야 하는데 말이다.

계고하는 날, 좀 일찍 도착해서 관리실을 먼저 방문했다.

↳ **관리소장** : 잘 해결되셨어요?

↳ **나** : 조합장은 돈을 밝히는 사람 아닙니까?

↳ **관리소장** : …….

↳ **나** : 권원 없이 2,000만 원을 달라고 하네요. 뭐 이런 사람이 있나 싶습니다. 오늘 집행계고하려고 법원에서 사람이 나옵니다!

↳ **경리사원** : 그 사람 원래 그런 사람이에요.

경리사원이 소장 얼굴을 들여다보면서 이야기한다. 관리소장도 말을 덧붙인다.

↳ **관리소장** : 조합장님 이야기로는 공사비를 한 푼도 받지 못한다고 하던데 아닌가요? (이게 무슨 귀신 씨나락 까먹는 소리인가)

↳ **나** : 배당금으로 받아왔어요. 온통 다 거짓말투성이구먼.

입주자들에게는 경매 진행된 사건은 리모델링비를 받지 못했다고 소문을 내고 본인이 착복하려 하는 게 아닌가 하는 생각이 들었다.

드디어 법원직원이 나왔다. 호실 인터폰을 눌렀더니 인기척이 없다. 조합장에게 전화를 했다.

↳ **나** : 오늘 법원에서 나온다고 했는데 인기척이 없네요.

↳ **조합장** : 내가 알아서 한다는데 왜 난리입니까?

오히려 더 난리를 친다. 나도 질세라 한마디 했다.

▹ **나** : 당신 지금 어디서 큰 소리쳐! 남의 집을 불법점유하고 있었으면 미안함을 표해야지!

집 안에는 사무직 여직원이 있었다. 문이 열리고 법원직원은 6/3까지 비우지 않으면 언제라도 강제집행 가능하다는 이야기를 남기고 자리를 털고 나갔다.

잠시 후 조합장이 올라왔다.

▹ **나** : 서로 얼굴 붉히는 일 없도록 하자고 했는데 여기까지 오게 합니까?

협상의 여지가 있을까 해서 감정을 누그러트리고 이야기했다.

▹ **조합장** : 이 상황이 되면 협상의 의지를 보이셔야죠!

(이게 무슨 소리인가?)

▹ **조합장** : 이사비 얼마를 줄 테니 언제까지 나가달라고 하면 왜 안 비켜 주겠습니까?

이 아파트는 조합원 소유의 아파트이고 빈집이었다. 매각되던 날 조합에서 갑자기 점거하고 지금까지 사용 수익했는데 소유권이 넘어간 남의 집을 가지고 이사비를 운운하다니 기가 막혔다. 리모델링비도 이미 낙찰대금에서 전액 수령하였다. 그러면서

▹ **조합장** : 다른 경매주민은 다 2,000만 원씩 내고 들어왔다고 이야기했죠. 그냥 들어와 거주하면서 상당히 불편함을 느끼게 할 겁니다.

"이 새끼가 미쳤나? 당신은 삼류 양아치야! 웃기네. 갑질하겠다. 넌 무사할 줄 아냐"

한 시간 가량을 옥신각신했다. 이제 며칠만 지나면 집행 가능한 시간이 다가오는데 그때 밀어버리면 될 일을 강제집행비 아끼려고 입에서 고무 타는 냄새가 나도록 설전을 벌였다. 조합장이 이사비 몇 백이라도 뜯기 위해서 이러고 있었구나! 갈 때까지 가야겠다는 생각이 들었다.

- 나 : 맘 바뀌면 전화줘요.
- 조합장 : 그럴 일 없을 겁니다! (말대꾸는)

이제 집행만 남았다. 자존심이 상처가 난 상태라 이제는 서로 뒤로 물러설 수 없는 상황이다.

- 나 : 개 끌려 나가듯이 한번 나가보십쇼.

마지막 한마디 던지고 나왔다.

관리실에 다시 들러 소장을 만났다.

- 나 : 며칠 후 강제집행을 진행합니다. 움직임이 있으면 연락 주세요.

돈을 너무 밝혀서 관리실에서도 조합장을 상당히 좋지 않은 사람으로 알고 있었다. 3년 동안 미납한 전 소유자의 관리비를 받아야 한다는 생각에 관리소장은 낙찰자에게 협조적으로 나왔다.

얼마 후 드디어 집행을 위해 현장에 도착했다. 관리실에 들려서 소장에게 조합의 동태를 알려달라고 했다.

▶**관리소장** : 아침 일찍 원래 있던 1층 조합 사무실로 짐을 옮기는 것 같던데요.

끈질기게 물고 늘어지더니 백기를 들었다. 조합사무실로 뛰어갔다.

▶**나** : 조합장님 계십니까?

경리 아가씨가 눈을 동그랗게 뜨고 나를 쳐다본다. 집 비워줬으면 됐지 왜 또 찾아왔냐는 표정이다.

▶**나** : 열쇠 좀 주셔야겠습니다.

▶**경리** : 그건 조합장님한테 말씀하셔요!

(열쇠를 안 주면 못 열까봐? 정말 이사했는지 우회해서 물어본 거야!) 열쇠를 숨기는 치졸한 짓이라도 하려는 건가. 열쇠라도 뺏기지 않아야 상처 입은 마음을 보상받을 수 있다는 생각이었는지 에둘러 조합장 핑계를 댄다.

▶**나** : 지금 법원에서 집행하러 나왔는데 이러시면 공무집행방해 하는 겁니다.

점유자가 불응하며 열쇠를 안준다고 공무집행방해가 되는 건 아니다.

> 나 : 조합장한테 전화 좀 해주십쇼.

전화를 걸었다.

> 나 : 조합장님, 고생 많으셨습니다!

바짝 약 올리기는 필살기. 열나게 이삿짐 옮기느라 고생 많았다는 이야기였다.

> 나 : 열쇠 좀 주셔야겠습니다.
> 조합장 : 그건 주민들의 공유재산권…….

더 이상 이야기하고 싶지 않았다. 뜯고 다시 하면 되는데 길게 입씨름할 필요가 없었다. 관리실의 협조로 동 현관 열쇠 제조업체에 연락을 했다. 키를 복사해 줄 수 있다고 한다. 도어락 업체도 연락이 되었다. 도어락도 교체가 가능하다고 한다. 문을 오픈하고 드디어 내부로 진입했다. 계획보다 약 7일 정도 늦은 입성이다.

(진행 상황)

4/13   낙찰(621,100,000)

5/8 대금 납부

6/3 명도 완료

낙찰부터 명도일까지 약 59일가량 소요되었다.

의뢰인은 2년간 거주하였다. 2년이라는 세월이 그렇게 빠른 줄 몰랐다. 명도를 끝낸 지 엊그제 같은데 벌써 2년이다. 의뢰인한테 연락이 왔다. 거주 2년을 채워서 양도세 비과세 요건이 되었다고 한다. 예상보다 많이 오르진 않았는데 비과세되니까 조금 남는 게 있다며 매매 계약서를 보내왔다.

2년 사이 1억 원 정도의 시세 차익을 거두고 매각을 했다. 비과세이기 때문에 1억 원은 고스란히 순수익으로 남게 되었다. 물가 상승률에 비하면 큰 수익은 아니다. 투자금 6억 원으로 2년간 1억 원 정도의 수익이라면 연 12%정도의 수익이 난 셈이다. 대출을 많이 받았기 때문에 실투자금은 그리 많지 않았다. 실투자금으로 계산한다면 수익률은 좀 더 올라간다고 봐야한다. 평범한 경매 사례라고 볼 수 있다.

이 경매사건은 두 가지 교훈을 주고 있다.

첫 번째는 어떤 어려운 경매 물건이라도 기본을 충실히 공부해 놓았다면 헤쳐 나갈 기법이 저절로 떠오른다는 것이다. 유치권의 개념은 자가가 아닌 타인 건축물의 가치를 상승시키고 채권을 변제받지 못한 경우에만 인정을 받을 수 있다는 기본적인 사항이 주요했다. 위 물건은 본인소유 부동산에 유치권 신청을 했기 때문에 유치권을 인정받지 못했던 사건이다.

두 번째는 우리나라 부동산세금은 가혹할 정도로 징벌적 과세를 적용하고 있다. 지금 이 책을 쓰고 있는 이 시간에도 부동산과세는 점점 더 증가폭을 높이고 있다. 차익을 많이 낸 사건도 양도세를 납부하고 나면 손에 쥐는 게 별로 없는 경우가 발생한다. 되도록 절세할 수 있는 쪽으로 부동산을 처리해야 한다. 이 사건은 2년간의 거주요건을 맞춰 비과세 혜택을 보았다. 양도세 조건은 계속 바뀔 것이다. 조건에 맞게 절세할 수 있는 지혜를 키워야 한다.

뚜껑 물건

오래전 광고에서 "모두가 yes라고 말할 때 no라고 이야기할 수 있어야 한다. 또한 모두가 no라고 이야기할 때 yes라고 말할 수 있어야 한다."라는 wording이 유행했던 적이 있었다. 많은 사람이 한 길을 바라보고 걸어도 그 길이 꼭 정답이 아닐 수도 있다는 말이다.

모두가 걷지 않는 길을 쉽사리 택하지 못하는 것은 보편적 가치를 비틀어 생각해보고 새로운 도전을 시도하는 것이기 때문이다. 이러한 도전은 실패에 대한 위험도 있고 혹시 있을지도 모를 세상의 비난을 견뎌내야 하는 고뇌에 찬 길이기도 하다.

이런 역발상적인 사고방식을 경매에 제대로 적용해서 효과를 거둘 수 있다면 경쟁자 없이 손쉽게 달콤한 과실을 수확할 수 있는 좋은 투자기법이 될 수 있다. 역발상적 사고방식은 많은 사람이 경쟁하여 낙찰자 단 한 사람만을 선정하는 경매잔치에서 특히나 필요한 발상이다.

몇 년 전 법정지상권2)에 속한 토지를 낙찰받아 수익을 내는 경매기법이 전염병처럼 창궐했던 시절이 있었다. 법정지상권은 길게 보고 가야 하는 게임이다. 눈에 보이는 산술적 수익 이외에도 기회비용과 시간투자 및 인적 노동비용을 생각한다면 개인에 따라서 수익률 산정기준이 다를 수 있기 때문에 적정수익을 이야기하긴 어렵지만, 감정가 대비 30% 저감된 금액으로 낙찰받아야 웃으며 끝낼 수 있는 게임이다.

어느 날부턴가 갑자기 법정지상권에 속한 토지의 평균 낙찰가격률이 감정가 대비 70%대를 웃도는 이상 광풍이 불기 시작했다. 투자자들은 아름다운 불빛에 현혹되어 날아드는 불나방처럼 자신의 몸이 타 들어가는 줄도 모르고 호롱불에 달려들었다. 경매시장이 암흑기로 들어서면서 그 불빛은 멀리까지 빛을 발했고 투자처를 찾지 못하는 자금들이 계속 유입되면서 낙찰가격은 고공행진을 이어가게 되었다.

주변에 법정지상권을 다뤄본 전문가가 이렇게 많았나 싶어서 낙찰된 물건들을 체크해 보지만 그렇게까지 열광하며 높은 응찰가를 제시할 물건이 아닌 경우가 많았다. 내가 모르는 또 다른 꼼수가 있어 수익을 극대화 할 수 있다면 모를까, 거의 그럴 확률은 희박했

---

2) 타인의 토지 위에 본인 소유의 건물을 사용 수익할 수 있는 권리

고 막연한 기대감에 편승하면서 낙찰가격은 점점 상승 곡선을 그리고 있었다.

　법정지상권은 그들만의 리그였기 때문에 일반인들의 접근이 쉽지 않은 분야임이 틀림없다. 끝을 알 수 없는 지구력과 법률적 지식 그리고 견딜 수 있는 자금력까지, 갖추어야 할 것이 한두 가지가 아니다. 이론만 완벽하다고 해서 썸을 타보기엔 risk가 큰 종목이었다.
　이런 치열한 경쟁 속에서 법정지상권에 속한 토지를 고가에 낙찰받아 수익을 낼 자신이 없었다. 그렇다고 넋 놓고 있을 수는 없는 일이다. 역발상적인 사고로 접근해보자는 생각이 들었다. 법정지상권에 속한 토지가 있다면 그 토지 위에 건물도 있는 법이다. 모두들 토지 쪽으로 몰려간다. 거꾸로 건물에 관심 갖는 사람은 극히 드물다.

　토지소유권이 없는 건물을 낙찰받아서 수익을 내는 발칙한 상상을 해보기로 했다. 법정지상권이 성립하는 건물도 머지않아 투자자가 몰릴 것이다. 타인의 토지를 사용료만 지불하고 법정지상권이 성립한다는 이유만으로 사용 수익할 수 있다면 이만큼 멋진 투자가 어디 있겠는가!
　그 정도의 물건은 작은 발상의 전환만 가지고도 많은 사람들이 충분히 응찰할 수 있는 투자물건으로 각광을 받게 될 것이다. 이보다 한발 더 나아가 법정지상권이 성립하지 않는 건물로 눈을 돌려

봐야겠다고 마음을 먹었다. 법정지상권이 성립하지 않는다는 이야기는 토지소유주의 요청(판결)에 의해 곧 철거될 수 있는 건물을 말한다.

그래! 지상권이 성립하지 않는 건물로 안전하게 도피투자를 하자.

어느 날 나를 많이 도와주는 후배가 물건 좀 추천해 달라고 했다. 경매를 잘하는 친구인데 왜 내 도움을 필요로 하는지 의구심이 생겨 사연을 물어보니, 부모님을 모시고 살아야 할 넓은 집이 필요한데 자금이 넉넉하지 않다고 한다. 두 가정이 한 지붕 밑에서 살아야 하는 처지였다. 정상적인 방법으로는 원하는 집을 얻기 힘들 것 같아서 경매시장을 기웃거리는데 아무리 봐도 마땅한 물건이 색출되지 않는다며 하소연을 했다. 적은 돈으로 넓고 안락한 집을 얻고 싶은 건 누구나 갖는 당연한 욕망이다.

자금을 물어보니 경매로 취득한다 해도 만족스러운 집을 얻기에는 턱없이 부족한 자금이었다. 그렇다고 포기할 수 없는 노릇이었다. 곰곰이 생각하다가 오래전부터 구상하고 있던, 법정지상권이 성립할 여지가 없는 건물을 추천하기로 했다.

경매를 잘 아는 사람이라도 이런 투자는 해보질 않아서 주춤거리기 마련이다. 가보지 않은 길은 막연한 두려움이 생길 수 있다. 후배는 내게 경매를 배운 사람이었기 때문에 나에 대한 신뢰가 굳건했다. 굳은 신뢰로 시작한 투자는 작은 어려움이나 시행착오도 가볍게 넘어갈 수 있었다.

오로지 한줄기 빛만 바라보고 가는 사람에게는 주위에 위험 요소는 보이지 않는 법이다. 인솔자의 손을 잡고 앞으로만 또박또박 걷기 때문이다. 두려움은 이미 오래전에 사라져 버렸다.

법정지상권이 성립하지 않은 건물이라고 설명해 주었다. 대지권은 토지주가 건물주에게 매도할 수밖에 없는 상황이니 걱정 말고 입찰해보자고 제의했다. 유치권도 신고되어 있었지만 신경도 쓰지 않았다. 저 정도 유치권은 눈길 한 번 주지 않고 처리할 자신이 있었다. 감정가에서 50%까지 저감된 물건이지만 어떤 누구도 함부로 들어올 수 없을 물건이었다. 무난하게 단독으로 낙찰받았다.

주택구입비 1억 원을 들고 실평수 50평대의 서울 근교 고급빌라를 낙찰받게 될 줄은 꿈에도 생각하지 못했던 모양이다. 더구나 감정금액의 50%대에 낙찰을 받았으니 얼마나 기분이 좋았겠는가?

감사의 선물로 북한에서 수입한 상황버섯을 받았다. 참 고맙게 잘 먹었던 기억이 난다. 생전처음 먹어보는 상황버섯의 효능이 그렇게 탁월한지 그때 처음 알았다. 며칠 먹었는데 얼굴 혈색이 달라졌다는 이야기를 만나는 사람마다 한마디씩 건넸다. 개마고원 근처 어디서 채취해왔다고 했는데 통일되면 개마고원을 통째로 낙찰받아야겠다.

실평수 : 168.45㎡(51평)
감정가격 : 264,420,000원
낙찰가격 : 113,306,000원

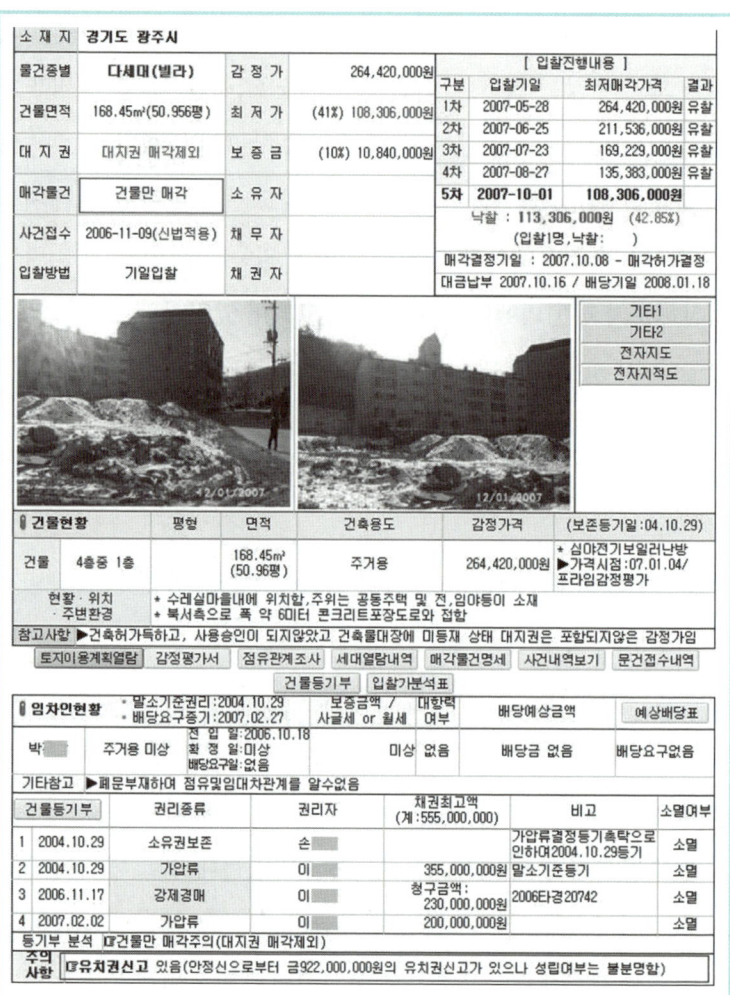

　　이 물건은 우연히 낙찰받은 것이 아니었다. 이미 꼼꼼히 사전조사를 해놓았던 물건이었다. 일어날 수 있는 변수에 대한 대응책까지도 하나하나 챙겨놓고 마음먹고 덤벼들었던 물건이다. 제일 큰 문제는 토지소유주에 대한 대응책이었다.

소재지	경기도 광주시		도로명주소검색					
물건종별	대지	감정가	2,169,432,740원	구분	입찰기일	최저매각가격	결과
토지면적	2115.16㎡(639.836평)	최저가	(41%) 888,600,000원	1차		2,169,432,740원	유찰
건물면적		보증금	(10%) 88,860,000원	2차		1,735,546,000원	유찰
				3차		1,388,437,000원	유찰
매각물건	토지지분매각	소유자	손	4차		1,110,750,000원	유찰
				5차		888,600,000원	
개시결정		채무자	손	낙찰 : 890,200,000원 (41.03%)
				(입찰1명,낙찰:
				매각결정기일 : -매각허가결정
				대금지급기한 : -기한후납부
사건명	강제경매	채권자	이	배당기일 : :
				배당종결 2

    토지가 낙찰될 때부터 유심히 지켜보고 있었다. 토지소유주가 어떻게 일처리를 하는지 보면 대응책도 자연스럽게 나오게 된다.

    토지소유주는 오래전에 토지를 경매로 낙찰받아 소유권을 이전하였다. 21억 5천만 원에 감정된 토지를 8억 9천만 원이라는 저렴한 금액으로 낙찰받았다. 토지 위에 타인의 건물이 있었기 때문에 사용수익에 많은 제약을 받는다. 이 때문에 저감된 금액으로 낙찰받을 수 있었다.

    토지낙찰자도 대출받아서 이 물건의 잔금을 납부했다는 뒷이야기를 들었다. 물건 진행상황을 보면 대출이 쉽지 않아 "기일 후 납부"처리되었다. 토지소유주가 자금이 넉넉지 않다는 것을 알 수 있고 법정지상권 성립여지를 놓고 다툼이 있을 수 있는 부동산에 대출해 줄 금융기관이 많지 않다는 걸 몰랐다면 경매를 잘 모르는 사람이라고 추정해 볼 수 있는 것이다.

입찰 전에 미리 금융기관에 대출가능액까지 내부 승인정도는 받아놓고 응찰을 하는 게 맞다. 무턱대고 낙찰부터 받아놓고 허둥대다 보면 대금납부기일을 맞추지 못하게 된다. 대금납부기일 이후에 납부한다면 상당히 높은 이율의 지체손해금을 물어야 한다. 또한 재경매 전까지 대금을 납부하지 못한다면 보증금은 고스란히 날리게 된다. 이런 위험한 투자를 10억 원이라는 돈을 내걸고 무대책으로 응찰을 했다는 건 무모함을 넘어 문제해결능력이 없다고 봐야 한다. 법정지상권 투자는 상당한 수준이 있는 사람들이 덤벼드는 분야인데 이정도 실력으로 덤볐다는 게 믿기지 않았다.

잔금납부 이후에 토지소유주의 행보는 더 가관이었다. 낙찰받자마자 다세대(집합건물3)) 건물주에게 대지를 일부씩 지분매도하고 있었다.

토지소유주는 철거에 대한 판결을 받아놓고 일괄매각으로 가닥을 잡고 처리해야 하고, 매도처리가 이뤄지지 않으면 철거라는 조커를 들고 있어야 한다. 자금력이 부족한 토지주는 어떻게든 팔아보려고 애를 썼고, 매수자에는 높은 금액에 매수한 사람도 있지만 매수거부한 사람도 꽤 있었다.

---

3) 필지 위에 여러 건물주가 구분소유하며 공존하고 있는 건물 형태

순위번호	등기목적	접수	등기원인	권리자 및 기타사항
		제19662호	해제	
15	임의경매개시결정	2005년7월29일 제46460호	2005년7월22일 수원지방법원성남지원의 경매개시 결정(2005타경 →)	채권자 오포농업협동조합 143236-0000449
16	강제경매개시결정	2005년8월19일 제50341호	2005년8월16일 수원지방법원성남지원의 강제경매개시결정(2005 타경16357)	채권자 경기도 성남시
17	소유권일부이전	2005년12월26일 제79162호	1999년10월8일 매매	공유자 지분 2364분의 124.421 박⬛⬛ 410501-1****** 광주시 오포읍 능평리 558 우진빌리지 씨-402 수원지방법원 성남지원의 확정판결 (2005가단14181)
18	1번손⬛⬛지분2364분의2239.57 9 중 일부(2364분의124.421)이전	2006년1월3일 제508호	2001년7월12일 매매	공유자 지분 2364분의 124.421 강⬛⬛ 480825-1****** 광주시 오포읍 능평리 558 우진빌리지 씨-301 수원지방법원 성남지원의 확정판결 (2005가단14198)
19	15번임의경매개시결정등기말소	2006년2월2일 제6545호	2006년1월25일 취하	
20	16번강제경매개시결정등기말소	2006년11월15일 제70028호	2006년11월9일 취하	
21	1번손⬛⬛지분강제경매개시결정	2006년11월17일	2006년11월10일	채권자

토지소유자는 건물만 매수하고 대지권을 매수하지 않는 건물만을 철거하고 싶어도 이미 대지지분을 매수한 구분소유권자(다세대)의 주택이 공존하고 있기 때문에 철거를 단행할 수는 없을 것이다.

이 사건의 해결책을 여기에서 착안했다.

소유권일부이전	2005년12월26일 제79162호	1999년10월8일 매매	공유자 지분 2364분의 124.421 박⬛⬛ 410501-1****** 광주시 오포읍 능평리 558 우진빌리지 씨-402 수원지방법원 성남지원의 확정판결 (2005가단14181)
1번손⬛⬛지분2364분의2239.57 9 중 일부(2364분의124.421)이전	2006년1월3일 제508호	2001년7월12일 매매	공유자 지분 2364분의 124.421 강⬛⬛ 480825-1****** 광주시 오포읍 능평리 558 우진빌리지 씨-301 수원지방법원 성남지원의 확정판결 (2005가단14198)

◆ 건물만 낙찰받는 경우 유의해야 할 점 ◆

① 집합건물이어야 한다.

(각기 다른 구분건물 소유권자가 존재하여야 한다)

※ 집합건물이 아닌 단독 건물일 경우 건물 철거소송에서 패소한다면 토지를 비싼 가격으로 매수해야 하는 부담이 생긴다.

② 토지등기부 등본 상에 한 호실이라도 대지권을 매도한 사실이 있어야 한다.

※ 건물 철거소송에서 패소를 했다고 하더라도 이미 매도된 구분소유권자의 대지권은 토지(대지권)와 건물이 동일 소유이기 때문에 물리적으로 건물철거의 소에서 패소 당한 호실만 철거할 수 없다.

③ 토지의 매매 가격이 높지 않아야 한다.

※ 법정지상권의 성립여부와는 관계없이 건물주는 토지주에게 판결로써 정해진 지료를 납부하여야 한다. 그 지료가 상당히 높게 책정되었다면 토지주로부터 역습을 당할 수 있다.

건물 철거 및 토지 인도의 소가 진행되면 길게는 2년씩 소송을 하는 경우가 허다하다. 지료의 기산일은 토지주가 소유권이전등기 완료일로 소급해서 정산하기 때문에 선고기일까지의 지료는 기하급수적으로 늘어나게 된다. 이때 지료 체납은 토지주에게 채무명의(부채)가 생기고 그로 인해 지료를 제때 지불하지 않으면 건물 철거와 더불어 지료회수를 위해 건물을 다시 경매에 넣을 수 있다는 점도 간과해서는 안 될 일이다.

낙찰을 받고 현장을 갔다. 전용면적 50평인 이 집에 임차를 주장하며 살고 있는 사람이 있었다. 가재도구라고는 침대와 헬스 기구 몇 개 정도였고, 하도 넓어서 다른 물건들은 눈에 띄지도 않았다.

> **나** : 경매 들어가는 거 알고 들어오신 거죠?
> **임차인** : 아닌데요. 저는 깔세4)로 들어왔어요.
> **나** : 임대차 계약서나 현금보관증 같은 거 있어요?
> **임차인** : 없는데요.

전 소유주에게 돈을 빌려줬는데 못 받아서 유치권을 행사하고 있다고 한다. 앞뒤가 안 맞는 이상한 이야기를 하며 횡설수설하였다.

> **나** : 채무변제용으로 유치권 행사하면 경매방해죄로 징역갑니다.

이렇게 이야기하자 뜨끔했는지 아무 말이 없다. 눈치를 보니 그래도 계속 점유를 주장하면서 이사비라도 몇 푼 받아 갈 태세를 보이고 있다. 시간이 좀 걸리겠지만 역시 내 타깃은 아니겠다!

이사비를 목적으로 점유하고 있는 게 틀림없었다. 허위 유치권을 얼마나 빠른 시간 내에 해결하느냐가 관건이다. 인도 명령을 신청하고 기다리는데 법원으로부터 유치권자에 대한 답변서를 심리기일 전까지 보내 달라고 한다.

임차인으로 신고하고 상황이 여의치 않으니까 유치권자로 권원이동한 이 친구를, 법원은 합법적인 점유자로 추정하고 심리기일

---
4) 전세보증금 없이 몇 달치를 선불로 지급하고 임대를 하는 행위

까지 잡았다. 전소유자와의 임대차 계약관계, 거주형태, 채권 채무 관계 등 최대한 불법 점유자에 대한 정보수집을 했다.

위장 유치권자임을 밝힐 뾰족한 방법이 나오지 않는다. 그러던 중 유치권자의 주소를 열람해보니 전입변동사항이 들어가 있는 초본이 5페이지가 나온다. (아 ~ 이거다) 준비 서면을 쓰기 시작했다.

> 유치권을 주장하는 ㅇㅇㅇ는 전문적으로 이사비를 갈취하는 것을 업으로 하는 자로써 지난 3년간 80여 차례나 경매가 실행되는 곳으로 주소지(갑 1호증)를 옮겨 다니며 부당이득(갑 2호증 경매 정보지)을 편취하였습니다. 또한 유치권이라고 주장하고 있는 내역은 그 어떤 부분도 증명해 줄 수 있는 소명자료를 제출하지 못하고 있습니다.
>
> 유치권을 주장하는 피고는 전 소유자와 공모하여 부당이득을 편취할 계획으로 유치권을 주장하고 있으므로 법질서 확립을 위해서라도 법의 준엄한 잣대로 처벌하여 주시고 소유권이전등기 이후 오랜 동안 사용 수익하지 못하는 억울한 낙찰자를 위하여 하루 빨리 인도 명령을 결정하여 주시기 바랍니다.

인도명령은 심리 다음날 바로 결정이 났다. 빠른 시간 내에 원만한 타협을 위하여 제시했던 이사비용은 한 푼도 건네지 않고 집행 전날 바로 이사를 갔다. 원만하게 명도가 완료되어 입주하게 되었다. 며칠 지나자 드디어 토지 소유주에게서 연락이 왔다.

토지소유주 : 안녕하십니까? 저는 토지 소유주입니다. 이번에 낙찰받은 건물이 제 토지 위에 있는 거 알고 낙찰받으신 거죠? 건물을 철거하려 합니다. 빠른 시일 내에 집을 퇴거하여 주시기 바랍니다.

> **나** : 어휴~ 죄송합니다. 건물이 남의 토지 위에 있는 걸 몰랐네요. 그런 계획을 가지고 계시다면 철거하셔야죠! 402호하고 301호는 대지지분을 매수했다고 들었는데 그분들은 철거 대상이 아닌 거 같던데 저희 집이 철거되면 위층이라서 전부 무너지지 않을까요? 걱정이 돼서요.

무슨 이야기인지 토지주도 잘 알고 있었다. 현실적으로 철거가 불가능하다는 걸 너무 잘 알고 있기에 전략을 바꿔 다시 전화가 왔다.

> **토지소유주** : 대지지분을 위층처럼 매수하시죠?
> **나** : 사고 싶은데 돈이 없어요.

그런 지리멸렬한 협상으로 몇 년이 흘러갔다. 2억 원을 제시했던 대지지분 금액은 전화가 올 때마다 몇 천씩 내려갔다. 화가 머리 끝까지 난 토지소유주는 압박수단으로 지료 청구 소송을 제기하였고 법원은 연 30만 원 정도 지료를 주라는 판결을 내렸다. 지료사용료로 월 25,000원 정도를 청구할 수 있게 되는 것이다.

민법 제287조에 의해 지상권소멸을 청구해서 승소한다고 해도 철거는 불가능하다. 결국 토지소유주는 대지권을 매도하는 방법 외에는 어떠한 방법도 찾지를 못했다. 매도 협상 때마다 가격이 내려가던 대지지분을 결국 3,000만 원도 안 되는 금액으로 매수하는 행운을 잡았다.

생각하는 대로 행동하지 않으면 행동하는 대로 생각하게 되는 것이다.

어느 노부부의 경매 이야기

나의 경매 인생에서 통편집하고 싶은 사건이 있었다.

해결방안을 찾지 못해서 고생도 많이 했지만 예상과는 너무 다른 방향으로 흘러가는 것을 보고 "이렇게 결론이 날 수도 있구나!" 하고 새삼 놀라기도 했다. 한편으로는 내가 알지 못한 "그들만의 리그"가 있다는 점도 인정해야 했다.

나의 계획은 그저 미래에 대한 막연한 밑그림이었을 뿐이었다. 상당히 많은 궤도 수정을 하며 간신히 목표에 도달했지만 그 과정에서 배운 경험은 목표달성으로 얻은 결과물보다 풍성했다. 그런 점에서 나는 아직 배울 것이 많은 앳된 풋내기였다. 이런 식으로는 죽는 날까지 경매전문가라는 소리를 들을 수 없을 것 같은 회의감마저 들었던 사건이다.

창밖으로 스미는 봄날의 햇살이 따사로웠다. 이런 날에도 어떤 이는 명도를 당하고 어떤 이는 열심히 돈 되는 물건을 찾아 경매 현장을 돌아다닐 것이다. 사람들은 돈이 없어서 주거지를 떠나야 하고, 또 돈이 필요해서 경매시장으로 뛰어든다. 떠나야 했던 이유도 다시 돌아오게 된 이유도 모두가 같은 이유다. 돈이 필요하다는 이유.

경매참여자 중에는 경매를 당해서 입문한 분들이 많은 것으로 안다. 나를 찾아온 허름한 옷차림의 노부부도 그런 경우였다. 사업이 기우는 바람에 경매를 당해봤고 그 이후 재기를 노리며 경매로 쏠쏠한 재미를 본 부부였다.

블루칼라의 행색으로 보아 적은 돈으로 수익을 크게 내는 다른 재주가 있어보였다. 예상대로 남편은 리모델링업 종사자였다. 리모델링이라고는 하지만 페인트칠, 목공, 배관, 지붕공사, 누수공사 등을 닥치는 대로 한다고 했다. 호기 어린 목소리로 자재만 공급해 준다면 집도 혼자 지을 수 있다고 자신했다.

"움직이는 건설사!" 믿기지는 않지만 묘한 설득력을 가지고 있었다. 돈이 좀 모여서 다시 경매를 시작해보려 하는데 경매지식이 부족해서 전문가의 조언을 받아 낙찰을 받아 보고 싶다고 했다.

▸ **나** : 준비된 금액은 얼마나 되셔요?

약을 (움직이는 건설사) 팔던 방금 전 모습은 보이지 않고 쭈뼛거리며 이야기를 한다.

> **노부부** : 약 3,000~4,000만 원 정도 됩니다.

이 정도 금액으로 주택을 취득한다는 건 마술에 가까운 일이다. 더불어 이야기하길,

> **노부부** : 가급적 대출은 안 일으켰으면 합니다. 수입이 일정치 않고 대출은 무섭습니다.

(하느님, 저를 시험에 들게 하시나요!)

열심히 살아보려는 남루한 차림의 노부부를 저버릴 수 없어서 다시 물어보았다.

> **나** : 꼭 서울 시내에 주택을 취득하셔야 합니까?

> **노부부** : 예. 다가구 주택(한 건물에 여러 가구가 공존하며 사는 주거 형태)을 낙찰받아주시면 구조변경으로 부가가치를 높여서 수익을 내 볼 생각입니다.

좋은 전략이긴 하다. 4,000만 원짜리 다가구 주택이 서울 시내에 존재한다면 말이다. 저렴한 물건을 찾아달라는 말과 함께 감정금액보다 아주 많이 저감된 물건을 원한다는 말도 빼먹지 않았다. (이렇게 되면 나보고 마술을 넘어 사기를 쳐 달라는 건데)

노부부의 열의가 보기 좋아서 몇 달간 열심히 찾아보았다. 물론 물건은 쉽게 검색되지 않았다. 노부부는 일주일에 한 번씩 전화로 진행상황을 체크해왔다. 투자금액이 적다는 이유로 혹시 배제되지는 않았을까 하는 걱정 때문이었다.

▸**노부부** : 혹시 실투자금이 작아서 신경 안 써 주는 거 아닙니까?

▸**나** : 제가 양심에 물혹이 나지 않고서야 그러겠습니까! 찾기 어려운 물건이라 시간이 걸리고 있습니다.

그 이후 몇 개의 물건을 추천해 주었으나 자금이 부담되는지 별로 탐탁지 않다며 거절했다.

시간이 흐를수록 노부부는 초초해져 갔고 한 계절이 훌쩍 지나가버렸다. 정성이 하늘을 움직였는지 자금 여력에 맞는 연립주택이 포착되었다. 물론 노부부의 마음에 들어야 하겠지만 일단 추천해 보기로 했다.

소재지	서울특별시 도봉구 창동		도로명주소검색				
물건종별	다세대(빌라)	감정가	140,000,000원	오늘조회: 1 2주누적: 0 2주평균: 0 조회동향			
				구분	입찰기일	최저매각가격	결과
대지권	미등기감정가격포함	최저가	(41%) 57,344,000원	1차		140,000,000원	유찰
				2차		112,000,000원	유찰
건물면적	25.78㎡(7.798평)	보증금	(20%) 11,470,000원	3차		89,600,000원	유찰
				4차		71,680,000원	유찰
매각물건	토지·건물 일괄매각	소유자	최	5차		57,344,000원	
				낙찰: 57,344,000원 (40.96%)			
개시결정	2011-11-29	채무자	최	매각결정기일 : 20 .09.17 - 매각허가결정			
				대금지급기한 : 20 .10.24 - 기한후납부			
사건명	임의경매	채권자	이문1동2동새마을금고	배당기일 : 20 12.04			
				배당종결 20 12.04			

PART 01 발칙한 상상력으로 승부하자

도봉구 창동지역에 위치한 연립주택이었다. 서류를 살펴보았더니 그다지 문제될 만한 것은 보이지 않았다. 물건종목은 "연립주택"인데 우리가 알고 있는 연립주택과는 판이하게 다른 형태를 가지고 있었다.

일반적으로 연립주택이라고 하면 한 동의 면적이 660㎡를 초과하는 4층 이하의 주거용 건물을 이야기한다. 하지만 이 물건은 일반 단독주택으로 보였다.

한 필지 위에 4동의 건물을 지어 연립주택이라고 허가를 받은 아주 노후도가 높은 건물이었다.

건물 전용 면적은 25.78㎡(7.8평)이고, 감정가 1억 4천만 원

에서 여러 차례 유찰되었고 감정금액의 41%까지 저감되어 최저 입찰금액은 57,344,000이었다. 이제 익을 만큼 익은 상태가 된 것이다.

- 나 : 입찰 한번 해보시는 것이 어떻겠습니까?
- 노부부 : 해 볼까요?

이 분도 나처럼 "싼 마이"스타일이라서 감정가 대비 50% 이상 되는 물건은 아예 쳐다보지를 않았다. 이번 물건은 저감폭이 커서 흔쾌히 입찰하겠다고 한다. 현장조사를 끝내고 입찰기일에 법원에서 만났다.

- 노부부 : 저! 말씀드릴 게 있는데요!
- 나 : 뭐요?
- 노부부 : 집사람이 최저금액으로 쓰라고 하네요?
- 나 : 예? 너무 많이 떨어졌어요. 몇 백만이라도 더 쓰시죠. 6,000만 원은 넘겨야 낙찰받을 거 같습니다!
- 노부부 : 안 됩니다. 그냥 최저가격 쓰겠습니다.

최저 입찰 금액이 57,344,000원이었다.

- 나 : 5,800만 원도 안 되겠습니까? 단 한 명만 들어와도 떨어지는 겁니다.
- 노부부 : 그냥 57,344,000원 쓰겠습니다.

(아! 저감률 41%인데 최저금액을 쓴다고? 해도 해도 너무하다. 경매를 엿장수처럼 여긴 모양이다!)

마침 방송도 있고 해서 개찰까지는 보지 못하고 먼저 자리를 뜨게 되었다. 물론 낙찰이 어렵다고 생각했고 기대도 하지 않았다. 그리고 한 30분 후 전화가 왔다. 단독 입찰로 낙찰되었다고. (앗. 정말 닥치고 응찰이다!)

어려운 분들인데 몇 푼 더 올려 썼다가 단독 낙찰 되었으면 얼마나 섭섭했을까 생각해보니 괜스레 미안한 마음이 든다. 낙찰금액은 아무도 알 수 없는 일이라 한치 앞을 예측할 수 없다.

통계와 시세 그리고 낙찰가율 등을 종합해서 응찰할 수밖에 없는데 그나마도 운이 작용하지 않으면 재미를 볼 수 없다. 다행히 엄청난 기운이 작용한다면 과학적인 응찰가격은 무용지물이 된다. 거의 불가능한 일이지만 오늘 그 일이 일어나고 말았다.

낙찰을 받았으니 이제부터는 내 차례다.

점유자 탐문에 들어갔으나 이웃주민 이야기로는 그 집에 사람은 안 사는 것 같다고 진술한다. 혹시나 하는 마음에 현관문에 명함을 꽂아놓았는데 연락이 없다. 며칠 후 다시 방문했다. 명함이 그대로 꽂혀있었다. 빠끔히 안을 들여다보았다. 창틀 사이로 보이는 내부는 이사 간 흔적 없이 살림살이가 그대로 놓여 있었다. 이사를 간 거라고 보기도 어렵고 안 간 거라고 보기도 어려운 이상한 상태였다. 대금 납부 전에 부동산의 현황을 알아보기 위해 점유자와 급 만남을 가져보려 몇 번 시도했으나 폐문부재로 무산되었다.

며칠 후 입찰가격을 제대로 써버린 낙찰자한테서 전화가 걸려왔다.

노부부 : 언제 대금 내면 됩니까?
나 : 며칠 있으면 대금 기일이 정해질 겁니다. 기다리십쇼.
노부부 : 요런 건 얼른 해버리고 또 하나 해버려야 하는데.
나 : 잔금은 준비 되셨죠?
노부부 : 물론이죠.

그런데 대금납부기일을 며칠 남겨두고 대출 좀 알아볼 수 있겠냐며 전화가 왔다.

나 : 왜 갑자기 대출을 받으려 하십니까.

와이프가 잔금을 들고 나가서 연락이 안 된다고 한다.
나 참. 이 노부부의 비정상적인 경제 활동에 입이 다물어지지 않았다.

나 : 낙찰대금을 가지고 나갔어요? 왜 들고 나갔대요?

(엿 좋아하시나 봐요. 그러지 않고서야 남편 엿 먹이려 하지 않았다면 어떻게 이런 일이?) 목구멍까지 이 소리가 타고 올라왔지만 꾹 참고 있었다.

▸ **노부부** : 와이프가 사업한다고 사무실 보증금에 쓰겠다며 들고 나가버렸어요.

이미 벌어진 일이다. 누구를 탓할 시간이 없었다. 대출준비를 전혀 하고 있지 않다가 갑자기 대출요청을 해오니 당황스럽기만 했다. 무조건 잔금납부를 해야 한다. 그러지 않으면 보증금은 돌려받지 못하게 된다.

 나 : 그러시죠. 잔금 대출이야 별일 아니니까 해 보죠.

여기저기 금융기관에 대출의뢰를 했다. 그런데 회신이 이상하게 날아왔다.

"대출 불가"

이게 웬일이지!

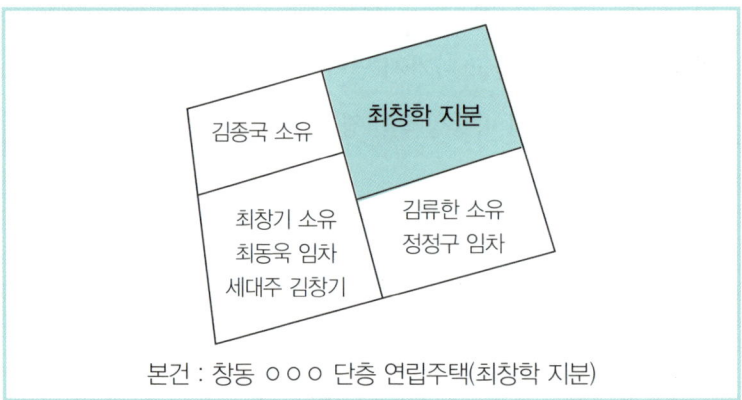
호별배치도

본건 : 창동 ○○○ 단층 연립주택(최창학 지분)

문제점이 있었다. 한 필지 위에 실선처럼 가옥 4채가 건축되어 있었다. 물론 대지지분도 1/4로 나누어 실소유하고 있지만 분필하거나 대지권으로 할당해 놓은 상태가 아닌 공유 지분 상태였던 것이다.

한 필지 위에 존재하는 건물이 4채다 보니 주민등록번지에는 4채 전입세입자가 등재되어 있었다. 낙찰받은 부동산은 A 소유의 건물과 그에 부속되어 있는 토지였다.

법원의 현황조사서를 살펴보니 다음과 같았다.

임대차관계조사서				
1. 임차 목적물의 용도 및 임대차 계약등의 내용				
[소재지] 2. 서울특별시 도봉구 창동 ■■■■■				
1	점유인	정정구	당사자구분	임차인
	점유부분	별지도면 참조	용도	주거
	점유기간	미상		
	보증(전세)금	미상	차임	미상
	전입일자	2008.06.30.	확정일자	미상
2	점유인	김성호	당사자구분	임차인
	점유부분	별지도면 참조	용도	주거
	점유기간	미상		
	보증(전세)금	미상	차임	미상
	전입일자	2002.07.22.	확정일자	미상

다른 사람이 소유하고 있는 건물의 임차인들이 동일 필지 위에 존재한다는 이유만으로 세입자 현황조사서에 전원 등재되어 올라왔다. 미치고 환장할 일이었다. 좀 더 자세히 살펴보자면 B와 C는 타인의 소유건물 임차인으로서 앞 건물과 옆 건물의 임차인인데 같은 번지 내에 거주하고 있다는 이유로 세대열람 내역에 선순위 임차인으로 등재시켰다.

법원서류가 이렇게 어설플 수 있나 싶었다. 이 이야기는 한 동에 살고 있는 아파트 주민 모두를 임차인으로 등재한 것과 같은 이야기이다.

아, 돌겠다!
돈을 빌려주는 금융기관은 서류로만 선순위 임차인의 존재를 판단한다. (무슨 서류를 이따위로 작성해 가지고 대출도 못 받게 하는지?)
대출이 가능하다는 금융기관을 어렵게 찾아갔다. 대출자서까지 다 해놓고 왔더니 며칠 후 대출 담당자로부터 연락이 왔다.

- **담당자** : 선순위 임차인에 대해서 소명을 해주셔야 대출이 가능합니다.

은행을 다시 방문했다. 지점장을 찾았더니 외근중이라며 담당자라는 어린 여직원이 나를 응대했고, 이에 선순위가 아니라는 것을 한 시간 반가량 설명해 주었다.

- **나** : 낙찰받은 집에 점유하고 있는 사람이 아닙니다. 전혀 신경 쓰지 않아도 됩니다.
- **여직원** : 그런 건 잘 모르겠고. 선순위 임차인을 내보내거나 아무도 전입되어 있지 않다는 전입세대 열람서를 가지고 오시면 대출을 해주겠습니다.
- **나** : 아니 어떻게 남의 집 임차인에게 나가라 마라 합니까?

그랬더니 법원서류가 그렇게 되어있기 때문에 사정은 딱해도 원칙이 그래서 할 수 없다고 했다.

(에이. 니기미)

- **나** : 그럼 제안 하나 합시다. 선순위라고 보이는 임차인들은 전 소유주인 A와 임대계약하고 사는 게 아니고 전혀 다른 소유자와 임대계약을 하고 있다는 미거주 확인서를 받아오면 대출 가능하겠습니까?
- **여직원** : 모르겠는데 한번 확인 받아가지고 와 보세요.

딸깍 딸깍 대금 납부 기일은 다가오는데 미치고 환장할 일이 생기고 말았다. (어휴, 그 아줌마 왜 잔금 낼 돈을 유용해서 이렇게 힘들게 만드나!)

다음날 아침, 앞집 임차인 C씨에게 찾아갔다.

- **나** : 앞집 낙찰받은 사람입니다. '미거주 확인서'를 써 주십쇼.

그러자 별 미친 사람 다 봤다는 표정으로 날 쳐다봤다. 당연한 일이다. 옆집 경매로 인해 본인이 '미거주 확인서'를 작성해줄 이유가 없다. 싫은 표정이 역력했다. 하지만 내가 누군가? 박카스 경매의 달인 아닌가! 박카스 한 통을 사들고 다시 찾아갔다.

임차인은 이거 써주면 안되는데 하는 표정이었지만 손은 이미 박카스를 받고 있었다. 일단 뇌물 공세는 그 정도 해두고 할리우드 액션으로 들어갔다.

▸ **나** : 제가 이 뒷집을 낙찰받으려고 10년 동안 돈을 모았습니다. 그런데 얼마 전에 부모님이 아파서 병원비에 보태다보니 잔금납부를 하지 못했습니다. 그래서 대출을 받으려 하는데 사장님의 '미거주 확인서'가 필요합니다.

30분가량 설명을 했더니 그때서야 안타깝다는 듯 확인서에 도장을 찍어준다.

별짓을 다한다. 경매는 역시 종합예술이다.
다시 뒷집 B라는 할아버지를 설득하러 갔다. 여차저차해서 이래 저래하다고 열심히 설명을 했더니

▸ **할아버지** : 뭐라고? 안 들려!

연거푸 이 소리뿐이다.
슬며시 박카스 박스를 내밀었다.

▸ **나** : 이거 받으셔요!

▸ **할아버지** : 아휴, 고마우이!

이 할아버지 "선택적 난청"이시네! (편리하네요)
박카스 약발인지 잠시 알아들으신 모양이다. 다시 물었다.

▸ **나** : 할머니 언제 오셔요?

▸ **할아버지** : 뭐라고? 우리 할마시? 언제 오는지 나도 모르지.

(이 집도 '위험물 취급주의' 표시가 필요한 집이다. 중년 부인이 어딜 가는지? 언제 오는지? 뭘 하러 다니는지? 물어봐서는 안 된다. 움직이는 위험물이기 때문이다)

그러던 차에 할머니가 들어오셨다.

여차저차해서 미거주 확인서가 필요하니 써 주셨으면 좋겠다고 하니 선뜻 써주겠다고 하셨다.

그러면서 하시는 말씀이 이번 달 말일부로 이사가신다는 거였다.

(그렇다면 전출되기 때문에 대출기관에 '미거주 확인서'를 제출할 일이 아니라 전출된 '전입세대 열람서'를 제출하는 게 정확하겠구나. 그래도 만사는 불여튼튼이다. 확인서도 받자)

이제 선순위로 보이는 두 임차인의 미거주 확인서를 받았으니 금융기관에 정식대출 요청만 하면 될 것 같았다.

하지만 세상일이 그렇게 만만치가 않았다. 미거주 확인서 두 장을 들고 해당 금융기관에 갔다.

- **나** : 미거주 확인서 받아왔으니 대출 실행해주십쇼.
- **금융기관** : 인감증명서가 첨부되어 있지 않네요?

아니 어느 임차인이 다른 집 낙찰자 편의를 위해서 인감증명서를 준다는 말입니까! 말도 안 되는 소리에 기가 막혔다. 대출해주기 싫으면 싫다고 말하지 가져올 수 없는 인감증명서를 제출하라는 건가? (정말 더러워서)

완전히 무장해제 당한 기분이었다.

(당신들 권력오남용 하는 거야! 돈 가지고 너무 그러는 거 아니야!)

다시 앞집 노부부에게 달려가서 할리우드 액션을 취했다.

나 : 너무 긴박합니다. 도와주십쇼. 보증금 500만 원 날리게 생겼습니다.

사정을 했더니 잠깐 머뭇거리다가 인감 한 통을 내주었다.

(야~!~~ 인감증명서 주는 일이 정말 힘든 건데 이렇게 쉽게 내어주다니 복 받으실 겁니다. 곧 천국에 도착하실 겁니다!)

(의심이 없어도 너무 없거나 세상과 담을 쌓고 살던가) 이제 C 씨 인감증명서는 확보했다.

이제 옆집이 문제였다. 할아버지는 내일 이사 준비로 정신이 없는데 인감증명서 받기는 쉽지 않을 것 같았다. 차라리 이사 가고 나서 퇴거한 세대열람이나 하나 발급받아 제출하면 되겠거니 했다.

어르신 세대가 이사하고 1주일 후 인근 동사무소에서 세대열람 발급 신청을 해보았다. 그런데 할아버지 세대가 보이지 않았다. 열심히 발급받아 금융기관에 제출했더니 또다시 대출 불가 회신이 왔다. 자기네들이 다시 세대열람을 발급해 봤더니 할아버지 세대가 그대로 존재하고 있다는 것이었다.

동사무소로 열나게 달려가서 물어봤더니 자기관할 동사무소가 아니란다. 이 당시만 해도 타 지역 동사무소에서 발급되는 세대열람은 거주세대가 정확히 파악되지 않았다. 꽁지 빠지게 창1동 동사무소로 달려가 세대열람을 해보았다. 금융기관 이야기대로 할아버지 세대가 아직 퇴거하지 않은 상태로 열람되었다. (허걱! 돌아 버리겠네)

다시 할아버지 살았던 집에 달려가 보았으나 이미 청소를 깔끔하게 해놓고 이사가버린 이후였다. (찾을 길이 없다) 전입신고를 하면 바로 세대가 빠져나갈 텐데 왜 안 한단 말인가? 지자체에서 혹시 밀가루 배급이라도 타지 않을까 해서 알아보았지만 그런 할아버지를 전혀 모른다고 한다.

잔금기일은 벌써 지나고 재경매 기일이 이주일 앞으로 다가왔다.
동사무소에 달려가 세대열람을 해보았으나 퇴거되지 않은 상태 그대로였다.
전입세대 열람을 담당하는 직원에게 14일치 열람비용을 주고 세대열람신청서 14장을 맡겼다.

휴대폰 전화번호를 남기고 재경매일 전까지 할아버지 세대가 빠져나가기만을 기다렸지만 끝내 퇴거소식은 들을 수 없었고 재매각 기일 하루 전 낙찰자에게서 연락이 왔다.

노부부 : 와이프가 사업을 안 하기로 했습니다. 집나간 아내가 잔금 들고 들어왔어요. 잔금지불하면 소유권 가져올 수 있나요?

이 이야기를 듣는 순간 다리가 풀려 버렸다. 이 바람난 가족 참 다채롭네! 지금까지 대출을 받기 위해서 내가 얼마나 뛰어 다녔는데!

야속한 마음에 "나가셨으면 가던 길 쭉 가시지 왜 돌아 오셨대요! 법률적으로는 내일 잔금 납부는 불가능하지만 가서 읍소해 봅시다. 법원에서 9시에 보시죠."하고 말해버렸다.

낙찰자는 약속시간 30분 전에 법원에 나와 있었다. 경매계로 달려갔다. 엘리베이터에서 서류뭉치를 카트에 싣고 재경매를 위해 법정으로 내려오는 경매계장을 만났다. 전후사정을 이야기하고 대금납부 할 수 있도록 협조해달라고 간절히 요청했다. 그러자 귀찮다는 듯이 낙찰자를 한번 쏘아보더니 허리까지 쌓인 서류철 중에서 이 사건서류를 빼서 다시 경매계로 가져다 놓고 대금납부서를 발급해주었다.

재경매가 진행되기 직전 간발의 차이로 대금을 납부했고 소유권을 취득할 수 있었다. 보증금 500만 원을 날릴 일을 막았다. 며칠 후 소유권이전등기가 완료되었고 집을 개문할 수 있는 권리가 생겼다. 하지만 아무리 소유권자라고 해도 불법적으로 개문할 수는 없다. 합법적으로 열어볼 수 있는 방법은 "점유이전금지 가처분"을 신청해서 집행관 입회하에 열어보는 수밖에는 없다.

가처분 집행결정을 받아 개문을 시도했다. 열쇠수리공은 자기 나름대로 장인 정신을 가지고 고상하게 개문하려고 노력해보는데 잘 안 되는 모양이었다.

뚜껑을 살짝 열어 힘으로 밀어 붙였다. 그래도 열리지가 않는다.

열쇠수리공 : 안에서 잠근 거 같은데요?

노부부 : 뭐 하나 쉬운 게 없군! 싸게 받았다고 좋다 했더니 이제 문을 잠그고 불법 점거를 해?

(독거노인이 혼자 살다 '순이' 할머니한테 순정을 짓밟히고 극단적인 선택이라도 하신 거 아닌가!) **심란**했다.

삼십 분 정도 낑낑대고서 결국 문을 열었다. 조립식 건축물인데도 꽤 단단하게 건축되어 있었다. 이미 오래전부터 사람이 드나들지 않았는지 먼지가 수북했다. 먼지 위로 발자국이 찍힐 정도였다.
7.8평이라서 감방 같을 줄 알았다. 그런데 의외로 화장실이며 주방배치며 생활하기에 부족함이 없어 보였다. 조립식이라 단열문제가 어떨지 모르겠지만 도시가스까지 설치된 완벽한 주거시설이었다.

나 : 바로 임대 놓아도 될 정도로 깔끔하네요!

노부부 : 전문가 입장에서 볼 때 손볼 곳이 많은 집이네. 또 돈 좀 들어가겠네!

능청스러운 낙찰자는 끝까지 "예스"가 없었다. 꼭 어깃장을 놓아야 직성이 풀리는 사람이었다.

얼마 후 인근에 갈 일이 있어서 그 집을 다시 방문했다. 낙찰자가 말끔하게 단장해 놓았다. 얼마에 임대차 계약을 했을지 궁금했다. 말을 안 하려고 쭈뼛거리다가 결국 쑥스러워 하는 목소리로 1억 2천만 원에 전세를 놓았다고 했다.

경매는 부동산을 재가공할 수 있는 기술을 부가한다면 훨씬 좋은 결과를 얻을 수 있는 것이다. 본인에게는 아주 쉬운 일이지만 남은 가늠할 수 없는 일이라면 더욱 더 그렇다.

공인중개업에 종사하는 분들이라면 일반인보다 경매에 접근하기가 쉽다. 경매에서 큰 장점이다. 어디 그뿐이랴. 중개업소 인근 물건이라면 정확한 시세 파악과 지역개발 호재까지 알고 있으니 일반인들이 감히 범접할 수 없는 장점을 많이 가지고 있다.

각자가 가진 능력과 연계해서 경매투자를 해 본다면 훨씬 더 큰 결과를 얻을 수 있을 것이다.

Chapter 07

뻐꾸기 몸으로 울었다(2)

10년 전 <365일 월세 받는 남자의 발칙한 경매>에 '뻐꾸기 몸으로 울었다(1)' 실무사례를 책에 담았었다. 낙찰받을 당시만 해도 단기간에 마무리한다는 막연한 기대감으로 시작을 했으나 몇 년이 지나도 이렇다 할 결과를 얻지 못하고 책 <365일 월세 받는 남자의 발칙한 경매>는 결말을 맺지 못한 채 향후 계획만 서술하고 중간 매듭을 지었다. 이후 진행과정을 이 책에 담아 법정지상권의 허와 실을 알리고자 한다.

법정지상권은 토지낙찰자가 건물을 경매로 헐값에 낙찰받아 완벽한 부동산을 만든 후 정상가격으로 매각함으로써 고수익을 창출하는 기법이다. 우연일지 모르겠지만 나의 수고로움을 덜어주는 일이 발생하였다. 건물 근저당권자가 경매를 신청해 버렸다. 손 안 대고 코 풀 수 있었으니 나로서는 더없이 감사할 뿐이다.

경기도 포천시 라 3층 302호 [건물 31.32㎡ / 유치권신고 / 대지권미등기 / 건물만 매각]	12,600,000 3,303,000 4,211,000	낙찰 (26%) (33%)
경기도 포천시 라 3층 303호 [건물 37.8㎡ / 유치권신고 / 대지권미등기 / 건물만 매각]	15,600,000 4,090,000 5,211,000	낙찰 (26%) (33%)
경기도 포천시 라 3층 304호 [건물 31.32㎡ / 유치권신고 / 대지권미등기 / 건물만 매각]	12,600,000 4,129,000 5,291,000	낙찰 (33%) (42%)
경기도 포천시 라 4층 401호 [건물 47.2㎡ / 유치권신고 / 대지권미등기 / 건물만 매각]	19,200,000 5,033,000 6,410,000	낙찰 (26%) (33%)
경기도 포천시 라 4층 402호 [건물 52.3㎡ / 유치권신고 / 대지권미등기 / 건물만 매각]	21,600,000 5,662,000 7,210,000	낙찰 (26%) (33%)
경기도 포천시 라 4층 403호 [건물 31.32㎡ / 유치권신고 / 대지권미등기 / 건물만 매각]	12,600,000 3,303,000 4,251,000	낙찰 (26%) (34%)

근저당권자들은 경매신청권이 있기 때문에 별도의 소송 없이 경매를 신청할 수 있다. 만약 소송으로써 채무명의(판결문, 화해조서, 조정조서, 확정된 지급명령, 공증증서)를 득하여 경매를 진행시켰다면 오랜 시간이 필요했을 것이다.

여기서 알아두어야 할 중요한 내용이 있다. 토지소유주가 건물소유주를 상대로 "건물철거 및 토지인도의 소"를 원인으로 하여 "부동산처분금지 가처분"을 신청했다면 건물이 경매로 제3자에게 낙찰되더라도 "부동산처분금지 가처분"은 촉탁등기로 말소되지 않고 남는다는 것이다. 건물등기부등본에 그대로 남아있게 된다.

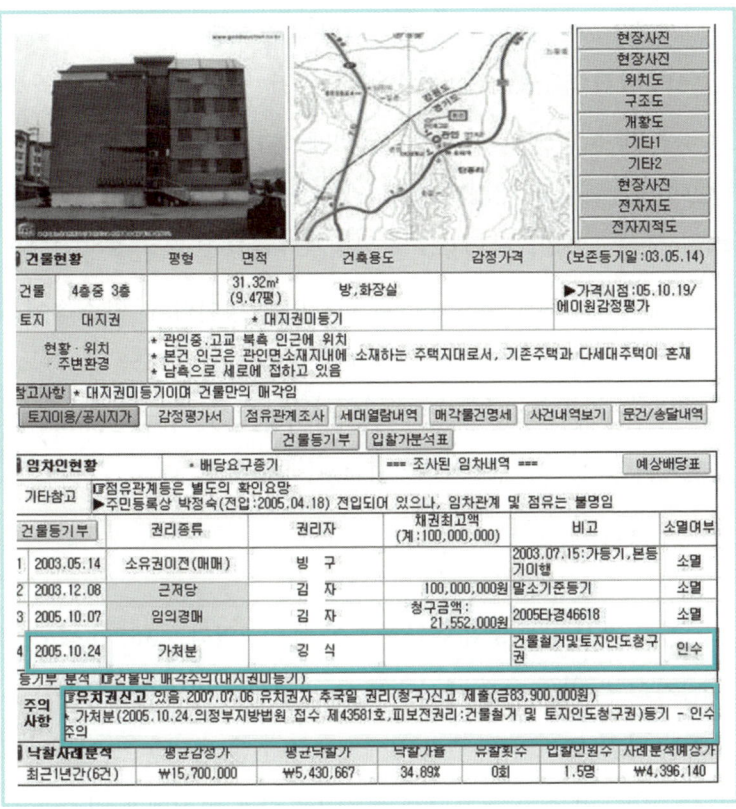

　부동산등기부등본의 박스부분의 가처분은 경매기입등기 이후의 권리임에 불구하고 경매로 누군가 낙찰받았다 하더라도 가처분은 말소되지 않는 권리로 남게 되는 것이다. 이런 물건을 제3자가 낙찰받는다는 것은 기대하기 어려운 일이다.

　가처분권자만이 낙찰을 받아 가처분을 소멸시켜서 정상적인 물건으로 만들 수 있는 것이다. 다시 말해서 세상에 오직 한 사람만이 이 물건을 낙찰받을 수 있는 것이다.

만약에 다른 사람이 낙찰을 받는다면 어떻게 될까? 가처분권자는 이미 철거소송에서 승소를 받아두었기 때문에 행정대집행으로 철거해 버리면 된다. 낙찰자는 법원에서 정당하게 입찰로 건물을 낙찰받았는데 철거시킬 수 있냐는 불만을 토로할 수 있을 것이다. 물론, 그럴 수 있다. 가처분은 보전처분으로서 본안 소송의 결과가 나올 때까지 현상을 유지하라는 법원의 명령이다. 본안소송에서 철거판결을 이미 받아놓은 상태이기 때문에 이후 누가 낙찰을 받더라도 집행에는 전혀 문제가 없는 것이다. 여기까지 오랜 시간이 걸렸으나 처음 계획했던 대로 저렴한 금액으로 낙찰받게 되어 더없이 기뻤다.

기쁨도 잠시 건물 소유주의 반격이 시작되었다. <365일 월세 받는 남자의 발칙한 경매>에서도 밝힌 바 있듯이 명의신탁자라고 주장하는 나쁜 놈 A가 나쁜 놈 B에게 소유권을 넘겨놓고 건물철거 및 토지인도의 소가 제기되자 소유권은 나쁜 놈 B에게 있지만 진정한 소유자는 나쁜 놈 A에게 있다며 소송을 무효화시켰다. (처음 보았을 때부터 나쁜 놈 캐릭터였다!) 이후 처음부터 다시 소송을 제기하여 화해조서가 이뤄졌으나 지료를 성실히 납부하지 않고 나름대로 나를 힘들게 했었다. 6채의 다세대 주택을 낙찰받고 나서 부동산 등기부 등본에 잉크가 마르기도 전에 나쁜 놈 A는 다시 한 번 저항을 시작했다.

2009.12.18. 소유권이전등기를 완료한 다세대 주택 6채를 나쁜 놈 A가 2010.2.28. "유치권에 의한 형식적 경매"를 신청했다. 전 우주적으로 이렇게 나쁜 놈은 처음 보았다. 화가 머리끝까지 났지만 사실관계를 확인하며 천천히 대처해 나갔다.

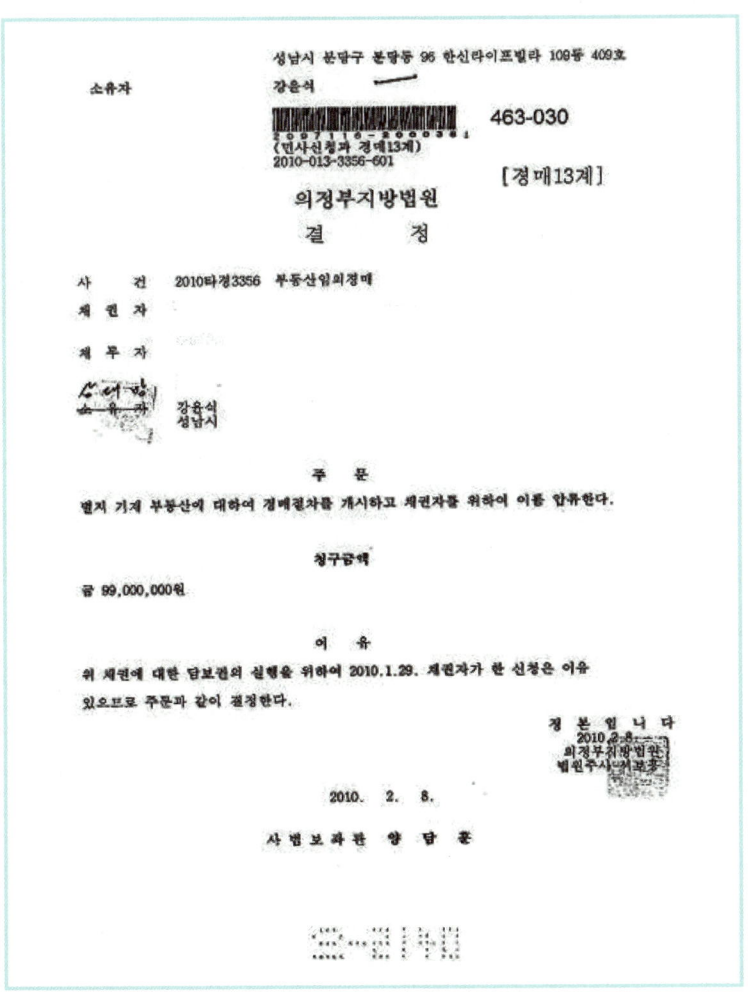

나쁜 놈 A는 나쁜 놈 B(부동산등기부등본 소유자)를 상대로 "유치권 존재의 소"를 제기하여 무변론 승소 판결을 받았다. 이 권원에 의해 형식적 경매인 임의경매가 받아들여졌다. 서로 짜고 치는 고스톱이니 충분히 가능한 일이다. 그전까지 명의신탁자라고 우기던 나쁜 놈 A가 어느 순간 유치권자로 둔갑을 해버린 것이다. (둔갑술이 손오공 저리 가라다)

낙찰받아 소유권을 이전한 지 한 달 만에 졸지에 형식적 경매를 당하는 채무자 신세가 되었다. 흥분만 하고 있으면 도리어 당할 상황이다. 생각을 가다듬고 일을 이렇게 만든 꼼수를 찾아 차분히 경매개시결정에 대한 이의신청서를 작성했다. 몇 년 동안 진행되었던 소송자료들을 들추고 살펴보았다. 방대한 분량이라 내게 필요한 서류를 찾는 것만도 정신이 없었다.

약 100페이지에 가까운 "경매개시결정에 대한 이의신청서"를 작성했다. 이의신청서의 두께는 분노의 부피만큼이나 늘어나 있었다. "이런 나쁜 놈들은 국가보안법으로 엄중히 다스려야 합니다."라고 결어를 맺고 접수를 했다. (이후 "나쁜놈 A"를 "추○○"으로 호명함)

- **나** : 지들끼리(전 소유자와 유치권자) 짜고 '유치권 존재의 소'를 제기해서 확정판결을 받아 경매를 진행시킬 수 있습니까? 그것도 무변론 판결로 남의 재산을 경매신청할 수 있는 겁니까?
- **경매계** : 잘 모르겠으나 절차상에는 아무 문제없기 때문에 경매개시결정이 나온 겁니다. 이의신청해도 절차상 하자가 없으면 기각되긴 어려울 겁니다.

- **나** : 그렇군요. (뽕이다!)

- **경매계** : 유치권에 의한 경매가 진행되어도 유치권자는 우선변제권이 없어서 실익이 없을 텐데 왜 넣었을까!
  (혼잣말로 그러지 마시고 연락해서 경매 예납비라도 아끼라고 해라. 실익 없는 짓에 돈 쓰지 말고 지료나 잘 내라고 말해주소)

그 이후 경매 개시결정에 대한 서면 공방이 뜨겁게 이뤄졌다. 변론을 주고받던 중 법원으로부터 석명 자료 제출을 요구받았다.

유치권에 의한 경매신청이었기 때문에 유치권의 존부를 가려야 했다. 충분한 사실관계를 증빙하기 위한 서류가 필요했다. 법인등기부등본에 도급자와 수급자가 같은 회사 임원진으로 등기되어 있었기 때문에 법원이 이 사건을 의심하고 있던 차에 피고인인 나에게 석명하라는 요청을 해온 것이다. 법원의 석명 요청은 다음과 같았다.

① 유치권자 추ㅇㅇ과 도급자 추△과의 관계를 밝히고 증인을 신청하라.
② 현 임차인이 경매기입등기 이후 점유에 대하여 임대차 계약서를 제출하라.

(이게 뭐야! 내가 사립 탐정이야? 짜고 치는 고스톱인데 어떻게 '추'씨 일가라는 걸 밝히라는 말이야! 미치겠네. 임차인들이 순순히 임대차 계약서 보내주겠어? 내게 사법권을 주던가! 아, 돌겠다!)

그래도 밝혀야만 한다. 석명서류를 다시 작성했다.

'나는 못해. 네가 해'

딱 이렇게 쓰고 싶었으나 괘씸죄에 걸려 다 된 밥에 코 빠트릴까 봐 공손히 몇 자 적었다.

> 첫 번째, 추△과 추ㅇㅇ은 가족 관계라는 심증은 있으나 물증을 찾기 어려우니 '제적 등본'을 발급 받을 수 있도록 명령을 내려주시기 바랍니다.
> 두 번째, 현 임차인에게 임대차 계약서를 보내 달라고 종용하였으나 말을 듣지 않고 있습니다. 심한 고문으로 다스려 진실을 밝혀주시기 바랍니다.

이런 비슷한 내용으로 순화해서 석명답변서를 제출했다. 그 서류를 받고 가만히 있을 추 선생이 아니다. 즉시 답변서가 날아왔다.

> 5. 추○○은 개인적으로는 방○○로부터 변제받아야 할 공사대금채권이 있고, ○○산업주식회사 대표이사 추○○ 자격으로는 건물매매대금채권을 가지고 있는 2중 채권자의 지위에 있는 것임에도 원고는 마치 추○○이 건물의 소유자 지위에 있으므로 유치권주장은 허위의 주장이라고 오해하고 있는것입니다. 추○○의 유치권자의 지위는 변할 수 없습니다.
>
> 6. <u>추△은 추○○의 2남이며 1차공사 도급계약을 체결한 2002. 8. 26. ○○산업주식회사의 대표이사로 있다가 2003. 9. 19. 사임하였고, 그 후임으로 장○○이 대표이사로 있다가 2003. 11. 26. 추○○이 대표이사로 취임한 후 2004. 3. 31. 폐업처리 되었습니다.</u>
>
> 7. 이 사건 부동산(402호)에 대한 추○○의 점유개시일은 2005. 1. 24. 추○○이 ○○빌라 102호에 주민등록전입신고를 마친때로 보아야 하며, 402호는 그동안 여러사람에게 임대차(간접점유)를 거쳐 현재의 임차인(피고 김○○은 2010. 4. 10부터 점유하고 있습니다.
>
> 8. 유치물은 그 각 부분으로서 피담보채권의 전부를 담보하며 이와 같은 유치권의 불가분성은 그 목적물이 분할가능하거나 수개의 물건인 경우에도 적용된다고 하였으므로 (2007. 9. 7. 2005다 16942) 추○○이 ○○빌라 어느 호실에 주민등록전입신고를 마쳤다 하더라도 전입신고일로부터 점유가 개시된 것으로 보아야 할것입니다.
>
> 첨부 1. 법인등기부등본   1부
>   2. 402호 임대차계약서 1부
>   3. 폐업사실증명원   1부
>   4. 소장   1부
>
>   2011. 3. 8.
>
>   독립당사자 : 추 ○○ ㊞
>
> 의정부지방법원 귀중

추△은 추○○의 차남으로 밝혀졌다.

추△은 1차 도급공사를 아버지인 추○○에게 발주하였고 추△은 도급공사가 마무리되는 시점에서 큐브산업의 대표이사를 사임하고 중간 물타기로 타인에게 대표이사를 넘겼다. 이후 한 달 반만에 추ㅇㅇ이 대표이사로 취임하여 중간 들러리섰던 소유권 명의수탁자 "방ㅇㅇ"를 상대로 공사대금 청구의 소를 제기하여 무변론으로 승소 받고 바로 법인을 폐업했다는 이야기였다. 유치권계의 대부 추ㅇㅇ다웠다. 수급자의 채권을 양도받아 소유권이전이 이뤄진 현 소유자 방ㅇㅇ에게 청구하였기 때문에 유치권의 승계라는 것이다. 점입가경이다.

사기를 치려는 자와 정의의 칼날로 응징해 보려는 자의 뜨거운 한 판이었다. 말도 안 되는 거짓말은 개미굴을 나오는 일개미처럼 꼬리에 꼬리를 물고 계속 쏟아져 나왔다. 한두 번쯤은 거짓말이 통할지 몰라도 전체 줄거리를 잇다보면 내용이 안 맞는 곳이 속출하기 마련이다. 그 전 재판에서 주고받았던 서류들이 법원에 증빙자료로 비치되어 있다 보니 사실관계를 확인하기에는 부족함이 없었다. 그러나 재판부의 판단은 매우 신중했다. 여러 세대의 유치권존부 사건이 각기 걸쳐 있었기 때문에 피고인들의 사건을 각기 다른 재판부로 배당하였다.

그동안 운동도 하지 못했다. 왕년 미쉐린 몸매가 평양만두로 변해가고 있다. 정처 없이 흐르는 세월 앞에 어느덧 가슴은 배로 내려와 있었다. (이거 뭐냐 들어가라는 배는 안 들어가고 가슴만 들어가네) 심통 맞은 생각으로 골프연습장을 찾았다. (이 공이 추ㅇㅇ 머리다! 에라 공 깨지게 치자!) 골프공에 화풀이를 했다. 흑심을 가지고 때리는 공은 힘이 들어가서 전혀 맞지 않는다. (아! 골프도 인생을 닮았다. 힘 빼고 자연스럽게 물 흐르듯 spot만 맞추면 멀리 가는 법인데 날려보겠다고 바짝 힘주면 쌩크만 나게 된다) 연습장 소리가 시끄러웠다. 전화벨소리를 듣지 못했다. 몇 통의 전화가 들어와 있었고 다시 또 전화가 들어오고 있었다.

▸판사 : …의 ○미숙입니다 ….

본인이 미숙이라는 이야기 외에는 뭔 소리인지 도통 알아들을 수가 없었다. 대한민국 여자 중에 미숙이라는 이름 가진 사람이 30%일 것이다. 그 중 내가 알고 있는 한 명 아닌가 싶었지만 모른 척 하면 상대가 민망해할 듯싶어 아는 척했다. 대화하다 보면 누군지 알지 않을까 싶었다.

▸나 : 아, 미숙이. 알지! 웬일이야?

전화기를 들고 조용한 복도로 나오며 통화를 했다.

▸판사 : …….

▸나 : 전화 걸어놓고 말이 없어?

(스토킹이야? 참 피곤하네!)

▸판사 : 여기 의정부지법입니다. 민사 단독 ○○부 판사 ○미숙입니다.

(개뿔…)

망신을 톡톡히 당했다. 사무적인 이야기를 시작했다.

- 판사 : 내일 선고기일인 줄 아시죠?
- 나 : 예, 기다리고 있는 중입니다.

실수하니까 말도 제대로 안 나온다.

- 판사 : 이 사건은 타 민사과 재판부에도 다량 접수된 사건으로 알고 있습니다.
- 나 : 그렇습니다. 한 사람의 피고인 사건을 여러 재판부로 배당했더군요. (뭔 이야기 하자는 거야!)
- 판사 : 제 판결이 다른 재판부에도 영향을 미칠 것 같습니다. 신중을 기하기 위해 다른 판사들과 의견을 나눠보고 판시하기 위해서 내일 판결을 얼마간 미루고 변론기일을 다시 잡겠습니다.

(자주적인 판시는 못 하나! 주위 판사들과 입을 맞춰 본다고 한다. 왜 이렇게 주체성이 없어! 모가지에 칼이 들어와도 주관적으로 정의롭게 판결하는 게 맞는 거 아닌가! 목소리만 예뻐 가지고 줏대 더럽게 없어. 짜증 대빵)

판사가 한 이야기는 추○○이 거짓말을 한다는 걸 알고 있다는 이야기였다. 하지만 피고가 완벽한 물증을 들고 나오니까 심증만 가지고 판결내리기는 어렵다고 한다. 전소유자, 유치권자, 도급인, 수급인이 한 사람의 기획력에 의해 만들어진 사건이다. 증빙서류들은 사후조작으로 만들었고 그걸 증빙자료로 제출했다. 도둑 놈 한 사람을 열 사람이 못 막는다더니 마치 그 꼴이었다. 이 사건은 앞으로도 긴 항해가 될 것 같다. 치열한 공방 끝에 억울함을 밝히는 재판은 3개월 만에 막을 내렸다.

사건일반내용	사건진행내용	» 인쇄하기 » 나의 사건 검색하기
▶ 사건번호 : 의정부지방법원 2010타기508		

□ 기본내용   » 청사배치

사건번호	2010타기	사건명	경매개시결정에 대한 이의
재판부	경매13계 (전화:031-828-0365)		
접수일	2010.02.23	종국결과	2010.05.20 인용
항고접수일		항고인	
항고종국일		항고결과	
송달료,보관금 종결에 따른 잔액조회		» 잔액조회	

□ 최근기일내용

일자	시각	기일구분	기일장소	결과
지정된 기일내용이 없습니다.				

· 최근 기일 순으로 일부만 보입니다. 반드시 상세보기로 확인하시기 바랍니다.

□ 최근 제출서류 접수내용   » 상세보기

일자	내용
2010.03.17	피신청인 추 일 답변서 제출
2010.04.06	피신청인 추 일 답변서 제출
2010.04.26	피신청인 추 일 참고자료제출 제출
2010.05.03	피신청인 추 일 답변서 제출

· 최근 제출서류 순으로 일부만 보입니다. 반드시 상세보기로 확인하시기 바랍니다.

□ 관련사건내용

법원	사건번호	구분
의정부지방법원	2010타경3356	기타

□ 당사자내용

구분	이름	결정문송달일
신청인	1. 강윤식	

경매개시결정에 대한 이의의 소는 '인용'으로 끝을 보았다. 유치권소명은 낙찰자가 유치권 부존재를 증명해야 하는 것이 아니고 유치권자가 사실관계에 맞게 소명해야 하기 때문에 쉽지 않다는 걸 알아야 한다.

의정부지방법원

결 정

사 건   2010타기··, 경매개시결정에 대한 이의

신청인(채무자)   장 ·

피신청인(채권자)

주 문

위 당사자 사이의 이 법원 2010타경3356호 부동산임의경매사건에 관하여 이 법원이 2010. 2. 8. 한 임의경매개시결정을 취소한다. 피신청인의 임의경매신청을 기각한다.

이 유

1. 기록에 의하면, 피신청인은 이 사건 경매 목적물의 공사 완료일인 2004. 5. 20.로부터 3년이 훨씬 지난 2008. 9. 26.에야 방용구를 상대로 공사대금청구의 소(이 법원 2008가합3807)를 제기한 사실이 소명되므로, 피신청인의 공사대금채권은 위 소 제기 이전에 이미 시효로 소멸되었다.

2. 또한, 기록만으로는 피신청인이 이 사건 경매 목적물에 대한 임의경매 사건(이 법원 2005타경46618)의 경매개시결정 기입등기일인 2005. 10. 7. 이전에 점유하고 있었음이 소명되지 않으므로(피신청인은 2005. 10. 7. 이전에 작성되고 방용구가 임대인으로 기

- 1 -

> 재된 임대차계약서를 제출한 바 있으나, 설사 임차인이 이 사건 경매 목적물에 거주하였다고 하더라도 이를 두고 피신청인의 점유로 볼 수 없음은 물론이다), 위 경매절차의 매수인인 신청인에게 유치권을 내세워 대항할 수 없다(대법원 2006. 8. 25. 선고 2006다22050 판결 참조).
>
> 3. 따라서, 주문 기재 임의경매개시결정을 취소하고 피신청인의 임의경매신청을 기각하기로 하여, 주문과 같이 결정한다.
>
> 2010. 6. 1.
>
> 판사 김

이 결정문은 민법 제163조 제3항의 단기채권 소멸시효에 대한 부분을 인용하고 있다. 채권소멸시효 3년 내에 판결을 받는다면 소멸기간은 10년으로 늘어나게 된다. 공사채권 발생시점으로부터 3년이 넘으면 '유치권존재의 소'를 제기하여 승소하더라도 집행력 있는 판결로 보기 어렵다는 법원의 결정이었다. 또한 유치권자는 경매개시결정이전부터 점유하고 있었다는 소명이 부족하여 기각한다는 내용이다.

짜고 치는 고스톱으로 끌려 들어가 유치권 경매까지 당하는 수모를 겪었다. 사내가 빚을 졌으면 갚을 줄 알아야 한다. 나쁜 놈 A와 B를 사기와 경매방해죄로 검찰에 고발하기로 했다. 민사로는 나쁜 버릇 고치기가 힘드니, 형사사건으로 호되게 가기로 했다. 고소장을 썼다.

고 소 장

고소인 주소 : 성남시 분당구
고 소 인 : 강윤식
연 락 처 : 010-0000-0000

피고소인 주소 : 경기도 포천시 ○○○ ○○○
성   명 : 추○○
연 락 처 : 017-000-0000

고소내용

고소인은 2005 타경 46618(경기도 포천시 ○○○ ○○○ ○○○ 302호, 303호, 304호, 401호, 402호, 403호 이하 목적 부동산으로 함) 경매사건을 낙찰을 받아 2010년 1월 26일 소유권이전등기를 완료한 소유주입니다.

피고소인 추○○은 목적부동산의 명의신탁자(갑 1호증 2005가합

1459 화해 조서)로써 등기부 등본상의 소유주 방ㅇㅇ와 통모하여 유치권 신고를 하였습니다.

　신고된 유치권은 위 경매사건에서 2010타기167, 2010타기168, 2010타기169, 2010타기170, 2010타기171(갑 2호증 인도명령 결정문)으로 인도명령결정이 인용되었습니다.

　그러나 명의신탁자 추ㅇㅇ과 수탁자 방ㅇㅇ의 사기행위는 여기서 그치지 않고 서로 원고와 피고가 되어 2009가합4500(갑 3호증 판결)으로 판결문을 득하여 마치 유치권이 존재하는 양 꾸며 고소인이 경매로 취득한 목적부동산을 경매(2010 타경 3356)로 진행시켰습니다. 이것은 거짓을 꾸며 타인의 재산을 매각하여 금원을 편취하려는 기망행위입니다.

　이에 고소인은 의정부 지방법원에 2010타기508 경매개시결정에 대한 이의소(갑 4호증)를 제기하여 임의경매개시결정에 대한 취소결정을 받았습니다. 사기꾼 추ㅇㅇ과 방ㅇㅇ는 매각에 의해 정당하게 낙찰받은 고소인 소유의 재산을 편취 및 기망해 경매를 진행시켰습니다. 이에 경매 방해죄 및 사기죄로 고소합니다.

첨부자료

1 갑 1호증 : 2005 가합 1459
1 갑 2호증 : 2010 타기167외 4건 인도명령 결정문
1 갑 3호증 : 2009 가합 4500 유치권존재의소
1 갑 4호증 : 2010 타기 508 경매개시결정에 대한 이의소 결정문
1 갑 5호증 : 건물등기부 등본 (302, 303, 304, 401, 402, 403호)
1 갑 6호증 : 2010 타경3356 경매개시결정문

고소인 : 강 윤 식

의정부 지방 검찰청

친절한 검사한테서 전화가 왔다.

- 검사 : 한 번 나오셔서 공소 유지에 대한 설명을 들으셔야 할 것 같습니다. (영 찝찝하다. '공소권 없음'이라고 나온다면 모든 게 나무아미타불이다)
- 나 : 내일은 어렵고 금요일 날 명도소송 및 점유이전금지 가처분 하러 의정부에 가니까 그때 검사실에 들르겠습니다!

낙찰받고 점유자들에 대해 명도가 진행 중이었기 때문에 의정부 갈 일이 꽤 있었다.

그리고 법원 가는 당일, 드라이브하기 정말 좋은 날이다.

부~~~웅. 차 안엔 음악이 흘러나온다.

"사랑의 ♬♪♩ 배터리가 다 됐나 봐요♩ ♬"

(인내의 ♬♪♩ 배터리가 다 됐나 봐요♩ ♬)

의정부 법원에 도착했다.

주소보정명령, 휴일송달, 명도소장 등을 체크하였다. 송달료 납부영수증 챙기고 인지 붙이고 종합민원실 내에 있는 소장접수 대기 버튼을 눌렀다. 앉아 기다리고 있자니 좀이 쑤셨다. 이윽고 직원들이 점심 식사 후 자리에 앉았다. 이제 시작하려나! 잠시 앉아있던 직원들이 게처럼 입에다 잔뜩 거품 물고 나가버린다.

(업무시간인데 일 안하고 어디들 가니? 민원인이 기다리는데 업무시간에 양치질 하러 가나? 앙~~~) 나도 양치질할 생각으로 가그린 한 모금 했다. 우리 같은 유목민들은 가그린 1000cc짜리 항상 가지고 다닌다. 담당자가

들어와서 앉더니 접수대기 순서대로 번호를 누른다.

　이제 내 차례인가 했더니, 내 대기표 번호와 다른 번호가 전광판에 들어왔다. 민사소송사건 대기표를 뽑았어야 하는데 가사사건 대기표를 발급받아 앉아 있었다. (소송의 ♬♪♩ 배터리가 방전됐나 봐요♪♩) 불이 들어오고 나서야 대기표를 잘못 뽑은 걸 알았다. 다시 민사소송사건 대기표를 뽑고 기다렸다. 모든 세상살이가 다 그렇긴 하지만 법원이라는 곳이 어벙하게 보이면 소장도 꼬치꼬치 캐묻고 이거저거 면밀하게 검토하며 꼬투리 잡는 곳이다. (여러분도 법원 갈 일 있으면 가급적 띨띨해 보이지 않게 꽃단장 잘하고 가십쇼. 꽃단장이라는 게 머리에다 꽃 꽂고 가라는 이야기는 아닙니다. 그러면 정문통과 어렵습니다)

담당 직원이 면밀히 보더니 부본도 소명자료를 다 넣으라고 시시콜콜 지적질을 했다. 불친절한 대우에 살짝 언짢은 기분으로 검찰청으로 갔다.

- 나 : 여기가 검찰청인가요?
- 직원 : 예.
- 나 : 차ㅇㅇ 검사님 좀 보러왔는데요?
- 직원 : 이거 패용하고 3층 00호실로 가십쇼.

고소인 자격으로 와도 그다지 기분이 좋지 않은데 피의자 신분으로 들어오면 오금이 저릴 것 같다.

방문증 받으려고 주민등록증을 주머니에서 찾는데 현관문을 안 닫고 왔다고 또 지적질이다. 오늘 무척 지적당하네. 기분은 엄청 나빴지만 공손히 "예 알겠습니다." 했다. (법원 구내식당에서 스님보다 더 검소한 식사를 했다. 양이 적어 소식하라는 의미인줄 알았더니 지적질로 배 터져 죽으라는 의미였네)

검사실로 올라갔다. (공부를 좀 만 더 했으면 나도 여기서 근무했을 텐데) 쪽방들이 다닥다닥 붙어있었다. 담당검사실을 찾기가 쉽지 않았다. 근로조건이 무지 열악했다. 뭐 이런데서 근무하려고 그 어려운 사법고시를 패스하나 싶었다. 한참 찾아 다녔다. 흰 페인트를 칠한 유치장이 보였다. 동물원에만 창살이 있는 게 아니었다.

드디어 찾았다.

나 : 2010형제○○○○ 사건 고소인입니다.

검사 : 예 들어오십쇼.

사무실에는 검사와 수사관 단 둘이 있고 엄청나게 많은 서류 사이로 검사가 빠끔히 얼굴을 내밀며 반가운 모습으로 맞는다.

검사 : 차 한 잔 하실래요?

나 : 괜찮습니다.

검사 : 저도 한 잔 하려 하니까 같이 합시다.

커피 두 잔을 손수 타 가지고 자리로 왔다. 참 희한한 일이다! 정의구현하며 못된 놈 벌주는 일을 하는 사람이 이 동네에서 제일 높은 사람 같은데 똘마니들은 전부 어깨에 벽돌 20장씩 얹고 근무하고 정작 근엄하게 행동해야 할 검사는 친절 봉사 정신으로 민원인을 맞는다.

검사 : 제가 며칠 고민하다 공소유지가 가능할는지 의문스러워 옆 방의 여러 검사님들하고도 토의를 해봤습니다. 그런데 몇 가지 문제가 있습니다.

나 : ……. (그렇게까지 신경 안 써도 되는데. 너무 친절하게 신경써주시네)

검사 : 피고소인의 유치권자료가 거짓이라는 걸 밝힐 수 있는 입증자료가 있어야 진실을 밝힐 수 있습니다. 지금은 피고소인의 자료만 남아있기 때문에 그것이 거짓일지라도 재판부는 증거가 존재하는 저쪽의 판단을 믿어줄 겁니다. 경매개시결정에 대해서 승소판결은 유치권 소멸시효에 대한 판결로 보여집니다.

> 나 : 그렇다면 피고소인이 자기건물에 유치권을 행사했다는 건데 그것도 인정해야 합니까?

> 검사 : 전 소유주는 ㅇㅇ산업이었고 유치권을 주장하는 사람은 ㅇㅇ산업의 대표입니다. 분명 법인과 자연인은 다릅니다. 심증은 가나 물증확보가 쉽지 않습니다. 물증확보 해 올 수 있겠습니까?

(수사는 제 전문분야가 아니라서 좀… 바쁜 일도 좀 있고…)

> 나 : 피고소인 쪽에서는 이런 일을 대비해서 지난해에 ㅇㅇ산업의 청산절차를 밟았습니다. 과점주주는 법인과 자연인을 동일인으로 볼 수 없습니까?

> 검사 : 그건 세법상의 처분이고 법률은 전혀 다릅니다.

> 나 : 그럼 저처럼 억울한 사람은 어떻게 합니까?

> 검사 : 지금으로서는 고소인이 임차인을 퇴거 및 명도함으로써 피해를 입은 임차인들이 추ㅇㅇ을 사기죄로 고소한다면 공소유지에 지장이 없을 것 같습니다.

임차인에 대한 명도가 완료된다면 피해를 입은 임차인들이 임대인 행세를 하며 임차보증금을 편취한 추ㅇㅇ을 사기죄로 고소하면 처벌가능하다는 이야기였다. (아!!! 오늘 배터리가 많이 방전된다) 임차인들에 대한 명도부터 선행되어야 파급효과가 나쁜 놈 A까지 도미노로 전달될 수 있다.

점유이전금지 가처분부터 시작해본다.

겨울을 알리는 첫눈이 밤사이 소복이 쌓이는데 집행관실에서 내일 집행한다는 연락이 왔다. 아침에 분당부터 포천, 아니 연천까지 날아갈 생각을 하니 갑갑하기만 했다. (여러분들은 서식지에서 가까운 곳의 물건을 낙찰받기 바랍니다) 입회인 2인까지 대동하고 오란다.

집행시각 오전 10시. 평일에는 포천까지 2시간 반이 걸린다. 이 먼 길을 입회 대리를 위해 같이 갈 사람을 찾는다는 건 힘든 일이었다. 입회 대리인을 구하기 힘드니 구해 줄 수 없겠냐고 집행관에게 사정을 이야기하였다. 열쇠수리공에게 도움을 요청하면 어떻겠냐고 한다. 다행히도 열쇠수리공이 "입회인 알바"를 데리고 온다고 한다. (세상 별 알바가 다 있네?) 3시간만 자고 아침 일찍 포천으로 달려 갔다.

(이런 정겨운 시골 마을에 저런 흉악스러운 놈이 살고 있다니. 전자머리띠라도 채워야 한다)

집행할 부동산은 모두 6개 호실이었고, 그 중 2개 호실은 공실이었다. 동사무소에서 전입세대를 열람해보니 아무도 살고 있지 않은 걸로 확인되었다. 아무도 점유하고 있지 않으면 바로 개문하고 번호키를 바꿀 생각이었다. 나머지 호실에는 민간인이 거주한다. 가끔은 군인이나 군무원도 거주한다.

드디어 현장에 도착했다. 현장에 도착해보니 웬 이삿짐 차가 짐을 나르고 있다. 이런 식으로 점유를 이전하면 안 되는데 무슨 짓들을 하고 있는 거야! 본안소송(명도소송)에서 승소판결을 받아도 훗날 집행 불능에 빠지게 된다. 알아보니 아래층 이사라고 한다. 휴~~~ 다행이다.

> **임차인** : 여기 주인놈(나쁜 놈 A)은 고래심줄보다 더 독한 사람이에요. 작년 10월에 입주 후 경매진행 중인 것을 알고 보증금을 내어달라고 했는데 일 년 만에 내어줘서 이제야 나갑니다!

다른 임차인과 임대차계약이 이뤄져서 보증금으로 돌려받은 모양이었다. (뒷사람 돈을 빼서 앞사람을 메워주는 방식으로 건물을 운영하고 있었다)

> **나** : 그런 말씀 마셔요. 저도 5년 동안 소송하고 있는 사람입니다. 지금 밟고 있는 이 땅이 다 제 땅입니다.

나쁜 놈 A는 어디 있나 둘러보았으나 종적을 찾을 수 없었다. 열쇠수리공이 도착했다. 경매인들한테 삥 뜯어서 돈을 많이 벌었는지 중형차를 끌고 왔다.

> **나** : 입회인 알바는요?

> **열쇠수리공** : 예, 같이 왔습니다.(열쇠수리공의 와이프였다. 입회대리가 별다른 능력 필요하겠어? 직립보행하고 수족사용가능해서 이름 석 자 써 주면 되는 거다!)

> **나** : 얼마예요?

> **입회인** : 10만 원이요.(미친 것 아니야? 잠깐 서 있다고 10만 원을 달라고 한다)

302호의 문을 두드렸다.

> **나** : 전◇◇ 씨? (이름만 들어보아도 국산 같아 보이진 않는다)

아무리 두드려도 인기척이 없다.

(이 아줌마 왜 문을 안 열어 주지? 아무도 없나 보다)

다년간 의정부법원에서 소송을 하다 보니 집행관이나 열쇠수리공들이 모두 다 나를 안다. 열쇠수리공한테 상납한 돈만해도 꽤 된다.

↳ **열쇠수리공** : 반갑습니다. 아직 해결 안 되었나 봐요?

반가운 표정으로 열쇠수리공이 다가와 물었다.
(이 사람아! 쇠주는 '처음처럼'이고 법정지상권은 '어제처럼'이라네)

↳ **나** : 개문하쇼?

↳ **열쇠수리공** : 예.

송곳 같은 걸로 살짝 건드리니까 문이 열렸다. (5만 원 벌기 참 쉽네!) 이 현장은 거리가 멀다고 88공식지정 소비자 개문가격에 2만 원 더 달란다. (이런 개나리 같으니라고?) 한 집 개문비로 7만 원을 요구한다.

전◇◇라는 사람이 침대에 버젓이 누워있었다. (개문해 줬으면 7만 원 안 날리잖아? 팅커벨이냐. 문 열면 어딘가로 날아가 버리려고 했냐! 안 보일 줄 알았어?)

↳ **나** : 전◇◇ 씨 맞나요?

↳ **302호** : 아니요! 동생은 중국 갔어요.

↳ **나** : 지난번에 왔을 때 본인이 전◇◇이라고 했잖습니까!

(지난번에 방문 때 전◇◇이라고 해서 그 이름으로 점유이전금지 가처분 신청을 했는데 아니라고 하면 어떻게 하니?) 미치겠다. 그러는 와중에 드디어 추◦◦이 올라온다. (이 양반은 밥 대신에 방부제를 쳐드시나 더 쌩쌩하다)

> **추사장** : 그 사람 중국 사람이에요.

(설명 안 해도 안다! 언뜻 봐도 거란족처럼 생겼구먼! 이제 경매하려면 중국어도 배워야겠네)

몇 마디 물어보니까 한국말도 아주 잘했다. 거란은 아니고 연변 쪽 동포로 추정된다. 저 영감탱이가 점유자의 주둥이를 막으려고 불법체류자로 무장을 시켰네. 점유자가 불법체류자니까 단속반이 뜰까 봐 지레 겁먹고 문을 안 열어 준 것이다. 집행관도 난감해 한다. 주민등록이 있어야 불법체류자인지 확인할 텐데 아무것도 없고 본인은 전◇◇이 아니라고 빡빡 우긴다. 심증은 있으나 물증이 없다. 참 힘들다.

(경매 힘드네. 뭐라고 말로 표현할 방법은 없고) 낙찰받은 집에 권원 없이 점유하는 방법이 대박이다. 불법점유자라고 우기면 살 수 있겠구나! 오늘도 새로운 점유기법을 하나 터득한다.

> **집행관** : 전◇◇ 씨 중국에 간 거 맞아요? 봉천동 간 거 아니에요? 신림동 옆에 봉천동?
> **302호** : …….
> **집행관** : 언제 와요?
> **302호** : 며칠 있다 와요.

집행관이 고민하더니 그냥 집행하기로 결정하고 고지문을 붙였다. 이렇게 한 집이 끝났다.

303호!

똑똑.

문밖에서 생난리를 쳐도 문을 또 안 연다. (영업 끝났냐? 왜 문을 안 열어주는 건데?) 열쇠수리공은 계속 회심의 미소만 짓는다. 또 7만 원이 날아갔다. 열쇠수리공의 도움으로 문을 따고 들어가니, 여기도 역시 부사관 정도 되어 보이는 군인 한 명이 누워 자고 있다. (탈영했니? 지금 전군이 비상이 걸려 생쇼를 하는데 디벼져 잠을 자! 문이라도 열어주든가! 방위병인가!)

샤워 중이었기 때문에 못 들었다고 한다. (에라~~~~~이! 밖에서는 데프콘(비상사태)3이 걸려 생쇼를 하고 있는데 전용 11평짜리 다세대 주택에서 샤워소리 때문에 외부소리가 안 들렸냐!) 여기도 법원서류를 받을 상황이 아니다.

304호!

이 집 역시 아무도 없었다. 개문하고 들어가 보았다. 이 집도 군인 냄새가 펄펄 났다. 추○○이 여기도 군인이 산다고 한마디 거든다. 집행관이 확인 차원에서 핸드폰 요금명세서, 수도요금 내역, 우편물 내역을 검토해보았다. 확인되었다며 집행하라고 했다.

집행 끝.

401호!

노크를 했다. 온몸을 호랑이 문신으로 뒤덮은 빨간 빤스가 나왔다. (도화지가 없으면 벽에다 그리지 몸통에다 그림을 그리고 다녀!)

⤷ **집행관** : 의정부지법 집행관실에서 나왔습니다. 이○○ 씨죠?

⤷ **401호** : 김○○인데요.

(뭐야! 이거 봐라? 그 사이에 호적 팠어? 이씨에서 김씨로?)

이 집은 사실혼관계인 남녀가 분리세대로 거주하고 있었다. 동거녀도 같이 집행신청을 했기 때문에 "그 사람이 그 사람입니다." 하며 집행관에게 집행을 종용했다. 집행!

햇빛 보기 싫어하는 놈들만 살고 있었다. 앞으로 갈 길이 막막했다. 경매개시결정에 대한 이의의 소는 승소를 했지만 임차인들에 대한 명도는 아직 진행 중이다. 임차보증금을 돌려받기 위해서 추○○을 상대로 고소 고발이 이어지고 있었다. 이이재이(以夷製夷 : 오랑캐를 이용해 다른 오랑캐를 통제함)로 추○○을 처리하는 방법으로 방향을 잡았다.

임차인을 상대로 명도소장을 접수했다. 임차인들이 내게 답변서를 보내왔는데 가관이 아니었다. 소유권이전등기가 완료된 이후에도 추○○은 주인 행세를 하며 임대보증금을 100% 인상하고 임대차계약을 체결했다고 한다. 임차인 중에는 경찰, 노래방 도우미, 군인, 일용직 노동자 등 여러 직종에 종사하는 사람이 있었으나 누구 하나 부동산 등기부등본을 살펴본 사람이 없었다. 농촌 부락에서는 사람만 믿고 알음알음으로 임대계약을 체결하는 경우가 다반사이기 때문에 혹여 의구심을 표출하며 물어보면 몇십 년씩 함께 거주한 마을주민을 믿지 못하는 사람으로 낙인이 찍히기 때문에 유야무야 넘어간다고 한다. 집요하게 캐묻는 이에게는 추○○ 또한 이런 저런 핑계를 대고 무마해버리기도 했다고 한다.

임차인들이 명도요구를 당하는 황당한 상황을 추○○에게 이야기하면 본인이 해결할 거라며 안심시켰다. 추○○은 임차인들에게 고소·고발당하지 않으려고 임차인들에게 날아든 명도소송 답변서를 대신 작성해 보내왔다. 당사자도 아닌 사람이 무슨 권리로 답변서를 써 보내왔나 싶었지만 본인은 당당히 "독립당사자"라 주장하였다.

즉 임차인들의 점유권을 소멸시킨다면 유치권자인 본인(추○○)의 점유가 상실되어 유치권이 소멸되므로 독립당사자 입장으로 본 소송에 참여하게 되었다고 주장하고 나왔다. 이미 유치권에 대한 판결은 경매개시 결정이라는 소송에 기각된 걸로 판단이 나왔는데 또다시 유치권을 주장하고 나섰다. (사사건건 기웃거리지 않는 곳이 없구나! 경매계의 MSG다!)

명도소송은 치열하게 진행되었다. 그 중 인상 깊었던 사건이 "증인심문"이었다. 서로 증인까지 불러 대며 소송은 가열차게 진행되었다. 증인으로 채택해야 할 사람 중 가장 중요한 사람이 부동산 등기부 등본상의 소유주인 방□□였다. 내가 채택해야 하는데 공교롭게도 저쪽에서 먼저 증인채택을 해버렸다. (무슨 꿍꿍이속이 있는 건가!) 재판부에는 사전에 심문서가 발송되었다. 재판 당일 추○○은 증인석에 서 있는 방□□를 향해 제출했던 심문서를 읽기 시작했다.

증인신문조서

판 사

증인에게 선서의 취지를 명시하고 위증의 벌을 경고한 다음 별지선서에 의하여 선서를 하게 하였다.

독립 당사자

1. 문 : 증인은 추ㅇㅇ을 언제부터 알고 있었나요?
   답 : 2003.4.경에 증인의 어머니 소개로 알게 되었습니다.

2. 문 : 건물(사원빌라)은 어떻게 해서 매매하게 되었나요?
   답 : 추ㅇㅇ 건물을 증인의 명의로 매매해서 보증 세우는데 사용한다고 하여 추ㅇㅇ이 하자는 대로 하였을 뿐, 건물에 대해서는 잘 모릅니다.

3. 문 : 건물 매매 계약은 누가 하였는가요?
   답 : 증인은 명의만 빌려주었기 때문에 잘 모릅니다.

4. 문 : 큐브산업 주식회사가 있나요?
   답 : 잘 모릅니다.

5. 문 : 큐브산업주식회사 대표 이사를 만나본적이 없나요?
   답 : 예. 추ㅇㅇ이 누구인지도 모릅니다.

6. 문 : 공사도급계약서를 작성한 적이 있는가요?

    답 : 없습니다. 추ㅇㅇ이 모든 것을 다 하고 추ㅇㅇ이 도장을 찍으라고 할 때만 여러 번 찍었을 뿐입니다.

7. 문 : 증인은 자기명의로 서류가 작성되었는데 왜 모른단 말입니까?

    답 : 추ㅇㅇ을 믿었기 때문에 그런 것은 잘 모릅니다.

8. 문 : 증인 어머니와 추ㅇㅇ은 어떤 사이입니까?

    답 : 오랜 시간 동안 알던 사이라고 알고 있습니다.
    (남사친이냐? 그런 사이데 아들을 사기 치라고 공범을 만들어)

9. 문 : 증인은 추ㅇㅇ과 친인척 관계인가요?

    답 : 아닙니다. (치정관계에서 나온 잉여물 아닐까?)

10. 문 : 증인명의 도장은 누가 찍었나요?

    답 : 추ㅇㅇ이 찍으라고 할 때마다 증인이 와서 직접 찍었습니다.

11. 문 : 도장을 몇 번이나 찍었나요?

    답 : 정확히는 잘 모르겠지만 여러 번 찍은 것으로 기억하고 있습니다.

12. 문 : 증인은 건물에 대해서 전혀 모르고 있나요?

    답 : 추ㅇㅇ이 모든 것을 다 하고 증인은 도장 찍은 거밖에 없습니다.

13. 문 : 증인은 왜 추ㅇㅇ이 시키는 대로 했나요?

    답 : 증인의 어머니와 오랜 친구 사이고 증인이 너무나 믿는 사람이기 때문에 모든 것을 믿고 하자는 대로 하였습니다.
    (불륜 사이겠지!)

14. 문 : 증인은 유치권이 무슨 소리인지 아시나요?

    답 : 모릅니다.

15. 문 : 증인은 건물 매매계약서, 도급계약서, 위임장 등을 한 번도 작성한 사실 없나요?

    답 : 모든 것은 추○○이 하고 증인 도장만 날인하고 내용에 대해서는 모르고 있습니다.

원 고

1. 문 : 증인은 명의만 빌려주고 추○○이 원래 소유자이니까 추○○ 하자는 대로 했다는 거죠?

   답 : 예.

판 사

1. 문 : 이 사건의 실제 소유주는 누구입니까?

   답 : 잘 모릅니다.

2. 문 : 증인이 소유권이전등기를 받은 것은 2003.7.15.이고 그 뒤에 증인을 채무자로 해서 안면 농협협동조합과 김○○를 근저당권자로 한 근저당설정계약이 각각 이 사건 부동산들에 설정되어 있는데 혹시 김○○가 누군지 아십니까?

   답 : 모릅니다. 증인은 근저당권이 설정된 것도 모릅니다.

3. 문 : 증인은 추○○과 공사도급계약을 체결하였거나 공사대금을 줄 게 있나요?

   답 : 증인은 증인의 어머니를 통해서 추○○이 사건 부동산에 대해서 명의만 해놓자고 하여 그렇게 하였을 뿐, 그 뒤에 상황은 전혀 모릅니다.

피고, 원고, 판사가 돌아가며 심문을 했다. 피고는 증인신청을 하면서 어떤 내용을 심문할 건지 미리 심문서를 재판부에 제출한다. 이날 심문은 아직까지도 의문이 남는다.

첫째, 지금까지 소송을 대비하는 추○○의 행태를 봐서는 절대로 이런 불리한 심문서를 보냈을 리 없는데 왜 그런 자충수를 두었을까? 증인심문서를 보면 모두 피고에게 불리한 심문들뿐이다. 본인의 유치권 주장에 도움이 될 만한 질문은 하나도 없다. 소송은 승소를 목적으로 하는 긴 여정이다. 불리한 증거는 가리고 본인의 주장을 뒷받침할 만한 증거만 제시하며 소송을 수행해야 하는데 오늘은 그렇지 않았다. 변호사 뺨치게 변론을 준비해 오던 추○○가 이런 의아스러운 증인심문을 준비했다는 것이 믿기지 않았다.

둘째, 질문에 대해서 입을 맞추기로 하고 증인심문을 준비했을 것이다. 갑자기 왜 둘 사이가 틀어져 버린 것일까? 벌을 받을 수 있다는 공포감에 진실을 이야기했을까? 거짓말로 시작된 소송 사건이다. 증인답변이 진실이라도 유치권을 계속 주장하기 위해서는 즉시 거기에 대응하기 위한 답변이나 증빙주장을 했어야 하는데 묵묵부답으로 질문만 했다는 것이 더 의심스럽다. 증인을 보호하기 위한 최소한의 예의였나? (당일 즉시 머리끄덩이를 잡아서 유전자검사를 했어야 했다)

지난 증인심문 출석 이후 임차인들에 대한 명도소송이 줄줄이 속행되었다.

다시 심문기일, 법정에 나왔다. 추○○은 본인 사건도 아닌데 어제부터 법원에서 노숙하셨는지 일찍이 법원에 나와 있다. 열심히 제소하고 재판기일이 잡히면 소풍날처럼 새벽부터 이 사건 저 사건 기웃거리며 구경하고 다닌다. 늘그막에 제대로 된 놀이터가 생겼다. 나한테 날아드는 답변서를 봐서는 판사 뺨치는 이론가인데 재판정에 변론하는 수준을 보면 칠뜨기 같은 모습을 보인다. 참으로 미스터리한 사람이다.

어마어마한 유치권 증빙서류만 보면 법조인이라도 깜짝 놀랄 수준이다. 조작해 만든 1차 도급 계약서, 가짜 매매계약서, 2차 도급 계약서에는 "전 도급자로부터 매수인이 채무 승계하여 공사 대금을 지불한다."라는 내용과 공사대금미지불 채권에 대한 공증까지 해 놓고 재판부에 제출했다.

무변론으로 공사대금 확인의 소에서 가볍게 승소까지 해 놓았다. 치밀하고 완벽하게 준비는 했지만 증인은 수급자인 추○○에게 어떠한 금원도 변제할 것이 없다며 유치권을 전면 부인하고 나왔다. 본인이 작성한 증인심문서에 입을 못 맞춘 결과였다. 이로 인해 모든 것이 거짓이었음이 만천하에 드러났다.

마지막 변론 기일

↳ **판사** : 오늘 마지막 기일인데 자기 주장하시죠.

하고 말 것도 없다.

↳ **나** : 동일 내용의 명도사건으로 본 법원에 5건의 재판이 계류되어 있습니다. 그 중 선행사건에서 전 소유자 방ㅁㅁ가 추ㅇㅇ에게 건축물 도급 사실이 있었는지 아니면 건축 미지급 채권이 있는지 심문하였으나 전 소유자 방ㅁㅁ는 그런 사실이 전혀 없으며 자신은 처음부터 추ㅇㅇ 사주에 의해 행동했다고 자백했습니다.

↳ **판사** : 피고! 이 말이 맞나요?

↳ **추사장** : …….

파리 잡아먹고 시치미 뚝 떼는 맹꽁이처럼 재판정만 바라보고 눈만 껌뻑 거린다. (오늘 콘셉트 죽인다. 맹꽁이 콘셉트)

7년 동안의 소송이었다. 이제 추ㅇㅇ과는 미워하는 맘도 야속한 맘도 없는 무덤덤한 관계. 의자에 움츠리고 앉아 있는 추ㅇㅇ 씨를 보았다. 7년 전 기세등등했던 모습은 온데간데없고 거동 불편한 70대 초반의 노인이 되어버렸다.

↳ **판사** : 다음 기일에 선고합니다.
↳ **나** : …….
↳ **추사장** : …….

서로 할 말도, 들을 이야기도 없다. 진실이 어디에 있는지 서로 너무 잘 알고 있기 때문이다. 피고는 어떻게든 시간을 끌어 살아있는 동안만이라도 그 집에서 생활하다가 생을 마쳤으면 하는 몸부림이다. 변론이 끝나고 돌아나가는 뒷모습이 딱해서 불렀더니 휙 돌아본다. 연민인지 애증인지 모를 감정이 몰려들었다.

- **나** : 어떻게 하실 거예요?
- **추사장** : 나도 지겹소. 하루 빨리 패소해서 명도 되었으면 좋겠소.
- **나** : 나야 강제집행하면 된다지만 돈 한 푼 건질 수 없는 임차인들은 어떻게 하실 겁니까? 지난번에 임차인들이 전화하는 거 들어보니까 살인이라도 저지를 것 같던데 괜찮겠습니까?

사실 그러했다. 그곳은 가장 밑바닥까지 내려간 삶들이 모여 사는 곳이다. 그중에는 지명수배자도 있었다. 하루 벌어서 하루를 먹고 사는 사람들이다. 오늘 일을 못하면 내일 끼니를 걱정해야 하는 사람들이다. 희망이라고는 보이지 않은 삶을 살아가는 사람들. 굳이 희망이 있냐고 묻는다면 몇백 짜리 월세보증금이라고 말하는 사람들이다. 추○○는 희망의 모종을 갈아 엎어버렸다. 이들은 무엇이 두렵겠는가!

- **추사장** : 방법이 없습니다. 나도 강형한테 전화해서 방법을 모색해 보려 했지만 워낙 가진 게 없으니 어떻게 합니까. 처음부터 남한테 피해주고 싶은 사람이 어디 있습니까?

없다 보니 자연스럽게 남에게 폐를 끼치게 되고 그것이 돈과 연관되면 더욱 용서받지 못할 사람으로 변질이 된다. 임차인들의 임차보증금은 보유하고 있는 집을 마무리해서 돌려주려는지 전체 금액을 꼼꼼히 챙기고 있었다. 월세 임차인은 매달 월세로 공제했으니까 문제가 없는데 2,000만 원짜리 전세입자들은 어떻게 막아야 할지 모르겠다고 한다. 맘에 빚만 안고 어디로든 떠나고 싶다고 한다. 7년을 소송하며 공짜로 살았으니 본인도 아쉬운 건 없다고 했다. 처분만 바라겠다는 이 노인에게 측은지심이 든다.

> 나 : 원만한 해결 방안을 찾아보십쇼. 아참. 그런데 소장은 누가 써주는 겁니까? 조력을 해준 사람이 있습니까? 요즘 날아드는 답변서가 7년 전하고는 사뭇 달라서요. 전에는 변호사를 고용해서 소송을 수행하셨나 싶어 물어봅니다.

> 추사장 : 내가 그럴 돈이 어디 있습니까? 7년 전에 육법전서 사고 법률책 몇 권 사서 여기까지 진행한 겁니다.

> 나 : 그럼 준재심, 가처분 말소의 소, 유치권에 의한 경매 이 모든 걸 혼자 한 겁니까?

> 추사장 : 그렇습니다!

뒤로 넘어갈 일이다.

나도 공격하느라 공부 참 많이 했지만 이 양반은 방어하느라고 법조인이 다 됐다.

둘 중에 하나가 죽거나 없어져야 끝날 "법정지상권과 유치권"의

종결판이 드디어 끝이 났다.

건물 아래층에 거주하는 사람에게 전화가 왔다.

↳ **아래층** : 수도가 단수될 것 같은데 조치를 취하셔야 되지 않나요?

이게 또 뭔 소리? 건물을 관리하던 추○○가 건물관리에서 손을 뗀 모양이었다. 하기야 위층은 내가 낙찰받았고 나머지도 곧 경매에 넘어갈 상태라서 관리를 하고 있을 리가 없었다.

↳ **나** : 무슨 이야깁니까?

↳ **아래층** : 큰일 났습니다. 사장님이 보유하고 있던 위층에서 보일러가 터져서 물이 새어나오고요. 추○○는 지난달 입주자들에게 수도요금을 걷어서 어디론가 도망갔습니다. 한전에서는 수도요금 미납으로 단수하겠다고 합니다. 한번 와 보셔야겠습니다.

일하다 말고 급히 날아갔다.

건물 입구에 들어서니 추○○가 사는 방 현관문에 이렇게 적혀 있었다.

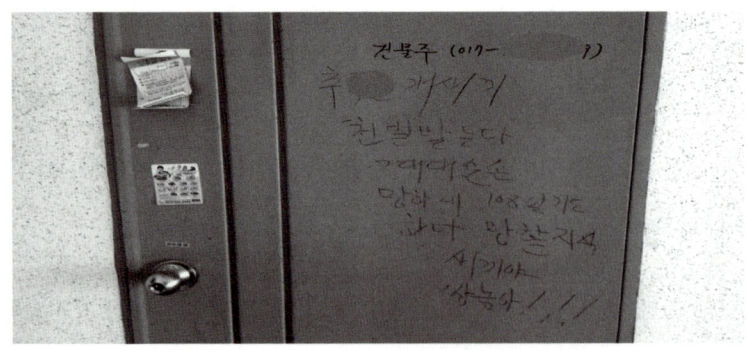

입주민의 원성은 극에 달해 있었다. 추○○는 전화도 끄고 어디론가 사라진지 두 달째란다. 7년간 법정지상권 다툼으로 질기게 싸웠던 상대가 갑자기 사라졌다니 허탈한 기분마저 들었다. 불길한 생각에 급히 112에 신고를 했다.

- **나** : 살던 사람이 갑자기 사라져서 실종신고를 합니다.
- **지구대** : 언제부터 사라진 건가요?
- **나** : 입주자 이야기로 한두 달 되었다고 합니다!
- **지구대** : 이름과 주소를 알려주십쇼.
- **나** : 개문하고 생존 여부를 확인해야 하지 않겠습니까?
- **지구대** : 확인해 보고 연락드리죠. 관계가 어떻게 됩니까?
- **나** : 저는 그냥 이웃입니다.
- **지구대** : 그럼 좀 곤란한데요.

요즘 독거노인들의 고독사가 얼마나 많은데 신고자가 이해관계인이 아니라는 이유만으로 신고를 받아주지 않는다는 게 말이 되나! 열이 확 올라왔다.

- **나** : 실종사건인데 그렇게 처리해도 되는 겁니까?
- **지구대** : 채권자가 채무자를 찾기 위한 방법으로 실종신고를 하는 경우가 종종 있습니다. 아무튼 저희가 조사해 보겠습니다.

그리고 몇 분 후 지구대에서 전화가 왔다.

↳ **지구대** : 그 분 살아 있는 거 확인되었습니다. 걱정 마십쇼. 어디 있는지는 알려드릴 수 없습니다.

극단적 선택을 하지나 않았을까 싶어 걱정했는데 확인되었다니 다행이다. 이제 추○○은 이 집에서 완전히 퇴장한 모양이었다.

이후 건물 개보수할 일이 생겨 며칠 드나들었다. 임차인들의 출퇴근시간과 현장에서 일하는 시간이 겹치지 않아 임차인들을 대면할 일이 거의 없었다. 그러던 어느 날 하루 쉬는 임차인을 만났다.

↳ **나** : 101호 추○○ 씨 어디 가셨는지 아셔요?

얼마 전까지 다니는 걸 봤다고 한다. 여기까지 온 김에 어떻게 된 일인지 물어나 보려고 전화를 했다. 한참 만에 전화를 받았다.

↳ **나** : 안녕하셨습니까?

↳ **추 사장** : 오랜만이네요.

↳ **나** : 한동안 어디가 계셨습니까! 안 보이시던데요.

↳ **추 사장** : 예. 교도소에 가 있었어요. 201호 임차인이 고소해서 들어갔다가 지난달에 나왔는데 301호실에서 또 고소해서 다음 달에 다시 교도소로 들어갈 거 같습니다!

침묵보다 나은 표현이 좀처럼 떠오르지 않았다. 이 사건을 진부한 경매이야기로 마무리짓고 싶지 않아서 한 마디 더 써 내려간다.

찰리채플린이 인생이란 멀리서 보면 희극이요, 가까이서 보면 비극이라고 했다. 어디부터가 희극의 시작이고 어디부터가 비극의 시작인지 그 기준점은 극히 주관적이다. 교도소 생활을 하고 나왔다는 그가 그곳도 살만했다는 듯이 이야기했다. 매일 임차인들로부터 시달림을 받는 삶보다 사회와 격리된 교도소가 더 편했다는 이야기였다.

상황에 따라서는 지금 살고 있는 곳이 지옥이 될 수도 있고 천국이 될 수도 있다는 말이었다.

풍요로운 물질과 정신적 안락함 사이에 우리는 많은 갈등을 하며 살아간다. 한쪽을 얻자니 다른 한쪽을 잃어야 하는 선택이 우리를 힘들게 한다. 미력한 인간이기에 양극단을 진자운동하며 살아간다. 어떤 날에는 물질 만능주의자가 되기도 하고 또 다른 날에는 헌금함에 마음을 듬뿍 담아 기부를 하기도 한다. 풍요로운 물질과 정신적 안락함 중에 택일하여 행복을 찾지 말고 나에게 맞는 행복의 기준을 정해서 열심히 사는 것이 부자로 사는 길이라는 것을 깨닫는다.

PART 02

경매를 아시나요

돈보다 남자

　투자자들은 수익성 높은 종목에 투자하기 위해 많은 정보를 얻으려 애쓰고 여러 투자 방법을 찾고 있다. 투자 타깃은 계속 움직이고 투자자들은 그 뒤를 쫓느라 혼란스럽기만 하다. 시장의 안정을 위한 정부의 투자 규제정책은 부동산 시장에 적잖은 영향을 주게 된다. 부동산 투자 규제정책은 투자의 속도를 늦춰 달라는 정부의 시그널인데 못 알아듣고 정부정책에 역행하는 투자를 지향한다면 수익을 내기 어렵다.

　정부는 긴 기간을 보고 정책을 수립한다. 한 번 규정한 부동산 정책기조가 바뀌기 위해서는 상당한 시간이 필요하다. 부동산 규제정책기조 속에서 투자수익을 낸다는 것이 그리 쉬운 일이 아니다. 이런 기조 속에서 꼭 부동산투자로 수익을 창출하고 싶다면 정부

규제정책에서 자유로워야 한다. 긴 시간을 견디어 낼 수 있는 재정적 맷집이 있어야 한다.

그런 면에서 경매는 비교적 단기간에 수익을 내는 투자방법이다. 정부의 정책에 영향을 비교적 적게 받는 부동산 투자방법이라고 할 수 있겠다. 경매투자자들 역시 투자환경에 적합한 물건으로 쏠리게 되는데 다양한 물건으로 종목변경을 하다 보면 여러 종류의 점유자를 만나게 된다. 글쓴이 역시도 오랜 기간 동안 인상적인 분들을 많이 만나 보았다.

이번에는 무속인을 만나 신과의 전쟁을 치렀던 사건이다. 어느 날 지인으로부터 돈 좀 벌게 해달라는 연락이 왔다. 물고기를 잡으려면 떡밥이 있어야 하는데 얼마나 준비되어 있냐고 물었더니 3천만 원정도 준비되었다고 한다. 지방이야 3천만 원이면 레버리지 이용해서 쓸 만한 물건을 잡을 수 있겠지만 서울·수도권 지역은 그 자금으로 쏠쏠한 물건 잡기가 쉽지 않았다. 그 정도의 자금력으로 경매시장에 뛰어든 투자자가 가장 많기 때문에 투자 수익을 내기란 만만치 않다.

(아! 고민스럽다. 돈이 많다면 여행 다니며 즐기지 돈 벌려고 경매하겠어! 돈이 없으니까 재테크 차원에서 경매하는 거지!) 나를 찾는다는 것은 본인이 찾지 못하는 좋은 물건을 추천해달라는 말인데 쉽지 않은 일이다. 무척 바쁘게 돌아가는 일상이었지만 꼭 도와달라는 지인의 청을 거절하지

못하고 그러겠노라고 이야기했다. 공장에서 제품 찍어 내듯이 바로바로 나오는 것이 아니기 때문에 시간이 필요했다. 다행히도 부동산 시장에 한파가 불어 닥쳤다. 역설적인 이야기지만 난 이런 시장을 좋아한다. 과거 이런 타이밍에 매수했던 물건들이 나중에 효자 노릇을 톡톡히 했었다.

다시 지인으로부터 전화가 왔다.

- **지인** : 왜 투자 물건 선정 안 해줘요!
- **나** : 아무 물건이나 추천할 것이면 언제라도 해주겠지만 그럴 일이 아니잖습니까? 수익성 좋은 물건 찾는다는 게 쉽지 않아요. 시간이 필요해요.
- **지인** : 그래요?
- **나** : 경매는 낙찰만 받으면 무조건 엄청난 수익이 난다고 생각하는데 너무 많은 수익은 기대하지 마십쇼. 투자금 대비 1만 원 정도 내외의 수익이 날 것이라고 기대하면 좋을 거 같아요.

지인은 경매에 대한 환상을 품은 채 내가 이유 같지 않은 이유로 좋은 물건을 추천해주기 싫어서 핑계를 대고 있다고 생각하는 눈치였다. 많은 분들이 내게 투자 자문을 구하는데 대부분의 사람들이 높은 기대치를 가지고 찾아오기 때문에 부담스러울 때가 많다. 되도록 기대치를 낮추고 목표액보다 높은 수익을 만들어 만족시켜주는 쪽으로 노력을 한다. 기대감만 부풀려놓고 해내지 못하면 그

것만큼 실망스러운 일이 없는 법이다.

몇 주의 시간이 흐르고 어렵게 맘에 드는 물건을 찾아 현장조사를 나갔다. 인천 동수역 인근 초역세권 빌라였다. 이 지역은 재개발에 대한 기대 심리가 큰 지역이다. 재개발 이야기는 한 7~8년 전부터 간간히 흘러 나왔는데 그 동안 사업이 지지 부진했었다. 그러나 요즘 부쩍 탄력을 받아 진행 중이었다. 사업승인인가와 관리처분만 남겨두고 있다고 한다. 인근 부동산 중개업자 이야기로는 한때(그 한때가 언제였는지 모르겠으나) 평당 지분가격이 2,300만 원까지 갔다고 한다.

경매에 나온 이 빌라는 구역 지정당시에는 재개발 지역에 포함되어 있지 않다가 이번에 재조정되면서 포함되었다고 한다. 경매하는 입장에서는 재개발 지역에 포함되어도 좋고 안 되어도 좋다. 포함되면 분양권 매도에 나설 수 있고 존치로 남는다면 관리처분 이후 이주민 대체 주거로써 몸값을 부풀릴 수 있기 때문이다. (경매 나올라고. 몸단장 잘했네!)

개인적으로 뉴타운과 재건축 재개발 바람이 광풍처럼 휘몰아칠 때 부동산을 취득했다가 주민협의가 이뤄지지 않아 큰 손실을 보고 물러섰던 쓰라린 경험이 있다. 그 이후 다시는 재건축 재개발에 투자하지 않겠다고 다짐을 했다. 그렇게까지 다짐하고도 또다시 재건축 물건을 취득한 이유는 이 물건의 투자 밑그림 중에서 재건축에 대한 호재를 빼 버리고 순수하게 부동산의 가치만을 비교, 판단해 보았을 때 가성비 대비 나쁘지 않다는 생각이 들었기 때문이다.

추후에 알게 된 일이지만 공부상에는 실평수는 43.76㎡이지만 베란다 삼면이 확장되어 있어서 이용면적은 80㎡가 넘었다. 화장실, 방 3개, 작은 거실로 구성되어 있었기 때문에 나쁘지 않은 구조였다. 실거래가격은 1억 4천만 원에 형성되어 있었고 낙찰금액이 1억 원이었기 때문에 단시간에 매도할 수 있다면 일정수익을 보장받을 수 있는 물건이었다.

물론 단점도 있었다. 필로티 구조(1층을 주차장으로 쓰는 구조)였는데 낙찰받으려는 맨 위층(501호)은 승강기가 없는 빌라였기 때문에 선호하는 층이 아니었다. 옥상을 맞대고 있다 보니 단열에 취약할 수 있는 위험성도 있었다.

감정평가서에는 무속인이 거주하고 있다고 기재되어 있었다. (그런 것까지 감정할 일은 아닌 것 같은데 말이다) 엄청나게 다양한 사람들을 명도해 봤지만 무속인을 명도 대상자로 진행해 보기는 이번이 처음이다. (서로 정서적 유대감이 맞아야 할 텐데! 주술적인 마력으로 잠자는 잡신을 깨워 명도저항 연대를 구상하지는 않을지! 제단 앞 관상용 칼자루와 창으로 칼춤 굿판을 벌이지는 않을지! 자칫 종교적 분쟁으로 비화되어 낙찰받는 물건마다 저주를 품고 마이너스 물건을 만들진 않을지?!)

역세권이기 때문에 전월세나 매매는 가볍게 이뤄질 수 있는 곳이었다.

입찰하기로 결정했다. 너무 바빠서 현장입찰은 다른 사람을 대신 보냈다. 낙찰 후 연락이 왔다.

▷ 나 : 몇 명이나 응찰했어?
▷ 현장입찰자 : 두 명이요.

격세지감을 느낀다. 얼마 전까지만 해도 역세권의 빌라라고 하면 10여 명씩 달려들었는데 정부시책이 규제 쪽으로 흐르면서 경매시장이 바짝 움츠러들었다. 호기심 잔뜩 안고 찾아가 보았다.
"띵동 띵동"
강아지 짖는 소리는 들리는데 별다른 인기척이 없고, 적막할 정도로 조용하다. 허탕이구나 싶어 투덜대며 계단을 내려왔다. 천천히 3층쯤 내려오는데 그 집 현관문이 열리는 소리가 들렸다. 누가 왔다갔는지 확인차 문을 열고 있었다. 후다닥 뛰어 올라갔다.

↳ **나** : 만나보고 이런 저런 이사 계획을 들어보러 왔는데 안에 계시면서 왜 문을 안 열어 주십니까?
↳ **무속인** : … 들어오셔요.

먼저 맞이한 건 사납게 짖어대는 강아지였다. 명도저항용으로 사육시켰는지 엄청 짖어댄다.

현관문을 열고 들어갔다.
무속인을 이렇게 가까운 거리에서 보긴 처음이었다. 살아있는 사람의 얼굴이 아니다. 피부는 시체처럼 새까맣고 입술은 바짝 말라 흰 가루를 묻힌 가보끼 기녀 같았으며 눈동자는 짐승의 눈처럼 불이 켜있었다. 온 집안은 신방에서 배어나오는 음산한 향냄새가 가득했고 한여름인데도 거실은 한기가 흘렀다.
전기도 오래전에 끊겨 있었는데 전등 대신 초를 사용했었는지 바닥에 군데군데 촛농이 맺혀 있었고 거실 밥상 위에 쌀알더미와 촛불 두 개가 켜져 있었다. 창밖에는 무속인 깃발만 무심히 퍼덕이고 있었다.

↳ **무속인** : 지는요, 돈도 필요 없고 사는 것도 의미 없습니다. 신랑이 금방 돈 받아 온다고 했습니다. 신랑만 오면 나갈 겁니다.
↳ **나** : 언제 나갔는데요?

↳ **무속인** : 2년 전에요.

환장할 것 같았다.

↳ **무속인** : 지는 신랑이 올 때까지 이 집에서 한 발자국도 못 나갑니다. 만약 지를 내쫓으면 옥상에서 텐트치고 신랑 기다릴 겁니다!
(미치겠다. 명도 안 해주는 이유도 여러 가지네)

잠시 후 나에게 "지 신랑 좀 찾아 주이소"라고 읍소를 하였다. '댁 남편은 돈 받으러 간 거 아닙니다. 집 경매 넘기고 바람나서 도망간 거예요!'라는 말이 목구멍까지 올라왔지만 차마 하지 못했다. 남편을 찾는 아녀자의 간절한 바람을 듣고 어떻게 그런 이야기가 나오겠는가!

할 말이 없어 관계 서류만 뒤척거렸다. 혹시 소유자가 배당받을 금액은 있는지 확인해보았다. 앗! 모든 부채를 청산하고도 배당 받을 돈이 4,600만 원이나 남아 있었다.

↳ **나** : 아주머니! 부군은 ○○월 ○○날 밖에서 광합성 운동하고 부활해서 돌아옵니다.

물론 그 날짜는 배당기일이다. 마치 지금 막 신기 내린 사람처럼 말해주었다. 이 집이 무속인 소유로 되어 있는 걸 봐서는 '아저씨가 세컨드가 아닐까' 하는 생각이 들었다. 아저씨는 전문용어로 기둥서방이라고나 할까! '빌라 소유권을 안 주니까 기둥서방이 삐져서 집 나갔나?' 하는 갖가지 생각과 생각의 싸움이 머릿속에서 요동치고 있었다.

아무튼 배당금을 수령하려면 소유자인 무속인의 동의가 필요할 것이다. 분명코 신랑은 배당기일 전에 배당위임을 받기 위해 집에 들어올 것이고 혹시 수령에 필요한 서류를 확보해 두었다면 배당금을 수령하기 위해 법원에 출몰할 것이다. 안타깝게도 나의 예지력은 거기까지였다.

무속인은 계룡산 수련생활이 그리운 건지 아니면 도 닦는데 문명의 이기가 거추장스러워 그런 건지 핸드폰, 집 전화, 컴퓨터 등 모든 통신수단을 갖추고 있지 않았다. 전기, 수도, 도시가스까지 끊어버린 상태였다. (앞으로 연락은 영적인 대화로 해야 하는 건가! 쩝.. 무속인은 이슬만 먹고 사는구나! 이슬(참이슬) 좋아하는 건 나랑 취향이 비슷한 사람이 있구나!)

전기가 끊긴 빌라생활은 토굴생활과 별반 다르지 않았다.

가끔 생사 여부를 확인하기 위해 노세(자가용)를 끌고 30여km를 달려가 본다. 하지만 문을 꼭꼭 잠가버리고 응대해 주지를 않았다. 답답한 건 내 쪽이었다.

대화를 해야 어떻게든 실마리를 풀어 볼 텐데 전혀 만나 주질 않았다. 괘씸하기도 하고 내심 걱정이 되기도 했다. 몇 번 "급 만남"을 시도해 봤으나 번번이 거절당했다.

어느 날은 현관에 불이 켜져 있는 걸 확인하고 웬일로 집안에 있나 싶어서 올라가 보았지만 헛수고였다. 문을 꼭꼭 잠그고 일절 응대하지 않았다. 한국 전력에서 단전한 지 6개월이 넘었다는데 어떻게 전기가 들어왔는지 지금도 신기한 생각이 든다. 자가발전기는 전혀 갖추고 있지 않았다. 심령술로 전기를 일으킨 건 아닌지 궁금했다. 나는 점점 심령의 세계로 빨려 들어가고 있었다. 더 이상 신경 썼다가는 내 정신도 혼란스러울 듯 싶어 발길을 끊고 몇 달을 지냈다.

무속인의 생사조차 확인할 수 없는 몇 개월이 흘러갔다. 도심 속에서 홀로 생을 마감하는 독거노인들이 얼마나 많은가? 그런 생각을 하다 보니 이렇게 앉아 있어서는 안 되겠다 싶어서 강제 개문해서라도 생사 여부를 확인하고자 "점유이전금지 가처분"을 신청했다. 가처분신청은 송달을 별도로 하지 않고 집행관이 현장에 나가 결정문을 첨부한다. 채무자 부재 시에도 개문조치를 할 수 있기 때문에 생사 여부를 확인하거나 폐문부재로 인한 내부 확인이 필요할 때 유용하게 써먹는 방법이다.

집행 전날 집행관실에서 전화가 왔다.

▶ **집행관** : 내일 집행입니다. 증인 두 명하고 열쇠수리공 데리고 현장으로 오셔요.

폐문부재일 경우 개문하기 위한 준비 사항이다.

현장에 도착했다. 폐문부재일 경우에는 임의로 개문할 수는 있지만 성인 2인의 입회인이 있어야 한다.

채무자가 점유 중이라는 것을 확인하기 위해서 채무자의 초본을 제시해야 집행이 가능하다. (법원에서 발급한 결정문이나 보정명령서를 관할 주민자치센터에 제출하면 주민등록초본 발급이 가능하다) 집행관이 쭈뼛거리더니 올라가 보자고 했다. 벨을 누르고 현관문을 두들겨 보지만 인기척은 없고 개 짖는 소리만 들린다. (불법점유에 동물학대까지. 국가보안법 이후 최고 중죄다) 점유이전금지 가처분을 집행하면 집에 사람이 있어도 문을 열어주지 않거나 폐문부재일 경우가 1/3이다.

어렵게 개문하고 들어가 보니 실내는 온통 어둠뿐이었다. 개 짖던 소리도 멈춰 버렸다. 어둠 속에서 누군가 삼지창을 들고 뛰어나올 것만 같은 공포감과 적막함 속에 피어나는 향냄새는 극도의 긴장감을 연출하기에 충분했다. 집행관은 뚜벅뚜벅 걸어 들어가면서 "누구 계셔요?, 누구 계셔요?" 하고 거주자가 있는지 외쳤다.

그러자 인기척도 없던 방에서 사람이 나왔다. 깜짝 놀라서 모두 방문 쪽을 바라보았다. 거기에 무속인이 서 있었다. 점유이전금지 가처분 결정문을 첨부하러 왔지만 오랜 시간 연락이 닿지 않아 생사확인차 왔기 때문에 한편으로는 안도의 한숨을 돌릴 수 있었다.

집안을 둘러보니 깔끔하게 정리정돈을 잘 해 놓고 살고 있었다. 팔아먹기는 괜찮을 것 같았다. 초역세권이라 매도에 바짝 신경 쓰면 어렵지 않게 매도가 될 것 같았다.

집행관은 점유자를 확인했다.

점유자 "조○○"는 보이지 않고 전 소유자 "최○○"(보살)만 점유하고 있었다. 사실 두 사람 모두에게 점유이전금지 가처분 신청을 하려 했으나 무속인 최○○ 씨의 주민등록초본을 발급해 보니 주소지가 청주였다. 청주로 전입되어 있는 사람을 여기에 점유하고 있다고 입증해야만 가처분 신청이 받아들여지는데 쉽지 않은 일이었다. 무속인 최○○ 씨에 대한 가처분은 포기하고 사실혼 관계에 있는 조○○ 씨에 대해서만 점유이전금지 가처분결정을 신청했다. 집행 가능한 "조○○"에게만 점유이전금지 가처분결정을 받아 개문을 하게 되었다.

점유이전금지 가처분 집행하러 온 집행관은 채무자가 일치하지 않는다며 집행을 거부하려고 했다. 집행관은 무속인에게 물었다.

↳ **집행관** : 조○○ 씨는 누구입니까?

↳ **무속인** : 조○○는 같이 사는 사람입니다. 1년 전에 집을 나갔습니다.

↳ **집행관** : 그러면 당신은 누구십니까?

자신이 소유자 최○○이라며 주민등록증까지 보여주었다. 선심 쓰듯 결정문을 붙이며 한마디 던진다.

- **집행관** : 원래 집행 불가능합니다. 그런데 해드리는 겁니다.

(기름칠 좀 해 달라는 건가!) 못 들은 척 먼 산만 멀뚱멀뚱 바라보았다. 행동이 괘씸했는지 한마디 던진다.

- **집행관** : 강제집행은 채무자명의로 결정문을 받아와야 집행할 겁니다.

(아!! 정말 기름칠을 했어야 했나? 하든지 말든지)

문제는 신랑을 기다리는 무속인이다. 남의 미래를 꿰뚫어 본다는 무당이 정작 본인 앞에 벌어진 현실을 준비하지 못하고 있었다. 배당금액이 4,600만 원이나 남아 있으니 마무리 잘해서 좋은 곳으로 이사갈 수 있도록 도와줄 테니 너무 두려워 말라고 했다. 그러자 죽으면 다 끝나는 건데 무슨 미련이 있겠냐며 한숨을 쉬었다. 그러면서 죽기 전에 남편 얼굴이나 한번 보고 죽고 싶다고 한다. 무속인은 영적인 세계와 현실 세계를 넘나드는 사람들이다. 입에서 죽는다는 말이 튀어 나왔을 때는 어떤 우발적 행동을 할지 모른다.

그러면서 돈은 필요 없으니 남편을 찾아오란다. 어쩌겠나. 지금은 남편의 출현만이 이 모든 상황을 잠재울 수 있는 최선의 방법이다. 무속인의 지고지순한 사랑에 나의 명도일기는 오늘도 시퍼런 멍이 든다.

(나 같은 사람이야 여자 마음 아프게 할 일 없지만 잘난 남자들은 여자 마음 함부로 흔들면 안 되겠다)

앞으로 명도가 쉽지 않겠다는 예감이 든다. 떠나 버린 사랑을 찾아오라는 아주머니 이야기에 가슴 한편이 먹먹해왔다. 남편의 그늘 아래서 사회와 단절된 생활을 하고 살던 여인이 가정의 큰 버팀목을 잃고, 사랑도 잃고, 돈도 잃은 상태에서 남편을 찾고 있었다. 배당금에서 찾아갈 돈이 있으니 다시 시작하면 된다고 아무리 설명을 해도 삶에 의미가 없다며 한숨만 쉰다.

무속인의 영적인 능력으로 혹시 남편이 귀가했을지도 모른다는 기대를 하며 그렇게 또 몇 개월이 지났다. 나도 슬슬 교화되어 가는 느낌이다. 이러다 잘하면 나도 머리에 꽃 꽂고 다닐지 모르겠다는 생각이 들었다.

금융비용에 대한 압박이 점점 쌓여가며 이제는 더 기다려줄 시간적 여유가 없다는 생각이 들었다. 명도를 준비했다. 인도명령 집행을 위해서 경매계로 전화를 걸었다.

- **나** : 소유자가 미전입자인데 거주하고 있으면 인도명령 결정 나지요?
- **경매계** : 아니요. 거기 거주하고 있다는 것이 소명되어야 합니다.

(가지가지 한다…)

- **나** : 그럼 소유자 초본발급 받아오게 주소보정서 보내주십쇼.

(법원으로부터 발급받은 주소보정서를 지참하고 주민자치센터에 방문하면 소유자의 주민등록초본을 발급해준다)

가만히 생각해보니까 전 소유자가 여자이기 때문에 꼭 이곳에 전입되어 있으라는 법이 없었다.

전 소유주가 점유하고 있다는 것만 입증하면 될 텐데 어쩐다! 곰곰이 생각해보니 집행관이 작성한 '부동산 점유이전금지 가처분 집행조서'가 있었다. (그래, 이것만 있으면 점유를 입증할 수 있다) 다행히도 강제집행 전에 배당기일이 잡혔다. 배당기일에 법정에 나갔다.

인천지방법원
부동산가처분집행조서

사 건 : 2010가
채 권 자 : 김
채 무 자 : 조
집 행 권 원 : 인천지방법원 2010카합   호
집 행 목 적 물 : 위 집행권원 주문에 표기된 별지목록의 기재와 같다.
집 행 일 시 : 2010.06.04 12:20
집 행 장 소 : 인천광역시 부평구 부평동

1. 위 집행권원에 의한 채권자의 위임에 의하여 집행장소에서 채무자 또는 그 가족 및 동거인 등을 만나지 못하였으나 열쇠공으로 하여금 개문하게 한 다음 증인2명과 채권자 대리인 강 을(를) 참여시키고 집행목적물에 대한 채무자의 점유를 해제하고 본직이 이를 보관하다.
2. 위 정본의 취지에 따라 현상을 변경하지 않을 조건으로 하여 채무자에게 사용케 하고, 채무자는 위 부동산에 대한 점유, 명의의 이전, 기타 일체의 처분을 하여서는 아니 된다라는 가처분 집행취지를 고지하고 위 집행취지와 같은 내용을 기재한 고시문을 집행장소내에 부착한 후 가처분 집행을 마쳤다.
3. 이 절차는 같은 날 12:40 에 종료하였다.
이 조서는 현장에서 작성하여 집행참여인에게 읽어(보여)주었다.

※ 개문후채무자의모습   있었음

2010.06.04

집 행 관 :
채 권 자 : 대리인
채 무 자 : 불 참
참 여 자 성 명 :
         주   소 :
참 여 자 성 명 :
         주   소 :

인천지방법원 배당표

사 건	2009타경	부동산임의경매		
배당할금액	금	102,199,382		
명세	매각대금	금	102,110,000	
	지연이자	금	0	
	전경매보증금	금	0	
	매각대금이자	금	89,382	
	항고보증금	금	0	
집행비용	금	2,181,280		
실제배당할금액	금	100,018,102		
매각부동산	인천 부평구			
채권자		인천부평구	주식회사국민은행	최 욱
채권금액	원금	68,040	48,147,060	46,175,012
	이자	0	5,627,990	0
	비용	0	0	0
	계	68,040	53,775,050	46,175,012
배당순위		1	2	3
이 유		교부권자	신청채권자(근저당)	채무자겸소유자
채권최고액		0	67,600,000	0
배당액		68,040	53,775,050	46,175,012
잔여액		99,950,062	46,175,012	0
배당비율		100.00%	100.00%	100.00%
공탁번호 (공탁일)		(금제 호 . .)	(금제 호 . .)	(금제 호 . .)

2010. 6. 18.
사법보좌관 이 영

1-1

역시 무속인에게 46,000,000원이 배당되었다. 오늘 둘 중에 하나만 건지면 된다. 무속인의 신랑이 배당받으러 오면 잡아서 모가지 끌고 집으로 데리고 가면 되고 무속인이 배당을 받으러 법정에 오면 신랑을 기다린다는 새빨간 거짓말이 들통나니까 이유 없이 바로 내보내면 된다.

일찌감치 법원에 도착해서, 무속인과 비슷한 사람을 찾아보았다. (쪽머리에 비녀를 꽂고 있어야 하는데, 앗! 없다) 문 옆에 앉아서 들어오는 사람들을 일일이 눈 수색을 했다. 보살님도 안 보이고 기둥서방처럼 생긴 사람도 보이질 않았다. 사건이 하나씩 호창되고 배당 받을 사람이 앞으로 나온다.

드디어 2009타경 ○○○○ 사건

↳ **법원** : 이 사건 배당자는 앞으로 나오셔요, 부평구청.

↳ **부평구청** : 예.

↳ **법원** : 국민은행.

↳ **국민은행** : …….

(은행 놈들은 돈이 많으니까 안 나오나!)

↳ **법원** : 최○○ 씨, … 최○○ 씨 없습니까?

정말 안 나왔다. 이 아줌마 정말 "돈보다 남자"였다. 갑자기 걱정이 태산처럼 밀려든다. 사고치는 거 아니야? 남편은 어디 간 거지? 무속인은 또 왜 안 나온 거고? 별의별 생각에 머리를 쥐어짠다. 세상에 돈보다 더 값진 게 많다는 걸 알고는 있었지만 눈앞에서 이런 광경을 목격하니 황당하기만 했다. 영화에서나 나올 수 있는 스토리였다. 비하인드 스토리를 파헤쳐 본들 이 결말은 비극이 될 것이다. 내 마음을 더 후비고 싶지 않았다.

"사랑도 아껴 써야 한다."라고 중얼거리며 허무하게 돌아왔다.

강제집행을 신청해 놓고 기일지정이 되었는지 연락을 해보았다.

- 나 : 법원이죠? 기일지정이 되었는지 확인차 전화했어요.
- 법원 : 예, 인천지방법원인데요. 무당집 점유이전금지 했던 집행관인데 아직 협의 안 되었습니까?

(명도 이뤄졌으면 전화했겠냐!)

- 나 : 예.
- 법원 : 명도가 쉽지 않을 거 같은 …

말꼬리를 흐린다. 이건 또 뭐야?

- 법원 : 신당이 있어서 집행하기에 많은 어려움이 있을 거 같습니다.

(이것들이 장난하나! 죽은 귀신이 살아있는 사람 이기는 것 봤어?)

- 나 : 신방 명도 못하겠으면 신방은 내가 하겠습니다!
- 법원 : 그러시다면 집행하시죠.

(무섭냐? 나도 무섭다! - "MBC 드라마 다모" 대사 한번 쳐 봤습니다)

집행 전날 초저녁에 방문을 했다. 이제 더 이상 기다려 줄 수 없으니 집을 비워달라고 마지막 협의를 하고자 방문했다. 저녁 8시밖에 안 되었는데 불이 꺼져 있었다. 올라가 벨을 눌렀다. 그날도 영락없이 개새끼만 멍멍 짖어댔다. 몇 번 벨을 눌렀더니 개소리는 멈추고 쇠사슬이 방바닥을 굴러 지나가는 소리만 들렸다. 마치 무당 아줌마가 개의 입을 막고 있는 거 같았다. (불도 켜 있지 않은 집에서 그렇게 숨죽이고 있는 본인은 얼마나 힘들까?) 30분간 벨을 붙들고 씨름하다 그냥 내려왔다. (불 꺼 놓고 신령하고 동자승 만들고 있는 중인가 왜 문을 안 열지?)

집행기일 9시경 도착을 했다. 인부들이 무지 무지 와 있다. 언뜻 봐도 뭐하는 사람들인지 쉽게 감별되었다. 슬리퍼 끌고 온 사람, 반바지 입고 온 사람, 런닝셔츠만 입고 온 사람. 그 중에 인상이 제일 더러운 사람이 대장이다.

- 나 : 아저씨가 오야지요?
- 오야지 : 그런데요?

어디서 많이 본 얼굴이었다. 저쪽도 많이 봤는데 딱히 생각은 안 난다는 표정이었다.

- 나 : 혹시 저 어디서 뵌 적 없어요?

가만히 생각해 보니 지난번 볼태기 찜 명도할 때 왔던 노무자 오야지였다.

- 나 : 아저씨 수원지법 일만 하지 않아요?
- 오야지 : 아니요.

이 인간 법원마다 얼마나 구워삶고 다녔는지 수원지법, 인천지법을 넘나들면서 강제 집행을 한다.

- 나 : 완전히 전국구네.
- 오야지 : 뭐라고요?
- 나 : 아니에요, 혼잣말이에요.

아직 집행관 오려면 30분정도 기다려야 하기 때문에 소유자를 먼저 만나보러 올라갔다.

띵동 띵동. 개를 안고 무당 아주머니가 문을 연다. 나를 보더니 바로 입을 또 닫고 아무 말도 하지 않았다. (왜 나만 보면 묵언수행을 하시는지 몰라!)

↳ 나 : 아줌마! 신당에 계시는 신령님이 오늘 집 비워주는 날이라고 점지 안 해주던가요? 하기야 그걸 알면 이 지경까지 왔겠어요!

신당을 들여다보았다. 오늘도 신령님께 한상 올려놓았다.

↳ 나 : 뭘 믿고 이러시는지 몰라도 입만 닫고 있으면 해결되는 게 아닙니다. 어떻게 하실건지 말씀을 주셔요!

입을 본드로 붙였는지 말이 없다.

↳ 나 : 이제 기다릴 수 없어서 할 수 없이 오늘 강제 집행합니다. 집행관들 조금 있다가 올라오니까 문 열어두십쇼.

그렇게 말하고 내려갔다. 현관문을 쾅 닫더니 열쇠 잠그는 소리가 들렸다. 찰칵. (저 아줌마가 마지막까지 엿을 먹이는구먼)

집행관은 도착하자마자 바로 올라갔다. 벨을 누르고 발로 차고 소리를 질러도 문을 열어주지 않았다. (이 아줌마가 공중부양을 했나 방금 있었는데 어디 갔지? 개문 비용 과소비하는 걸로 열쇠수리공하고 입이라도 맞춘 건가?)

계단에 서있던 열쇠수리공이 "그냥 따고 들어가죠?"라고 이야기한다. (이 긴박한 상황에 일당 챙길 생각만 하네)

열 받는다. 방금 열어주었을 때 말발굽(문 안 닫히게 하는 장치)에 본드 칠이라도 해놓을 걸. 그렇게 개문 비용으로 가볍게 5만 원을 날렸다. 개문하고 들어가 보니 내부가 캄캄한게 아무것도 보이질 않았다.

더듬더듬 들어가 보니 무당아줌마가 신당에 벌러덩 누워있었다. 집행관이 오늘 집행하러 왔으니 채권자에게 이사 갈 시간 여유를 달라든지 어떻게 하겠다든지 말 좀 해보라고 이야기를 하는데 역시 말이 없다.

집행관은 지난번에 '점유이전금지 가처분'할 때 왔던 사람이기 때문에 이 여자가 채무자인 걸 잘 알고 있었다. 하지만 채무자가 맞다는 입증자료가 필요한 상황이었다. 채무자와 집행 장소가 동일하다는 것을 밝혀야 하는 숙제가 남아 있다. 이 방 저 방을 두리번대며 채무자와의 동일성을 찾던 와중에 신방을 들어갔다. 삼지창을 들고 있는 무신과 연단 위의 향료, 그리고 잡다한 꽃들이 있었다. 벽면에 표창장 같은 것이 붙어있었다. 사진, 주민번호, 주소 등등이 빼곡히 적혀있는 점쟁이 라이선스였다. (아, 점쟁이도 라이선스가 있구나. 이때 처음 알았다. 그런데 어디서 인증해주나? 오즈에서 인정해주나? 오즈는 우리 동네 나이트클럽인데)

다행히 사진과 주민번호가 있어서 본인 확인절차를 끝낼 수 있었다. 집행관은 어떻게 할 건지 내게 의사를 물었다. 아무리 말을 해도 묵묵부답인 아줌마의 입을 열기는 어려웠다. 바로 집행에 들어갔다. 원래 집행비용은 집 밖에 내놓는 것 까지만 예납을 하기 때문에 그 다음 행위에 대해서는 비용출연이 되어야 한다. (사다리차, 이삿짐 운반 차량, 보관소 등등. 아~ 열 받는다) 예납 집행비 101만 원, 한 달 선납보관소 대금 40만 원, 운송비 25만 원, 개문비 5만 원. 예상외로 돈이 많이 들어가는 것이 강제 집행이다. 강제 집행은 정확히 45분 20초 만에 번개같이 끝났다. 그 사이 제비문신을 한 오토바이 한 대가 냅다 들어왔다. 내가 제소해놓은 '지급명령서'가 도착한 것이다. (상황 종료됐어요! 제비 아저씨 강남 가셔요! 보살님 오즈로 데리고 가세요)

Chapter 02

부동산은 묵혀야 돈 된다

　임장은 경매의 기본 중에 기본이다. 한참 다니다 보면 보는 눈이 점점 높아지는 것을 느낀다.

　초보일 때는 "좋은 집이구나!" 또는 "이 집이 그 집보다 더 좋다." 아니면 "우리 집보다 좋다" 정도 수준의 멘트가 나온다. 이 정도 수준에 머무는 분들은 대부분 본인이 거주하고 있는 주택형태의 경매물건 외에는 관심이 없고 다른 종목의 경매 물건에 대해서는 막연한 공포감을 느끼기 때문에 투자를 꺼린다. 이런 투자가 고착화되면 주거가 아닌 토지나 상가 등으로 투자눈길을 돌리는 건 거의 불가능해진다.

　좀 더 임장을 다니다 보면 주변을 돌아보게 된다. "지하철에서 얼마나 거리가 되나요?" 또는 "주변에 대형마트나 학교들은 있나요?"라는 질문을 던진다. 집만 좋아서는 삶의 질이 윤택해지지 않다는 걸 알게 되면서 편의시설에 대한 중요성을 인지하게 된다.

그보다 더 임장을 다니게 되면 "잘 팔릴 수 있을까?" 또는 "이 물건이 돈이 될까?"라는 것에 초점이 맞춰지게 되는데 그제야 제대로 된 경매인이 된 것이다.

우연이라는 기적적인 투자방법을 빼놓고 절대적으로 저감된 물건이라고 평가 받는 경매물건을 취득하는 경우에 다음 두 가지 포인트를 보고 투자해야 한다.

① 감정금액보다 상당히 낮은 금액으로 낙찰받은 물건을 재가공하거나 리모델링해서 상품가치를 높일 수 있는 능력이 있다면 한번 덤벼 봐도 나쁘지 않다.
② 아무리 허드레 부동산이라도 떨어지는 최저점이라는 게 존재한다. 예를 들어 전세가격보다 더 낮은 금액으로 낙찰받을 수 있다면 그 물건은 잘 매수한 물건이라고 볼 수 있다.

이번 사례는 상대적 평가를 잘 노렸던 투자라서 이 책에 수록하려 한다. 위에 서술한 내용들과도 상통하는 면이 많기 때문에 이해가 쉬울 거라고 생각한다.

서울지역을 구역별로 평당 부동산가격을 산출해 보면 꽤 낮은 금액으로 거래되는 지역이 바로 이 지역이다. 타 지역에서 빌라 한 채를 구입할 수 있는 자금이라면 이 지역에서는 작은 아파트를 구할 수 있는 곳이다. 이런 지역이 서울에 몇 군데 존재하고 있다.

2014타경		*서울남부지방법원 본원	*매각기일 : 2015.01.06(火) (10:00) *경매 5계(전화: 02-2192-1335)			
소재지	서울특별시 양천구 신월동			도로명검색	지도	지도
새 주소	서울특별시 양천구 신월로					
물건종별	아파트	감정가	270,000,000원	오늘조회: 1 2주누적: 0 2주평균: 0 조회동향		
대 지 권	40.67㎡(12.303평)	최 저 가	(80%) 216,000,000원	구분	입찰기일	최저매각가격	결과
건물면적	80.618㎡(24.387평)	보 증 금	(10%) 21,600,000원	1차	2014-11-26	270,000,000원	유찰
				2차	2015-01-06	216,000,000원	
매각물건	토지·건물 일괄매각	소 유 자		낙찰 : 251,110,000원 (93%)		
개시결정	2014-08-13	채 무 자	(주)서진에너텍	(입찰11명, 낙찰: 차순위금액 241,890,000원)		
사 건 명	임의경매	채 권 자	신한은행외1	매각결정기일 : 2015.01.13 - 매각허가결정		
				대금지급기한 : 2016.05.11		
				대금납부 2016.04.21 / 배당기일 2016.05.24		
				배당종결 2016.05.24		

김포공항에서 뜨고 내리는 비행기소음 때문에 집값이 저평가된 곳이다. 한때 인천에 재개발 바람이 불었을 때에는 인천지역보다도 더 낮게 평가받았었다.

※ 지역을 폄하하려는 의도는 없으며, 부동산을 연구하는 입장에서 사실에 준한 정확한 정보 전달임을 밝힙니다.

그렇다고 해서 이지역이 슬럼화되거나 인구이동이 없거나 거래가 되지 않는 지역은 아니다. 오히려 인구밀도가 높기 때문에 매매거래가 왕성한 지역이다. 주택 간 단계별 구분이 아주 조밀하게 짜인 곳이다.

독신자 원룸에서 기초를 다지고 자금을 모아 결혼을 하면서 다세대 투룸으로 생활영역을 바꾸고 아이들이 초등학교 입학쯤 나홀로 아파트로 이동하여 거주하다가 돈을 벌어 타 지역으로 떠나거나 재개발되는 고급아파트로 이주하게 된다.

대부분의 사회구조가 그렇듯이 저소득층 인구 분포는 넓고 고소득층은 올라갈수록 작아지는 피라미드 구조로 인구 편성이 되어 있다. 주거공급 역시 다세대 주택의 분포가 많고 아파트는 수요에 비해 공급이 턱없이 부족한 형편이다. 나홀로 아파트와 빌라의 가격차가 크게 벌어지는 것도 아니다. 다세대가 나홀로 아파트보다 불편하다는 걸 단적으로 보여주는 것이 아마도 주차공간의 확충일 것이다.

다세대가 많은 지역은 골목길에 차 한 대 주차하는 것도 전쟁을 치러야 한다. 퇴근길에 주차공간을 찾지 못해 이곳저곳을 누비고 다니는 불편함은 이만 저만이 아니다.

그들만의 리그를 이미 알고 있던 나는 이 지역 나 홀로 아파트가 경매에 출몰하면 관심 있게 들여다본다.

경매시장의 전체 낙찰가율이 점점 높아지고 있었다. 인근 낙찰 사례와 매매사례를 분석해 본 결과 245,000,000원선이라면 낙찰가격이 적정할 듯 싶었다. 매각기일 당일은 공교롭게도 다른 곳에 입찰이 있어서 다른 사람에 대리입찰을 의뢰하였다. 입찰 30분 전 응찰가격을 245,000,000원으로 전달했으나 자꾸 맘에 걸렸다. 낙찰될 거라고 예측하지만 조금만 더 써서 확실하게 낙찰받고 싶었다. 재차 전화를 걸어 251,110,000원으로 응찰하라고 했다. 결과는 11명이 입찰을 했고 다행히 낙찰을 받았다.

남부지방법원에서 경매 진행되는 물건지가 멀지 않았기 때문에 방문을 해보기로 했다. 부지런히 달려가서 벨을 여러 번 눌렀지만 대답이 없었다. 어쩔 수 없이 전화번호를 문틈에 남기고 차를 올라탔는데 연락이 왔다. 소유주는 여자였는데 남자 목소리로 전화가 왔다.

> **나** : 누구세요?

자기는 소유주의 변호사라고 한다. 변호사까지 선임해야 할 일은 아닌 거 같은데 왜 이러실까. 이렇게 빠르게 연락할 수 있었던 걸 봐서는 방문했을 때 집안에 사람은 있었으나 개문에 불응하고 있었던 것이 아니었을까 하는 합리적 의심을 해보았다.

채무자 겸 소유자 집을 방문하면 벨을 고장내놓든가 아니면 호실 문패를 바꿔놓고 고생하게 만드는 일도 허다하다. 채무자 입장에서도 굳이 낙찰자와의 접촉을 거부할 이유가 없는데 선입견이 있어서 그러는지 채무자는 낙찰자와의 면담을 꺼린다.

> **변호사** : 낙찰받으시느라 고생 많으셨습니다만 채무자는 개인회생 신청에 들어갈 계획이라서 경매는 더 이상 진행되지 않을 겁니다. 괜히 고생만 하신 거 같습니다. (이건 또 무슨 난동이야!)

> **개인회생**
> 총 채무액이 무담보채무의 경우에는 5억 원, 담보부채무의 경우에는 10억 원 이하인 개인채무자로서 장래 계속적으로 또는 반복하여 수입을 얻을 가능성이 있는 자가 3년 내지 5년간 일정한 금액을 변제하면 나머지 채무의 면제를 받을 수 있는 절차(주관 : 법원)

개인회생 신청을 접수하게 되면 확정될 때까지 "채무자에 대한 모든 추심행위"는 바로 중지가 되어버린다. 경매도 예외일 수가 없다. 개인회생을 신청하려면 매각기일 전에 신청해서 경매가 진행되지 못하도록 막지! 낙찰자까지 정해진 마당에 회생신청으로 지금까지의 노력이 수포로 돌아가게 되었으니 정말 화가 나지 않을 수 없었다. 말만 그렇게 하는 거겠지 하면서 시간을 두고 기다렸다.

며칠 후 경매법원으로부터 연락이 왔다. 채무자가 "개인회생"을 했기 때문에 경매를 더 이상 진행하지 않고 회생신청 결과를 보고 속행할지를 결정한다는 설명이었다. 덧붙여 이야기하기를 개인회생 신청기간이 얼마나 걸릴지 모르는 일이기 때문에 낙찰자가 보증금(최저입찰금액의 10%)을 다시 찾아가겠다고 요청을 한다면 법원은 보증금을 돌려주고 개인회생신청 사건의 결과를 두고 보고 진행 여부를 결정한다고 했다.

우려했던 일이 벌어지고 말았다. 어렵게 임장조사하고 절묘하게 낙찰받은 부동산인데 언제 끝날지 모르는 "개인회생 신청" 때문에 상당 시간을 기다려야 하는 부담감이 생겨버렸다. 경험이 부족한 사람이라면 섣부른 판단으로 일을 망칠 수 있다.

개인회생 절차는 각 관할 법원에서 신청을 받아 서울중앙지방법원에서 일일이 검토하고 결정을 내린다. 전국에서 올라오는 회생사건을 한 곳에서 심사하다 보니 많은 시간이 소요된다. 적게 잡아도 1년 이상의 시간이 소요된다. 또한 1년 후에 개인회생 절차가 받아들여져서 채권추심 금지 판결로 확정된다면 낙찰자는 기회비용을 고스란히 잃어버리는 결과를 초래하게 된다.

낙찰자로서는 부담스러운 도박이 아닐 수 없다. 이런 경험이 없는 사람들은 대부분 보증금을 수령하고 다시 다른 물건을 응찰해서 수익을 올리려 한다. 하지만 절대로 보증금을 돌려받지 않고 기다려야 한다는 게 필자의 생각이다. 이유는 두 가지로 요약된다.

① 부동산을 소유하고 있는 채무자가 회생을 신청하는 경우, 채무변제계획을 확실하게 소명해야 하는데 어지간하지 않으면 법원의 개인회생신청을 받아 내기가 쉽지 않다. 법원이 경매까지 진행되는 과정 중에 회생신청을 요청했다는 것은 "사해행위"를 위한 수단으로 개인회생을 이용했다고 보기 때문에 인용하지 않는다. 많은 경매 사례가 입증해주고 있다.

② 입찰보증금이 216,000,000원이었다. 경매는 중지되었고 개인회생 신청이 결정 날 때까지 더 이상 납부해야 할 대금은 없다. 개인회생신청은 기각될 것이 자명하고 1년 후에 낙찰받았던 금원으로 대금을 납부하게 된다. 1년간 입찰보증금만 넣어두고 부동산 상승분을 고스란히 이득으로 챙길 수 있게 되는 결과를 얻는 것이다.

위 사건을 보면 2015년 1월 13일 매각허가결정이 떨어졌지만 대금납부기일은 1년 4개월이 지난 2016년 5월 11일로 잡혔다. 1년

이 지난 후 개인회생 신청사건이 기각된 다음 경매가 속행되어 대금기일이 진행되었다.

대금 납부 후 바로 260,000,000원에 전세 계약을 작성했다. 금액은 낙찰받은 금액(251,110,000원)보다 900만 원이라는 돈을 더 받고 임대차(전세) 계약을 한 것이다. 그 이후 임대차 계약이 만료된 2018년도에 369,000,000원에 매도하면서 마무리되었다.

상단에서 누누이 강조했듯이, 오르는 부동산은 무조건 붙들고 장기 보유하는 것이 장땡이고 오르지 않는 부동산은 하루라도 빨리 매각해서 갈아타는 것만이 같은 돈을 투자해도 빨리 성공하는 길이라는 것을 명심해야 한다.

밑장빼기

　오래 전에 요양복지사업을 하는 젊은 원장을 알게 되었다. 젊은이 특유의 전투력과 추진력이 강했고 노인에 대한 공경심이 높은 건실한 사업가였다. 사회복지사업을 하며 대학에서 강의도 하는 친구였는데 효심이 지극했다. 노인목욕차량으로 시작한 자그마한 복지사업이었지만 지금은 전국적으로 많은 지사를 보유한 큰 사업가가 되었다. 사회복지사만 700명을 거느리고 있다고 한다. 노인복지사업체로는 우리나라에서 세 손가락 안에 든다고 했다.

　어깨너머 직원들의 이야기를 들어보니 원장에 대한 신망도 두터웠다. 그 이후에는 영리사업체였던 노인복지사업을 비영리사업으로 전환하며 사회봉사에 역점을 두고 운영하고 있다고 한다.

　어느 날 그에게서 연락이 왔다. 집이 작아서 이사하려 하는데 마침 거주하고 있는 아파트 단지 내에 큰 평형의 아파트가 경매로 나와서 연락을 했다는 것이다. 그러면서 보내온 사건이 바로 이 사건이었다.

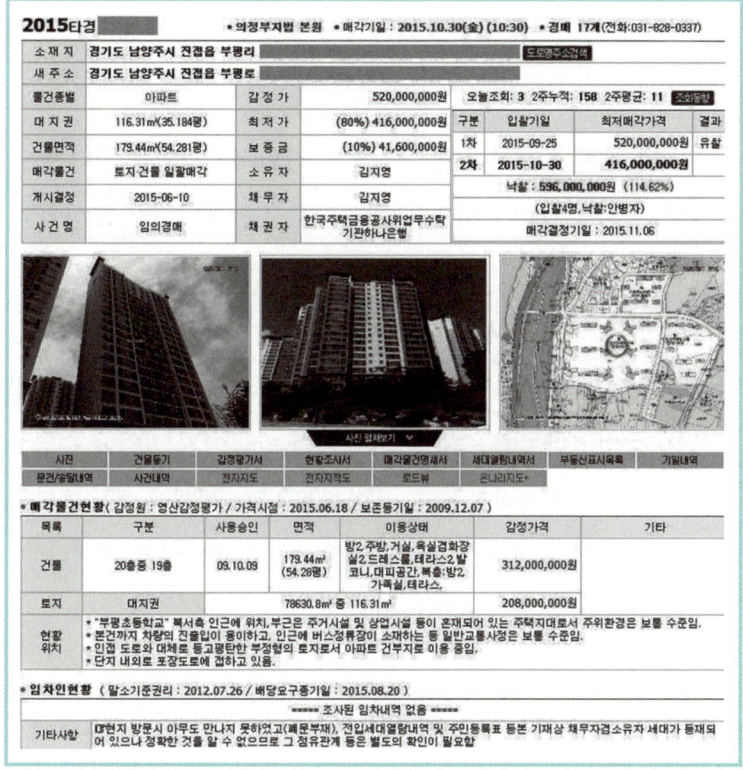

실평수가 54평이고 분양평수가 69평이다. 젊은 친구고 애들도 어린데 이렇게 큰집이 필요할까 싶어서 되물었다.

▸ **나** : 지금은 몇 평에 살아요?

▸ **원장** : 40평대 삽니다.

▸ **나** : 그런데 작아요?

▸ **원장** : 아니요! 부모님은 모시고 사는데 경매 나온 집구조가 복층이라 두 세대로 분리되어 있어서 살기 편할 것 같아서요.

(아~요즘 시대에 부모님을 모시고 사는 사람이 있구나!)

부모에 대한 공경심이 없는데 어찌 사회복지사업을 한다는 말인가! 배우자의 반대도 있었을 텐데 모시고 산다니 그의 효심이 대단해 보였다.

응찰 결정 후 물건분석에 들어갔다. 현장조사를 해보니 단지는 잘 조성되었는데 인적이 드문 황량한 곳이었다. 시세는 분양가 밑으로 빠져 있었다. 지하층은 커뮤니티가 만들어져 있었고 수영장까지 갖춘 초고급 아파트였다. 이 아파트 1,700세대 중에서 펜트하우스는 6가구뿐이었다. 그중에 한 가구가 경매로 나온 것이다. 그 나름 희소가치가 있는 물건이었다.

시세 파악을 위해 인근 부동산중개업소를 돌아보았다. 경매가 진행되는 단지 앞 중개업소들은 몇 달 전부터 소문이 돌기 때문에 진행상황을 누구보다 잘 알고 있다.

소유주는 경매로 넘어가는 것을 막기 위해서 중개업소에 매각해 줄 것을 의뢰하고 그 과정에서 경매까지 나오게 된 사연, 집안구조, 리모델링 상태 등을 중개업소에 알려주기 때문에 많은 정보를 얻을 수 있다. 그런데 중개업소들이 이 아파트의 경매진행상황을 전혀 모르고 있다. 오히려 나에게 사실 여부를 되물어 본다. 더 기가 막히는 건 지금까지 매매사례가 없기 때문에 공인중개사들도 시세를 판단하기 어렵다며 단지 호가만 있다고 한다.

이럴 경우 여러분은 어떻게 하겠는가?

언제 팔릴지도 모르는 물건인데다 정확한 가격판단도 서지 않는 물건이다. 물론 이 물건은 직접 거주할 목적이기 때문에 매도 걱정까지는 생각할 필요가 없지만 투자목적의 입찰이라면 생각이 많아지는 물건이다.

경매고수들은 오히려 이런 물건에 많은 매력을 느낀다. 일단 초보자들은 쉽게 응찰하기 어려운 물건이라서 경쟁력에서 다소 가벼운 발걸음을 가질 수 있고 매매사례가 없기 때문에 매도가를 추정하기 어려워 입찰자가 거의 없다.

다시 말해서 내가 가격을 정하면 그것이 매도가가 되는 것이다. 여기서 관건은 시세를 얼마로 봐야 할 것인지인데 이 점이 제일 어려운 문제가 된다. 저렴하게 매입했는데 아무도 쳐다보지 않는 매력 없는 물건이라면 결코 저렴하게 매입한 물건이 아니다.

물건의 매력을 판단하는 여러 가지 방법이 있지만 그 중에서 가장 보편적이고 쉽게 판단할 수 있는 방법은 낙찰가로 인근에 비슷한 거주여건을 갖춘 아파트를 구할 수 있느냐를 판단해 보면 그리 어렵지 않을 것이다. 만약 낙찰가로 인근에서 거주여건이 비슷한 물건을 구하지 못한다면 성공한 투자라고 봐야 한다.

돌아와 서류를 꼼꼼히 살펴보았다. 가만히 들여다보니 공매도 같이 진행된다는 사실을 알게 되었다. (아하~ 그럼 경매는 치열하니까 바닥으로 깔고 들어가고 공매에서 승부수를 던져보자! 사람들의 관심도를 알아볼 겸!) 낮은 금액으로 경매를 응찰했다. 그런데 어떤 미친 인간이 감정금액보다 7천만 원을 더 쓰고 들어왔다. 깨끗하게 물을 먹었다. 경매에서 미끄러진 원장이 걱정하며 물어보았다.

- **원장** : 공매로 가면 될까요? 경매 낙찰가보다 더 높은 금액으로 낙찰받은 사람에게 소유권을 넘겨주는 건가요?
- **나** : 그렇지 않아요. 먼저 납부하는 사람이 소유권을 가져오는 겁니다.
- **원장** : 그래요?
- **나** : 그럼 한번 해 보죠!

다시 연락이 왔다.

- **원장** : 응찰준비 되었는데 어떻게 하면 됩니까?

회원가입부터 입찰서작성까지 차근차근 알려주었다. 이제 금액만 정하면 되는데 쉽지 않은 결정이었다. 공매는 경매보다는 싼 가격으로 낙찰이 된다.

이런 상황을 염두에 두고 응찰가격을 산정했다. 4억 8천5백만 원으로 응찰했다. 경매낙찰가격보다 1억 이상 낮은 금액이다.

원장의 효심이 하늘을 감동시켰는지 무난히 낙찰을 받을 수 있었다.

물건관리번호	2015-09920-001	조회수	115
물건명	경기 남양주시 진접읍 부평리 764 진접센트레빌시티1단지 제114동 제19층 제1902호			
입찰자수	유효 2명 / 무효 0명 (인터넷)		
입찰금액	485,000,000원, 470,800,000원		
개찰결과	낙찰	낙찰금액	485,000,000원
물건누적상태	유찰 1회 / 취소 0회 [입찰이력보기]		
감정가격 (최초 최저입찰가)	523,000,000원	낙찰가율 (감정가격 대비)	92.7%
최저입찰가	470,700,000원	낙찰가율 (최저입찰가 대비)	103%

이제 소유권 취득 쟁탈전이다.

〈경매 진행〉

경매 매각일 10/30

허가 결정기일 11/6

즉시항고 기일 11/13

그 이후 언제든지 잔금 납부

〈공매 진행〉

공매 매각일 11/6

허가 결정기일 11/7 (pm 2:00)

잔금 납부기일 11/9 쭉~~

우리는 잔금납부를 12일까지 해야 한다. 경매보다 하루라도 빨리 납부를 해야 소유권을 취득할 수 있다.

우리가 경매낙찰가격보다 1억 원 낮은 금액으로 낙찰받았지만 소유권취득에는 대금 납부기일이 이틀 빠르기 때문에 아무 문제가 되지 않았다.

역시 하늘은 선행하는 사람에게 복을 주었다. 부모님을 모시겠다는 효심으로 낙찰받은 물건이라서 마음이 흐뭇했다. 힘들게 공매 낙찰받고 소유권을 가져가지 못하는 사람 심정을 생각해줘야 하는데 미안한 맘은 온데간데없고 그저 흐뭇한 미소만 입가에 흘렀다.

일명 밑장빼기! 경매로 낙찰받은 사람은 자기가 소유권자가 되는 줄 알고 있을 것이다. 밑에 도사리고 있던 공매를 생각지 못했을 것이다. 6일은 매각허가 결정기일이다.

물건번호	감정평가액	기일	기일종류	기일장소	최저매각가격	기일결과
1	520,000,000원	2015.09.25(10:30)	매각기일	6호 입찰법정	520,000,000원	유찰
		2015.10.30(10:30)	매각기일	6호 입찰법정	416,000,000원	매각 (596,000,000원)
		2015.11.06(16:30)	매각결정기일	6호 입찰법정		최고가매각허가결정

매각허가결정이 나왔다.

한 물건으로 경매와 공매가 같이 진행되는 경우가 가끔 있다. 이런 경우 낙찰받고 먼저 대금을 납부하는 사람에게 소유권이 넘어가게 된다. 절차적으로 본다면 경매와 공매가 같은 날 시작했다 할지라도 경매의 진행절차가 공매보다 느리기 때문에 대금납부기일이 경매보다 일찍 지정된다.

onbid(한국자산관리공사) 담당자한테 전화가 왔다.

- **자산공사** : 안녕하셔요? ○ ○ ○ 씨 맞나요?
- **나** : 예. 혹시 대리운전 사무실인가요? 1588로 걸려왔네요?
- **자산공사** : 아니요. 한국자산관리공사입니다. 경매로 먼저 낙찰된 거 알고 계시나요? 경매는 허가결정기간 지나면 납부가능하기 때문에 경매가 먼저 낼 수 있습니다. (겁주는 건가! 아는 척하는 건가! 경매도 참가했던 사람이거든!)

담당자는 매각허가 결정기일 이후 즉시항고기간이 지나야 대금납부기일이 지정된다는 걸 모르고 있었다. 굳이 담당자 자존심에 스크래치 내면서 가르쳐 줄 필요까지는 없을 거 같았다. 배움이라는 게 다 때가 있는 법이다. (푸하하하)

9일 오전부터 공매 대금 납부기일이 시작되었다. 맘이 급해진 의뢰인은 9일 아침 대금납부를 하겠다면서 이리저리 돈을 끌어 모았다. 대단한 자금동원력이었다. 9월 오전 대출없이 4억 8천 5백만원을 납부하고 소유권이전 신청을 했다. 소유권이전등기를 하고 있는 이 순간 경매 낙찰자는 아마도 어딘가에서 멍 때리고 있을 것이다.

대출을 하지 않을 경우라면 굳이 법무사에 맡길 필요가 없다. onbid에서 매각에 필요한 서류와 절차를 상세히 알려주기 때문에 순서대로 진행하면 된다.

11/9일

소유권이전 서류를 onbid에 제출하였다. 월요일쯤 경매낙찰자는 경매 취하 통보를 받을 것이다. 아직 3일천하로 끝났다는 것을 모르고 있을 것이다. 이미 소유권이전 서류 접수를 완료하고 법원에 공매로 낙찰받아 소유권이전 서류를 접수했음을 밝혔다. 경매를 더 이상 진행시키지 말아달라는 요청이었다. 경매계장은 그런 일이 있었냐며 담담하게 받아들였다. 경매계장 입장에서는 일거리 하나 줄었으니 가히 기분 나쁠 일은 아니다.

며칠이 지났다. 남은 일은 전 소유자에게 명도기일에 대한 확약을 받는 것이었다. 우리는 전 소유자를 만나보기로 했다. 아파트 현관부터 보안시스템이 철저히 설치되어 있었다. 여러 보안절차를 거쳐 아파트 호실 앞까지 도착했다. 인터폰을 눌렀으나 인기척이 없다. 명함을 끼워 넣고 연락을 기다린다고 몇 자 적었다.

얼마 후 여자 분으로부터 연락이 왔다. 만날 약속 장소와 시간을 정하면서 "가급적이면 부군과 같이 나오셨으면 합니다."라고 말했다. 미혼인지 기혼이지도 모르면서 소유자의 나이만 보고 이렇게 말해버렸다. 혹시 혼자 살고 있다면 지금이라도 미안하다는 말을 전하고 싶다. 몇몇 여자들은 협의가 이뤄져도 자신한테 불리하다 싶으면 뒤늦게 말 바꾸기 하는 경우가 있어서 가급적이면 여자하고는 명도협의를 하지 않으려 한다.

10분쯤 커피숍에서 기다렸다. 당당한 차림의 여자가 커피숍을 들어섰다. 표정은 어두웠지만 일하는 여자라는 걸 직감적으로 알 수 있었다. 그쪽도 커피숍에서 가장 인상이 더러워 보이는 나를 금방 알아보았다.

경매 당하면서 사정없는 사람 있겠는가! 이 여자도 신랑과 사업을 같이 운영해오다 사정이 어려워졌다고 한다. 사업은 아직도 이어가고 있다고 한다. 궁금한 게 있었다. 소유된 등기부등본을 살펴보면 이 여자가 예전에 바로 아래층에 주소가 전입되어 있었던 적이 있었다. 무슨 연유일까?

- 나 : 아래층에 사셨나 봐요?
- 소유자 : 예. 친정아버지 집이에요. 그 집으로 내려가면 돼요.

명도에 대해서 묻지도 않았는데 거처가 정해졌다는 듯 이야기를 한다. (이게 웬 횡재냐! 다시 말해서 명도계획을 세웠다는 말을 하고 있다)

> **나** : 부군은 왜 같이 안 오셨어요?

명도에 대한 확실한 결정을 받아두고 싶었다.

> **소유자** : 신경이 예민해서 못 나왔어요. 경매 받은 사람을 나쁜 사람으로 인식하고 화풀이하려 해요.

> **나** : 왜 그렇게 생각하시는 거죠? 경매를 진행시킨 건 채권자인데 경매신청권자를 원망하셔야지 낙찰자를 왜 원망하려고 합니까?

> **소유자** : 사실은 저희가 경매로 5억 9천에 낙찰받았어요. 의정부에서 제일 큰 경매 컨설팅 업체를 통해서 응찰했어요. 그런데 공매로 이렇게 될지는 몰랐어요. 컨설팅 의뢰 받았으면 공매까지 알아봐 줘야 하는 거 아닌가요?

그들과 견련성이라도 있을지 빤히 쳐다본다. (상도의상 뭐라고 할 수도 없고!)

> **나** : 몰랐겠죠!

> **소유자** : 신랑은 그런 문제로 더 열 받아서 이 자리에 안 나온 겁니다.

(분노조절장애가 있나!)

> **나** : 사실 우리도 경매 응찰했습니다. 그날은 반응만 보려고 최저가격으로 응찰했죠. 공매로 승부 걸려고 준비하고 있었습니다.

⤷ **소유자** : 그러셨군요. 전략을 잘 세우셨네요! 우리는 보증금도 어렵게 마련해서 경매에 입찰했기 때문에 공매 진행을 알려줬어도 입찰할 여력은 없었을 거예요. 치밀하게 준비하고 들어오셨네요?

⤷ **나** : 우연찮게 운이 좋았던 거죠.

⤷ **소유자** : 유명한 분인가 봐요. kakao story 보니까 연혁이 나오던데요.

(kakao story를 자연스럽게 볼 수 있도록 해놓았다. 거센 저항으로부터 조금은 수월한 협의를 이끌어 낼 수단으로)

⤷ **소유자** : 이사비는 어떻게 되나요?

단호하고 간결하게 좌회전 깜빡이도 켜지 않고 치고 들어왔다. 차라리 이렇게 까놓고 이야기하는 게 내 입장에서는 훨씬 편하다. 보증금 5,000만 원을 준비해서 입찰할 정도라면 아주 여유가 없는 것 같지는 않았다.

⤷ **나** : 관리비 1,200만 원 밀려있더군요. 이사비라 생각해서 저희가 공유부분에 대한 건 대납하죠!

⤷ **소유자** : 알겠습니다.

⤷ **나** : 12월 말까지는 이사해 주셨으면 합니다.

⤷ **소유자** : 설득해 보겠습니다. 신랑은 자기 물건에 대한 애착이 강해서 인테리어를 다 가져간다고 하네요.

(이건 또 뭔 개소리!)

⤷ **나** : 뭘 하셨는데요?

소유자 : 월 풀 3,000만 원 들였고요, 방부목 깔았고... 등등. 꽤 들었어요.

(이거 좀 난처하게 되었는데)

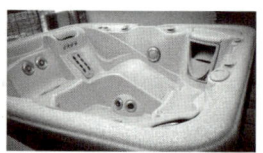

경험상 공매가 명도소송까지 가는 경우는 거의 없었다. 명도소장만 작성해놓고 만지작거리다가 협의로 끝나버리는 경우가 일반적이다. 저쪽과는 협의할 내용이 많았다. 지치면 나가겠지 하며 기다리는데 시간이 꽤 지나갔는데도 연락이 없다.

젊은 아줌마가 명도협상에 나섰기에 심플하게 끝날 것으로 믿었다. 내가 좀 더 세심하게 필터링했어야 했다. 1,000만 원이 넘는 관리비를 연체하면서도 꿋꿋하게 점유할 정도라면 lose time의 달인이라고 짐작했어야 한다.

어떤 때는 이사 시기가 맞지 않아 명도를 미루자고 하고, 어떤 때는 남편이 약물음복으로 병원입원 중이라서 명도가 어렵다고 하고, 어떤 때는 단조의 곡소리로 명도일을 지연시켰다.

시간이 점점 흘러가면서 감정적으로 흐르기 시작했다. 사정을 오래 봐주면 오해하는 경우가 발생한다. 상대를 물렁물렁하게 보는 경향이 있기도 하고 가끔은 자신의 사정을 봐줄 거라는 오해를 하기도 한다.

오해의 소지는 적절하게 잘라줘야 한다. 엄포성 뻐꾸기를 날렸다. 강제집행을 하게 된다면 이런 일들이 벌어질 거라고 알려주었다. 약간의 상상력을 동원해서 세밀하게. 너무 강했는지 최후통첩 기일 전에 짐을 다 빼버렸다. 현관 비밀번호만을 알려주고 백기를 들었다. 물론 엄청난 관리비에 대한 부분은 낙찰자의 몫으로 남긴 채 말이다. 충격이 제법 컸나 보다.

가볍게 문을 열고 들어갔다.

11/6에 공매로 낙찰받아 3/6에 명도가 끝났으니 4개월이 걸린 셈이다.

이사 간 지도 벌써 한 달이 지났다. 진행이 매끄럽지 못하고 시간이 오래 걸리긴 했지만 원만하게 매듭지어졌다고 생각했다. 한 달이 지날 무렵 도시가스 회사에서 연락이 왔다. 도시가스 미납요금 200만 원을 납부하라는 통지였다. 이미 모든 게 다 해결되었고 전 소유자는 이사 간 지 한 달이 지났다. 공과금을 모두 납부하고 이사했다는 말을 믿고 확인하지 않은 내 실수였다. 전 소유자에게 전화를 했다. 전화가 되질 않는다. 스팸 처리해 놓았나 보다!

도시가스 회사에 전화를 해 경매세대임을 통지하고 명도가 길어졌음을 설명했다.

↳ **나** : 경매로 소유권을 취득했고 소유권이전일은 3개월 전입니다. 인도받는 데 시간이 걸려 지난달에야 겨우 부동산을 인도받았습니다.

담당자도 사정이야기를 들어보더니 전 소유자의 미납요금 독촉은 무리가 있다는 말에 동의를 했다. 하지만 소유권이전 이후부터는 도시가스를 소유자에게 부과시키는 것이 원칙이라며 일정부분 미납부분의 납부를 독촉했다. 장사하는 입장에서 발생한 미수금을 받아내려는 노력을 하는 것은 당연하다. 소유권이 넘어온 이후부터는 부동산에서 발생하는 모든 공과금과 관리에 대한 책임은 소유자에게 있는 것이다.

담당자는 관리사무실에서 전출되었다는 확인서를 발급받아 제출하면 전소유자의 미납요금을 공제해 줄 수 있다고 했다. 다행히 "전출확인서"를 도시가스회사에 제출함으로써 일은 마무리 되었다.

집합건물이 아닐 경우에는 전출에 대한 확인을 초본으로 확인하는 수밖에는 없을 것 같다.

> **집합건물과 관리에 의한 관리비 청산 관련 판례**
>
> 1. 전 소유자의 미납 관리비의 청구를 특별승계인(낙찰자)에게 청구할 수 있다는 조항이 제18조에 명시되어 있다. 따라서 전 소유자가 미납관리비를 전액 납부하고 퇴거하면 좋겠지만 그렇지 않은 경우 전체 관리비 중에 공용부분에 대한 관리비는 승계처리 해야 한다.
> 2. 전 소유자의 미납관리비를 승계처리하는 경우 미납관리비에 대한 연체이자까지도 특별승계인에게 포함시켜서 납부해줄 것을 요구하는 경우가 있으나 판례는 전 소유자의 미납 관리비 연체료는 부담의무가 없다는 판결이 있다.
> 3. 판례는 민법 제163조 단기채권 소멸시효 3년을 원용하여 전 소유자의 미납관리비를 3년까지만 인정한다고 명시하고 있다. 가끔은 경매가 진행되는 부동산의 미납관리비를 수십 년 전까지 낙찰자에게 청구하는 경우가 있는데 이는 판례상 오해가 있는 것이며 정확히 3년 전까지의 미납 관리비에 대해서만 납부의무가 있는 것이다.

어차피 한양만 가면 되는 거잖아!

요즘 여기저기서 좋은 물건 추천해 달라는 전화연락을 받는다. 여러분들도 경매실력을 인정받게 되면 곧 지인으로부터 경매물건을 추천해 달라는 연락을 받게 될 것이다.

경매는 큰돈을 투자하는 일이다. 그러다 보니 신중하게 생각하고 투자처를 추천해 줘야 한다. 오히려 자신의 투자보다 더 신경이 많이 쓰이는 법이다. 본인 투자가 손실이 나면 기다렸다가 회복기에 만회하면 되지만 타인의 투자는 눈앞의 이익만을 논하기 때문에 짧은 시간 내에 가시적인 실적을 보여줘야 하는 부담감이 있다.

아무 물건이나 추천하더라도 큰 이익이 남는다면 별 문제가 없겠지만 현장은 그렇지 않다. 물건별 수익의 편차가 클 뿐더러 경우에 따라서는 당장 매도한다 해도 수익을 보장할 수 없는 경우도 있다.

이런 당혹스러운 결과를 맞지 않으려면 몇 가지 사항을 유의해야 한다.

첫 번째 : 신뢰를 구축하라

결과에 대한 밑그림을 그려주고 득과 실 그리고 예상 수익률에 대해서 거짓 없이 이야기해 줘야 한다.

투자자 입장에서는 수익이 크게 나는 물건이 좋은 물건이겠지만 늘 큰 수익이 발생하는 물건만 추천해 줄 수는 없다. 경매시장에 물건이 현저히 적게 나온다든가 아니면 정부규제책 때문에 수익의 상당부분을 징벌적 과세로 납세해야 한다든가 거래가 끊겨 버렸다든가 각종 현안 문제가 발목을 잡을 수 있다.

그런 문제를 조목조목 이야기해 주고 그에 따른 대안까지도 준비되어 있음을 알려준다면 신뢰가 생기게 되고 작은 난관에 부딪치더라도 합심해서 헤쳐 나갈 수 있게 된다.

두 번째 : 투자자의 투자 관점이 어디에 있는지 정확히 파악하라

아마도 대부분의 전업경매인은 믿어준 지인에게 자신의 실력을 인정받기 위해서 고수익 나는 물건을 추천해 주려고 노력한다. 큰 수익을 내는 것은 투자자 모두의 공통된 목표지만 안정성이 먼저라고 생각하는 투자자도 적잖게 있다.

많은 난관들을 헤치고 깔끔하게 일을 마무리해서 투자자에게 키를 넘겨주고 인정받는 것은 참 기분 좋은 일이다.

고위험이 고소득으로 직결된다는 착각 속에 감당하지 못할 물건을 낙찰받고, 보는 사람마저도 아슬아슬한 느낌으로 일을 처리한다면 투자자는 발을 빼고 싶은 생각이 굴뚝 같을 것이고 신뢰에는 금이 간다.

실력을 인정해 주는 일은 고마운 일이지만 투자자의 성향도 파악하지 않고 자신을 너무 과시해서 일방적으로 밀어 붙이는 것은 바람직하지 않은 것이다.

우량 경매 물건을 주머니에 넣고 다니다가 필요하다는 분을 만나면 입맛대로 하나씩 입에 넣어 주면 좋겠지만 그게 말처럼 쉬운 일이 아니다. 부동산에 투자하는 목적이 무엇인지 잘 모르기 때문에 물건을 골라줄 수 없는 것이다.

노후를 준비하기 위해서 수익부동산을 추천을 해달라고 하는 건지? 단기간에 수익을 내기 위해서 부동산투자를 생각하는 건지? 긴 세월 묻어두고 수익을 크게 볼 수 있는 잠재적 개발 호재 부동산을 원하는지? 의뢰자의 투자의중을 알아야 한다.

의중을 알았다면 의뢰자의 실투자금을 알아보고 거기에 맞는 물건을 선정해 줘야 한다. 작은 비용으로 소박한 내 집 마련의 꿈을 가진 사람에게 수익률 좋다고 빌딩을 추천해 줄 수는 없는 것이다.

이번에는 불안한 노후를 준비하기 위해서 연금식으로 월세를 받을 수 있는 수익형 부동산을 찾는 분이 연락해왔다. 본인의 아들이 우연히 내 강의를 듣고 모친의 부동산을 열심히 알아보았으나 신통치 않아 나를 찾아왔다고 했다.

자초지종을 들어보니 어떤 물건을 찾고 있는지 알 수 있었다. 자금은 실투자금 1억 원 내외였고 월 100만 원 정도 수익이 생겼으면 좋겠다고 했다. 물론 부동산의 가치는 지속적으로 상승할 수 있으면 좋겠다는 말도 빼먹지 않았다. 많이 까다로울 것 같지만 꼭 그렇지만은 않은 요구였다. 임대료 상승만 정상적으로 이뤄진다면 부동산 가격은 자연스럽게 동반 상승하기 때문에 배후세대의 유동인구가 받쳐주는 상가라면 충분히 조건을 맞출 수 있다.

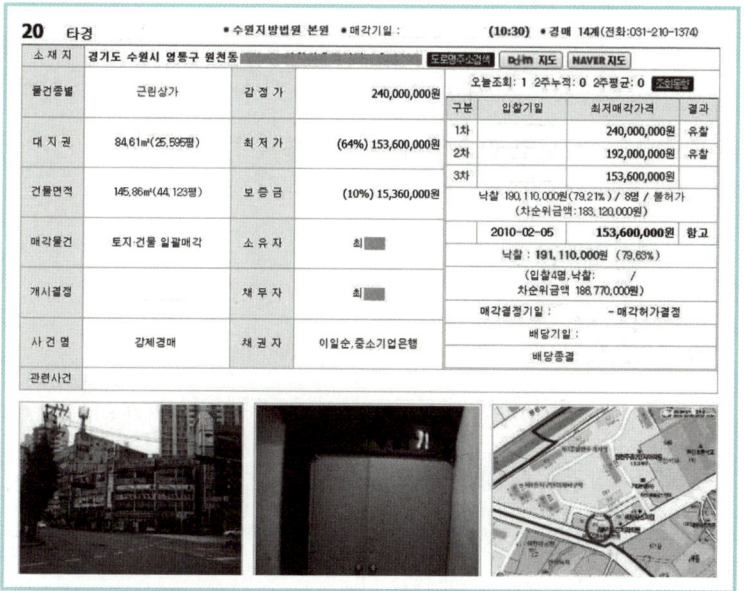

위 상가는 배후에 아파트가 받쳐주고 있고 앞은 삼성전기의 직원들이 진출입하는 출입구로서 영업권보장이 확실한 곳이다.

이 당시에도 주택은 전세금의 월세환산금리가 은행 금리정도였다. 100만 원이라는 수익을 맞추기 쉽지 않았다. 현재는 전세자금 대출 제도가 더 좋아져서 각종 혜택과 금리가 대폭 낮아진 걸로 알고 있다. 이때 상가에 투자하지 않고 주택을 구입해서 수익을 보존하고 있었다면 지금은 상당히 저감된 수익률 보이고 있을 거라는 생각을 한다.

투자자는 지금의 자산이 어디에 투자되었느냐에 따라 1년 후, 5년 후, 10년 후 엄청난 변화가 생긴다는 것을 염두에 두고 신중한 선택을 해야 한다.

수익형 부동산은 주거형 부동산보다 조사해야 할 일이 많았다. 두 달 정도 조사하고 검토해서 위 물건을 추천했다.

간단히 정리하자면 다음과 같다.

1) 상권 분석

① 삼성전기와 아파트 단지의 배후세대 수요가 기대된다.

② 코너 상가라서 양면 홍보 효과가 탁월하다.

③ 상권의 확장이 불가능하다. 추가 상가공급이 안 되기 때문에 안정적 수익이 보장된다.

④ 2층 음식점이라 이용이 불편하지만 엘리베이터를 가동하고 있어서 큰 문제가 되지 않는다.

⑤ 건물의 나머지 상가들이 연속적으로 경매가 진행되고 있기 때문에 건물 상권 안정은 시간이 소요될 우려가 있다.

2) 권리 분석

① 유치권 신고가 접수되어 있다.

② 미납 관리비가 많다.

③ 강제집행을 할 경우 집행비용이 많이 소요된다.

④ 탐문조사 결과 월세 120만 원(인근부동산중개업소)정도 받을 거라고 추정했다. 상권을 면밀히 조사한 결과 150만 원 이상 받을 수 있다는 판단이 섰으나 명도 후 상승임료부과 했을 때 건물의 월세를 주도해야 하는 부담감이 있다.

조사 내용을 알려주고 문제가 발생했을 때 우선책, 차선책을 준비해서 응찰을 권유했다.

매각 기일

현장에 도착했다. 응찰가격은 185,110,000원이 좋겠다고 했다. 의뢰자가 고개를 갸우뚱하며 석연치 않은 표정을 지었다. 이 정도는 써야 하는데, 응찰가를 너무 높게 쓰라고 제안하는 것이 아닌지 걱정되었다.

↳ **의뢰자** : "말씀대로 150만 원 정도 월세를 받을 수 있는 물건이라면 응찰가격을 더 높여서라도 꼭 받아야 하지 않을까요?"

의뢰자가 응찰가를 높이자고 제안하는 경우는 처음이었다. 내가 저렴한 금액으로 낙찰받게 해줄 수 있는 것도 아닌데 대부분의 의뢰자들은 낮춰서 응찰해 보자고 조른다.

경매는 응찰자들 중에서 가장 높은 응찰가격을 써 넣은 사람이 1등이 된다. 당연히 2등과는 갭이 발생하게 되고 그 차이가 많이 벌어지면 의뢰인으로부터 원망의 눈초리를 피할 수 없다.

이런 일이 발생할 수도 있기 때문에 마지못해 그 뜻을 따라주다가 낙찰받지 못하는 경우가 허다하다. 과학적이고 통계적으로 추론해서 응찰가격을 정하지만 낙찰가는 뚜껑을 열어보기 전에는 아무도 모르는 법이다.

거꾸로 응찰가격을 높여보자고 하니 낙찰받을 확률은 더 높아지게 된다. 의뢰자의 요청에 따라 낙찰가격을 190,110,000원으로 적어 넣었다. 낙찰이 되었다. 차순위 응찰가격이 183,120,000원이었기 때문에 추천 응찰가격으로도 낙찰을 받을 수 있었지만 좀 더 안정적으로 낙찰받을 수 있었다.

매각허가 결정기간

매각 기일 최고가로 매수신청한 사람을 "최고가 매수인"이라고 지칭하며 이후 일주일간 매각에 대해서 문제점이 있었는지 법원이 검토하고 그 기간이 지나면 매각에 대해서 법원이 허가를 해준다. 허가결정이 나면 "최고가 매수인"은 "낙찰자"의 신분으로 바뀌게 된다.

최고가 매수인이 농지를 취득한 경우 매각허가 결정기간 전에 면사무소 "산업계"에서 "농지취득자격증명원"을 발급받아 법원에 제출해야 하며 미제출 시에는 매각기일에 납부했던 보증금을 몰수당할 수도 있다.

농지의 보전과 훼손을 막기 위해서 국가는 개인 간 농지매매시 "농지취득자격증명원" 제출을 의무화하고 관할관청은 농지로 이용하고 있는지 확인해서 발급해줘야 한다. 농지가 아닌 상태로 이용 중일 경우에는 관할 관청에 따라 원상복구에 대한 서약서를 제출하고 "농지취득자격증명원"을 발급해주는 곳도 있다. 또한 농지가 이미 오래전부터 대지 또는 타 용도로 이용 중이고 그에 따른 관련 세금을 납부한 입증자료가 있는 경우, 법원에 이런 사유를 입증자료와 함께 제출하게 되면 허가가 나오기도 한다.
법원이 농지취득자격증명원을 요청하는 농지라고 함은 전과 답을 이야기 한다. 임야(산)는 농지취득 자격증명원이 필요 없다.

허가결정기간이 지나면 허가와 불허가로 판결이 나게 된다.

매각 불허가 사유
① 채무자가 최고가 매수인임이 밝혀졌을 경우
   - 강제 경매 (소유자 매수 불가)
   - 임의 경매 (소유자 매수 인정)
② 재경매에서 전 낙찰자가 최고가 매수인이 되는 경우
③ 농지인 경우 "농지취득자격증명원" 미제출
④ 경매기일 공고사항의 기재누락, 신문공고 시 기재된 사실과 다르거나 누락
⑤ 매각물건 명세서의 작성에 중대한 흠이 있는 경우
⑥ 선순위 임차인 누락
⑦ 감정평가 금액이 부동산 시세와 현저히 차이가 나는 경우
⑧ 경매신청권자의 무 잉여
⑨ 경매개시결정 송달 여부 및 입찰기일 통지 적법성
⑩ 입찰표의 기재 관련 하자

⑪ 특별 매각 조건 이행 여부
⑫ 학교 법인, 문화재, 의료법인의 경우 주무관청의 인허가 취득 여부
⑬ 매수 능력이 없는 미성년자, 한정치산자, 금치산자의 매수일 경우

"허가"는 계속 경매를 하지만 불허가는 낙찰되었던 시점으로 되돌려 입찰을 실시한다. 이때 낙찰자가 대금을 납부하지 않아서 진행되는 재경매(보증금 20%)와 달리 보증금은 최저 입찰가격에 10%만 제시하게 된다. 매각허가결정에 불복하는 이해관계인은 "즉시항고"를 할 수 있다. 신 민사집행법에서는 무고한 항고를 줄이기 위해서 즉시항고를 신청한 이해관계인에게 매각 대금의 1/10을 법원에 공탁하도록 하고 있다.

> **기각 여부에 따른 보증금 수령 여부**
>
> [채무자 또는 소유자]
> 불허가 ⇨ 허가 = 기각(공탁금 수령 불가)
> 허가 ⇨ 불허가 = 기각(공탁금 수령 불가)
>
> 채무자와 소유자가 제기한 항고가 기각된다면 보증금으로 제공한 금전은 배당금에 편입된다.
>
> [채무자와 소유자 외 이해관계인]
> 불허가 ⇨ 허가 = 기각(공탁금 수령)
> 허가 ⇨ 불허가 = 기각(공탁금 수령)
>
> 채무자와 소유자 이외의 이해관계인의 즉시항고는 기각된다 해도 보증금으로 제공한 금전은 수령 받을 수 있으나 지연손해금은 지불해야 한다.

일주일이 지나갔다. 당연히 허가결정이 나올 줄 알고 있었으나 "불허가"가 나와 버렸다. 열나게 새벽밥 먹고 법원으로 달려가 간발의 차로 낙찰받았는데 법원에서 삽질을 해놓았다. (아~ 열 받는다)

허가를 불허가해 달라는 항고장은 많이 써봤지만 불허가를 허가로 내달라고 쓰기는 처음이다. 공부 삼아 해봐야겠다.

매각 불허가에 대한 이의신청서(항고장)

사　건　번　호 : 20×× 타경
최고가 매수인(이의 신청인) :
채　　　무　　　자 :
채　　　권　　　자 :
제　　　출　　　처 :

이 사건에 대하여 다음과 같이 이의 신청을 합니다.

신 청 이 유

별지 목록 부동산에 대하여 매각을 허가한다.
라는 판결을 구합니다.

신 청 취 지

○ 이의 신청인은 2010년 1월 12일 귀원(수원 지방법원)에서 담보권 실행되었던 20×× 타경 사건의 최고가 매수인으로 매수 신고한 ○○○입니다.

○ 최고가 매수인으로써 매각대금기일을 기다리던 중 귀원 담당재판부 (경매 14계)로부터 유치권에 대해 신문게재를 이행치 못하였다는 사유로 불허가 통지를 결정한다는 통보를 받았습니다.

그러나 이 결정에 이의가 있어 매각허가결정을 신청합니다.

첫째 : 위 사건은 20××년 8월 5일 이미 처분 금지효가 있는 경매 개시 등기가 등기부등본 상에 등재되어 있었으며 첫 매각 기일 (20××년 11월 2일) 이후 20××년 11월 3일 명성개발(주)이라는 회사에 의해 33,540,000원이 신고되었습니다.

그러나 이 유치권 신고는 이미 처분금지효가 발효된 시점 이후에 채무자가 담보권 실행을 저지 내지는 지연하고자 행한 허위 유치권입니다.

이는 법질서를 교란하고자 하는 행위가 분명하기에 귀 재판부에서 불허가 결정을 허가해야 한다고 주장합니다.

둘째 : 귀 재판부의 불허가사유가 신문게재 미비에 있다고 하나 현실적으로 이미 신문공고가 나간 이후에 신고된 유치권에 대해서 이 사건만을 국한해서 신문에 게재한다는 것은 집행비용적인 측면이나 현실적인 측면에서 불가능하며 비효율적이라고 생각합니다.

이 사건에 입찰할 의사가 있는 사람이라면 신문에 게재된 사항 말고도 대법원 홈페이지에 게재된 "법원경매정보"란에서 충분히 입찰에 필요한 정보를 득할 수 있었고 공시를 확인할 수 있는 방법 중에는 매각기일 매각물건 명세서 및 감정평가서를 열람할 수 있는 제도적 보안장치가 충분히 존재하기 때문에 사건 내역 공시가 충분치 못했다는 판단은 바르지 못합니다. 그러므로 불허가에 대한 이의신청을 받아 주기 바랍니다.

셋째 : 불허가에 대한 부분이 입찰자에게 불리하게 작용함을 막겠다는 취지에서 내려진 결정이라면 허가로 바로 잡아주시기 바랍니다.

이의 신청인이 위 사건을 입찰하기 위해서 물건을 조사해본 결과 채무자 최ㅇㅇ와 유치권자 명성개발은 허위통정사실에 의한 유치권 신고였음을 확인하였습니다.

이것은 준엄한 재판부의 경매개시결정에 도전하는 행위입니다.

이러한 유치권 남발은 법질서 확립을 위해서도 엄히 다스려 억울한 피해자가 생기지 않도록 막아야 한다고 주장합니다.

상기 위와 같은 이유로 귀원에서 담보권 실행된 20××타경 ***** 사건에 대하여 불허가되었던 결정을 허가해 주시기 바랍니다.

이의 신청자 ㅇㅇㅇ

이렇게 끄적여서 법원에 제출하였다. 좋은 소식이 있을까 싶어 며칠을 법원 방향만 바라보고 있었다. 그때 마침 전화가 울렸다. (참 구슬프게도 울어 댄다. 비보인 갑다)

↳ **경매계** : 여기 경매계입니다.

법원인지 대략 통밥으로 짐작했다. 머릿속의 경매세포들이 발랄하게 날뛰기 시작했다.

↳ **나** : (시치미 딱 떼고 태연한 척) 무슨 일이죠?

↳ **경매계** : 뭐하시는 분이십니까? 당사자가 이의신청 낸 것 같지 않던데요?

↳ **나** : 예, 대리인인데요?

경매계장은 불쾌하다는 말투로 한 수 가르쳐줄테니 잘 들어보라고 했다. (그래, 어디 한번 배워보자)

↳ **경매계** : 낙찰금액을 경매계장끼리 이야기했습니다. 우리는 낮게 낙찰될 거라고 추측했는데 2등하고 별 차이 없이 잘 쓰셨네요. 하지만 불허가입니다. 1차 경매 유찰 이후에 들어온 유치권 신고를 신문에 게재해야 되는데 그 수순이 빠져서 불허가입니다.

(살다 살다 별꼴 다보네. 아니 유치권을 인지하고 낙찰받겠다는데 불허가결정을 하는 건 무슨 경우야! 손해를 봐도 낙찰자가 책임진다고 하는데 말이다)

↳ **경매계** : 그리고 이렇게 법조문 들춰가며 조목조목 따지듯 쓰시면 판사님이 기각시킵니다.

(그럼 립스틱 짙게 바르고 연분홍빛 연애 편지에 쓰랴?! 법조계가 경직된 조직이라서 대들고 따지듯 항고하면 싫어한다는 걸 잘 알지만 불이익 당하게 된 마당에 이성적으로 호소할 수 있겠냐고!)

↳ **나** : 그럼 어떻게 써야 합니까?

↳ **경매계** : 탄원서처럼 쓰셔야죠. 사정이야기 쓰시고 꼭 받고 싶다고 쓰셔요.

(경매가 앵벌이냐는 이야기가 턱끝까지 차올랐지만 목마른 사람이 우물을 판다는데 별 수 없었다. 쓰는 수밖에)

예전에도 이런 비슷한 방법으로 불허가를 낸 적이 있어서 그다지 낯설지 않다. 가장 어눌한 말투와 신파조로 쓰기 시작했다. (내가 봐도 가관이다. 이거 매각허가 나면 소설가로 데뷔한다. 너무 비굴해서 올리지 못하는 점은 이해해 주기 바란다)

며칠 후.

↳ **경매계** : 경매계입니다. 기각되었습니다.

(참 친절도 하시네. 이른 아침부터 신속 정확하게 염장질을 해대고)

↳ **나** : 법도 인정이라는 게 있는 거 아닙니까? (또 따졌다)

↳ **경매계** : 항고해서 대법원까지 가시는 데 1년은 걸릴 겁니다. 어떻게 하시겠습니까?

보증금을 **빼**달라고 했다. (더러워서 안한다! 안 해!)

어쩔 수 없이 다시 입찰하게 되었다. 이미 내 패는 한 번 까 보여 줬기 때문에 응찰가격은 정해진 상태라고 봐야 한다. 이 상가의 임차료를 정확하게 꿰뚫어 보고 입찰가격을 적어낼 사람이 얼마나 될까?

현장 중개업소에서 월세 120만 원이라고 떠들고 있다. 유동인구 조사와 인근 월세임차료 조사를 해보면 임료 150만 원 정도는 충분히 받을 수 있다는 게 나의 판단이다.

입찰기일 날이다. 우리는 기존 금액에서 100만 원 정도 올려 쓰는 걸로 응찰가격을 정했다. 차점자는 186,000,000원으로 지난번

보다 300만 원이나 더 쓰고 들어왔다. 하마터면 잡힐 뻔했다. 더 이상의 불허가 소동은 일어나지 않았다. 순조롭게 매각대금까지 납부하고 명도를 위해 상가를 방문했다.

초면인지라 점잖게 인사드리고 올 계획으로 찾았다.

▸ **나** : 안녕하셔요?

무지하게 안녕 못한 얼굴이다. 내 얼굴을 보더니 손님이 아니라는 걸 금방 알아차리고 갑자기 오만상을 찌푸린다.

▸ **나** : 명도계획을 어떻게 잡고 계신지 알고 싶어 왔습니다!

▸ **상가** : 누구슈?

(나? 의뢰인으로부터 아그레망을 받고 출동한 "식"이라고 합니다)

명도를 위해 점유자를 만나면 그들은 인정에 호소하고 낙찰자는 법률에 호소한다. 경매에서 낙찰자와 점유자는 다른 언어를 사용하기 마련이다. 한 서버(server)를 가지고 다른 운영체계로 접근하니 말이 통할 리 만무하다.

몇 마디 오고 갔다. 전 소유자가 화끈하게 한 마디 던진다.

▸ **상가** : 이사비나 두둑하게 주십쇼.

나도 한마디 했다.

> **나** : 저는 심부름하는 처지라 잘 모릅니다! 규정에 있는지 찾아보겠습니다.

(무슨 얼어 죽을 규정) 이사비를 주라는 규정이 있을 리 없다. 그렇게 안면만 트고 나왔다.

며칠 후 다시 방문을 했다.

> **나** : 이사 계획은 잡혔는지요?
> **상가** : 아니 유치권이 해결되어야 나가는 거죠.
> **나** : 나 참. 사장님 허위유치권 가지고 이러시면 안 되죠! 무슨 공사를 하셨다고 유치권을 주장합니까?

유치권
타인의 건물에 용역과 재화를 들여 건축물의 가치가 상승하는 행위를 했고 이로 인해 채권이 발생하였으나 변제 받지 못하여 부동산을 점유하고 내어주지 않을 권리

> **상가** : 유치권자가 돈 달라고 하니까 유치권이죠!

상식적으로 유치권자가 채무를 변제받고자 한다면 현 소유자인 점유자에게 유치권에 관한 채무를 변제해 달라고 독촉을 할 텐데 이상하게도 유치권자의 채권을 채무자 겸 소유자가 낙찰자에게 요구하고 있다. 말이 되지 않는 상황이 벌어지고 있는 것이다.

진정한 유치권이라면 소유자는 채무변제를 해주지 못한 공사업자를 피해 다니거나 일말의 양심이 있다면 공사대금을 일부라도 변제해달라고 낙찰자에게 부탁을 해야 하는데 오히려 낙찰자에게 변제받을 채권이 있는 것처럼 난동을 피우고 있다.

유치권이 성립하지 않는다고 봐야 할 결정적인 사안은 유치권자의 점유 여부였다. 처음부터 이 상가는 유치권자가 점유를 하지 않았다. 어떤 상가주인이 영업장에서 유치권자가 채무를 변제받겠다고 점유하고 있는 걸 보고만 있었겠는가? 전혀 가능하지 않은 일이었다.

집행까지는 가지 않고 처리하려고 노력했으나 이렇게 진행된다면 심각하게 집행을 고려해 봐야 한다. 나이를 먹으나 안 먹으나 처세 못해서 떡 얻어먹을 일을 싸대기 맞고 마무리하는 사람이 있다. (돌아이도 이런 돌아이가 없다)

제시한 이사비용 1,000만 원에 유치권 4,000만 원 주면 비워주겠다고 한다(2억 원에 낙찰받은 상가를 명도비로 5,000만 원을 요구한다). 이게 말인지 막걸린지. 슬슬 부아가 치민다. 이사비 300만 원으로 해결을 보자는 내 말에 나가라고 등을 떠민다. 뭐 이런 사람이 다 있나 싶었다. (나! 은혜는 못 갚아도 원수는 갚는 사람이다)

경매 당했을 때 한 몫 챙겨볼 요량인 거 같았다. 눈물이라도 보이며 자비를 구했으면 인간적으로 진행할 텐데 이 인간은 영업 중이라며 매몰차게 나가라고 내쫓는다. (앙탈이 심하시네) 이젠 명도뿐이 길이 없다.

한참 지나 전 소유자로부터 오랜만이라며 전화가 왔다. (난 하나도 안 반갑다) 임차인을 맞춰 놓았으니 인수인계하라며 지난번에 말한 이사비를 달라고 했다. 이 개나리가 권리금 형태로 임차인한테 뜯고 낙찰자한테 뜯을 계획을 세워놓고 있었다. 단호하게 거절했다. 갑자기 맘대로 하라며 전화기를 끊어 버린다. 집행비용을 알아보니 150만 원 든다고 한다.

다시 찾았다.

전 소유자는 유치권 때문에 못 나간다고 한다. 공사대금을 못 준 것에 대해서 미안해야 할 상황인데 유치권에 대한 권원을 운운하고 있었다. 다시 말해 거짓 유치권을 신고해 놓고 본인이 돈을 받겠다는 이야기였다.

어떤 사람은 내게 강제집행 때문에 경매를 못할 것 같다고 말을 한다. 맞다. 강제집행을 기분 좋아서 하는 사람은 없다. 해야 하는 상황이니까 하는 것이다. 집행하려는 사람도 무리한 명도저항을 하는 쪽도 사람이 악하거나 집행을 좋아해서 그러는 경우는 없다. 두 진영이 별다른 대안을 찾지 못해서 법원에 최종적으로 집행을 요청하게 되는 것이다. 서로가 어느 정도 상식이 통하는 선에서 이사비 협의가 이뤄진다면 얼마라도 점유자는 받아 나갈 수 있다. 하지만 엄청난 이사비를 뜯기 위해서 갈 데까지 가보자는 마음으로 명도저항을 하면 해결책이 없다.

처음에는 연민의 마음으로 관례적인 이사비를 줄 생각을 하고 응찰을 한다. 명도저항이 길어지고 해결의 실마리는 보이지 않는데 무리한 이사비를 요구하면 연민은 호전적으로 바뀌게 된다.

돈 좀 벌어보자고 경매투자를 했는데 다달이 금융비용만 지출되는 상황이라면 이사비라도 줄여야겠다는 마음이 생긴다. 당연히 비워 줘야 할 부동산을 점유하며 힘들게 하는 점유자에 대한 격한 감정이 시간이 길어지면 길어질수록 모질게 바뀌어 강제집행으로 가닥을 잡는다.

강제집행을 하게 되면 점유자는 명도를 거절하고 집을 점유하고 있어도 오늘 집행될지 내일 집행될지 모르는 불안 초조한 마음으로 쫓기듯 범죄자 심정으로 거주하게 된다. 살림살이 처분하고 단출하게 정리해서 고시원으로 들어가는 점유자가 "이젠 살 것 같다"라고 하며 집을 비워준 일도 있다. 불법 점유는 심리적으로 무척 고단한 일이다.

경매는 통상적으로 기입등기 이후 집을 비워줄 때까지 1년 가까운 시간이 걸린다. 점유자는 하루하루가 지옥 같이 힘들지만 1년간 대책을 마련할 시간적인 여유가 있다. 대부분의 점유자들은 미리 이사를 해버리거나 나갈 준비를 해놓고 낙찰자를 기다리는 경우도 허다하다. 그러나 이 점유자는 지금 생각해봐도 너무한다는 생각을 지울 수가 없다.

다시 상가를 찾았다.

> **상가** : 이사비 얼마 주실 겁니까?

언제부터 낙찰자와 전 소유자 관계가 유치권의 채권채무관계로 정립되었는지 모르겠으나 입만 벌렸다 하면 유치권을 해결해 달라고 난리다. 내가 최근 경매 트렌드를 잘 모르고 있는 건가 하는 착각까지 들었다. 이번 건은 "정의사회구현" 차원에서 집행까지 가야 할 일이다.

> **상가** : 이사비 줘야지 나가죠?

> **나** : 법적으로 이사비 주라고 나와 있습니까?

> **상가** : 그럼 못 나가죠. 그리고 법원에 유치권 신고했고 현관에 점유하고 있다고 붙여놓았습니다.
> (내가 보기엔 "나 사기꾼이요" 하고 써 놓은 거 같았다)

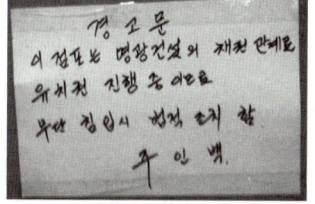

지난번 방문 때 유치권이 인정되려면 점유를 해야 한다고 그랬더니 정문에 이렇게 붙여놓았다. (참 애쓴다, 애써) 인도명령을 받기 위해서 서류를 꼼꼼하게 꾸며 법원에 제출했다.

저쪽의 유치권 신고 내역을 보니 유치권을 만들어 보겠다고 꽤 철저히 준비한 것 같았다. 그러나 거짓이 진실을 가릴 수 없는 법. 점유자는 조커(joker)라도 들고 있는 줄 알고 배 탕탕 튕겨가며 고생 좀 할 거라는 투로 과다한 이사비를 계속 요구하고 있다.

(내가 너 같은 인간들 잡으러 온 저승사자라는 걸 알게 해주마. 이번에 염통에 난 털을 뽑아 주리라)

↳ **나** : 사장님, 강제집행비 정도라면 생각해 보려고 합니다.

이미 협상이 불가능하다는 걸 알면서 마지막으로 선의를 보인다는 차원에서 통보하듯 제의해 보았다.

↳ **상가** : 얼마요?

↳ **나** : 200만 원 정도면 어떨까요?

집행비 150만 원이 책정된 상태에서 300만 원을 줄 이유가 없었다. 나를 위아래로 내려다보더니 어이없다는 듯이 나가라고 손사래를 친다. 졸지에 거지새끼 동냥하러 들어왔다가 밥그릇 깨버린 꼴이 되었다.

↳ **상가** : 그 돈에다 유치권 3,300만 원을 더 주면 언제라도 명도해 주겠습니다.

더 이상 대화가 필요 없다. (껍데기 다 벗겨서 내보내지 못하면 내가 경매계를 떠난다)

기본내용	» 청사배치			
사건번호	2010타기		사건명	부동산인도명령
재판부	경매 14계 (전화:(031)210-1374)			
접수일			종국결과	인용
항고접수일			항고인	
항고종국일			항고결과	
송달료,보관금 종결에 따른 잔액조회		» 잔액조회		

■ 최근기일내용				
일 자	시 각	기일구분	기일장소	결 과
지정된 기일내용이 없습니다.				

• 최근 기일 순으로 일부만 보입니다. 반드시 상세보기로 확인하시기 바랍니다.

■ 최근 제출서류 접수내용	» 상세보기
일 자	내용
신청인	집행문및송달증명

• 최근 제출서류 순으로 일부만 보입니다. 반드시 상세보기로 확인하시기 바랍니다.

■ 관련사건내용		
법 원	사건번호	구 분
수원지방법원		기타

■ 당사자내용		
구 분	이 름	결정문송달일
신청인	1.	
피신청인	2.	

　인도명령이 떨어지고 송달까지 완료되었다. 그 즉시 강제집행 신청서를 집행관실에 접수했다. 일주일이 지난 시점에 계고일이 지정되었고 집행관과 함께 현장으로 나갔다.

　남의 상가에서 뻔뻔하게 장사하면서 법원에서 나온 집행관을 혼내서 내보려고 한다. (이 인간 재미난 인간이네. 무데뽀 정신이 참 훌륭하다)

▸ **집행관** : 23일까지 비워주지 않으면 속행신청에 의해 강제집행 할 수밖에 없습니다. 두 분이 잘 합의하십쇼.

▶ **상가** : 난 3,000만 원 안 주면 못 나가니까 한번 해보쇼.

(경매 당하는 게 벼슬이냐? 상황파악이 안 되는 모양인데 지금 이사비 요구할 때가 아닙니다. 한심한 양반아!) 이렇게 무지할 수 있을까 싶었다.

집행기일이 잡혔다. 식당운영 중에 강제집행을 하게 되면 대혼란이 올 것이다. 원만한 집행을 위하여 2시 이후로 집행시간을 잡았다. 대부분의 식당은 점심영업을 하고 잠깐 쉬었다가 저녁영업을 준비하는 break time이 있기 때문에 손님이 없는 한산한 시간을 잡았다.

전 소유자에게 집행하러 왔다고 고지를 하자 점유자가 길길이 뛰면서 너 죽고 나 죽자며 난동을 피웠다. 집행관이 난감한지 잘 협의해 보라며 자리를 피해준다. 역시나 고장난 수도꼭지처럼 유치권과 이사비로 1,000만 원을 달라는 이야기뿐이다. (많이 깎아줘서 고맙긴 한데 내 맘 떠난 지 오래됐어! 집행해야 하는 거야)

점유자가 카운터에 서서 배 내밀고 집기 하나라도 건드리면 다 죽여 버린다고 깽깽거리니까 집행관이 나를 부르더니 잘 협의해 보라며 옆으로 또 슬그머니 빠져준다. 협의를 유도하는 걸 보니 집행관도 많이 부담스러웠던 모양이었다.

- **상가** : 여기 들어간 돈이 얼만데 그냥 나갑니까? 유치권 신고금액 줘야 나가지.
- **나** : 지금은 이미 집행하러 왔기 때문에 줄 수도 없고 협상 여지도 없습니다.
- **집행관** : 그래도 이사비 협상을 한번 해보죠.

집행관이 옆에서 거든다.

- **나** : 사장님, 이사비 주라는 게 법으로 정해져 있습니까? 이사비를 주는 경우는 원만히 처리를 위해서 지출될 강제 집행비용을 점유자에게 건네주고 명도 받으려는 고육지책인데 이를 악용해서 한 몫 챙기겠다고 덤벼드는 사람과 무슨 협상을 합니까?
- **상가** : 그래도 남들은 이사비로 2,000만 원씩 주는데 왜 당신은 안 줘? 유치권은?
- **나** : 유치권자에게 당신이 돈을 못 주었으니 그 사람한테 당신이 석고대죄하고 변제 약속을 해야지 당신 채무를 내가 왜 갚아줍니까? 전 소유자가 유치권에 대해서 낙찰자에게 지불하라 마라 왈가불가할 수 있는 일입니까?

찍소리 못하고 가만히 있더니 이제 인신공격이 들어온다.

> **상가** : 생긴 것도 이상하게 생겨가지고 어디 잘 사는지 두고 보자. 세상에 인정도 눈물도 없습니까? 젊은 사람이 그렇게 살지 마.

> **나** : 겨울에 낙찰받고 6개월을 기다려 주었습니다. 그런데 인도해 줄 준비는 안 하고 허위 유치권이나 만들어 주장합니까? 낙찰대금으로 2억 원씩이나 넣고 가게 문고리 한 번 잡아보지 못한 낙찰자에게 법에도 없는 이사비 몇 천만 원씩 달라는 게 사회정의에 맞습니까? 그리고 내가 나이가 50이 넘었는데 어디다 젊은 사람이 어쩌고저쩌고 운운해? 집행관님 집행해주십쇼.

인부들이 우르르 올라오는데 대장급 되는 인부가 한마디 건넨다.

> **인부** : 경찰 부르고 시작하죠?

> **나** : 왜요?

> **인부** : 오늘 사고 날 것 같은데요? 공무집행방해로 일단 전 소유자 묶어놓고 시작합시다.

(뭐 이런 게 집행하러 다니나? 이 정도 가지고 공무에 바쁜 민중의 지팡이를 부르냐?)

밖을 내려다보니 인부, 사다리차, 트럭 모두가 한참을 대기하고 있었다. 3시에 집행이 시작되었고 집행관은 전 소유자와 마찰이 있을까 봐 나가 있으라고 충고한다. (모르겠다. 핸드폰으로 셀카 놀이나 해야겠다)

4시간이 흘렀다. 사다리차를 1시간 이용하기로 계약했는데 3시간이 지나버렸다. 식당 집기는 끝없이 쏟아져 나온다. 사리 추가다. 5톤 트럭

3대, 인부 4명을 더 불렀다. 아, 돌겠다! 간신히 짐을 다 빼고 올라가 보니 헉~~ 집행 전에 열쇠를 교체했는데 교체된 열쇠가 망가져 있다. (이게 어떻게 된 일이지!)

전 소유자가 열쇠공이 바꿔놓은 열쇠를 망치로 부숴 버렸다. 강제집행 당하면서 전 소유주가 바꿔놓은 열쇠까지 망치로 부숴 버리는 놈은 처음 보았다. 성질머리가 정말 지랄 맞아도 보통 지랄 맞은 놈이 아니었다.

경험 없는 사람이 낙찰받았으면 정말 힘들 물건이었다. 또 한바탕 소란이 벌어지고 다시 열쇠공을 불렀다. 두 번이나 열쇠교체를 하게 되었으니 열쇠공은 이게 웬 횡재인가 싶어 싱글벙글이다. 열쇠공이 열쇠를 설치하고 나오려 하는데 집행인부들이 돌아가지 않고 나를 기다렸다.

↳ **인부** : 마대값 좀 주십쇼.

웃돈을 달라는 이야기였다.

(온통 삥 뜯는 놈들뿐이다. 이것들을 법원장 앞으로 탄원서를 집어넣어 버릴까 하다가 참고 돈 10만 원을 건네줬다) 모든 짐을 트럭에 실어 컨테이너 창고로 보냈다.

컨테이너 창고주인이 나와서는 법원 물건은 한 달 임대료를 선납으로 받는다며 요구했다. 15일 분 정도만 선납하자고 했지만 안 된다고 한다.

- **나** : 그럼 여기까지 와서 다시 가져갑니까?
- **창고주인** : 이 물건은 찾아가지 않을 확률이 90% 이상이기 때문에 우리는 창고료 받지도 못하는 일이 허다합니다.
- **나** : 다른 창고들은 알아서 유체동산경매를 진행시켜서 짐을 전부 없애주던데.
- **창고주인** : 그럼 사장님이 '각서' 하나 써주십쇼. 물건 주인이 인수하겠다고 책임을 추궁하면 사장님이 책임진다는 각서입니다.

그렇게 하지 않으면 내가 또 '채무명의(판결문)'를 만들어서 없애야 한다는 이야기다.

다행히도 유체동산 경매를 준비하고 있던 중 점유자가 대여해 쓰던 정수기를 반납해야 한다며 반출을 허락해 달라고 연락이 왔다. 내 허락 없이는 반출이 불가능하기 때문이었다.

반출을 해주는 조건으로 창고에 입고되어 있는 집기를 인수해 간다는 확약을 받았다. 본인의 물건인 만큼 본인이 처리해야 합당하기 때문에 본인도 거부할 이유가 없었다. 나 역시도 유체동산경매까지 넣어가며 시간과 비용을 낭비할 일이 아니었다.

그 사이 낙찰받은 상가는 보증금 3,000만 원에 월세 150만 원으로 중개업소에 의뢰했고 얼마 되지 않아 임대계약이 완료되었다.

공매의 함정

많은 사람들이 공매가 어렵다고들 한다.

왜? 인도명령결정을 받을 수 없기 때문에 관할법원에서 명도소송을 제소해서 승소판결을 받은 후 강제 집행해야 하기 때문이다. 하지만 명도는 그렇게 걱정할 일이 아니다. 신종 수법이 있는 건 아니지만 아래에 기술한 대로 풀어나가면 어렵지 않게 해결할 수 있기 때문이다.

대부분의 명도는 소송이 진행되기 전에 협의에 의해서 처리된다. 소송을 하면 많은 시간이 걸리고 금전적 손실(금융비용)이 발생한다는 것을 아는 점유자들이 낙찰자가 치러야 할 금전적 시간적 손실을 줄여주겠다는 명목으로 과다한 이사비를 요구하며 명도저항을 하는 경우가 있다. 또한 협의과정에서 절충안이 마련되지만 본인 소유의 부동산을 저렴하게 처분한 소유주나, 임차보증금을 전액 배당받지 못하는 임차인 또는 계약기간 이익을 상실해버린 임차인들이 무리한 이사비를 요구하기도 한다.

대응방법으로는 소유권 이전일로부터 명도일까지 발생한 부당이득을 청구하는 것과 본안소송 전에 "점유이전금지 가처분" 신청을 제기함으로써 원만한 해결안을 이끌어 내는 방법이 있다.

부당이득 청구하기

우선 부당이득의 청구는 명도소장에 청구취지로 첨부하면 된다. 이때 생각보다 많은 금액으로 청구해 버리면 피고(점유자)는 패소가 불 보듯 뻔한데 명도저항을 위해 타인의 소유가 되어 버린 부동산을 점유함으로써 발생하는 부당점유료에 대한 판결까지 짊어진다는 생각에 쉽게 타협의 장으로 나오게 된다.

이때 "청구취지"에 첨부된 부당이득분은 소송물가액(원고가 전부 승소할 경우 경제적 이익을 화폐단위로 평가한 금액)에 산입되지 않기 때문에 인지액(법원서비스에 대한 수수료) 상승의 원인이 되지 않는다.

점유이전금지 가처분 신청하기

　점유이전금지 가처분 신청은 법률적인 행위만으로 봤을 때 보전처분(현상유지)의 의미를 가지며 강제집행력을 갖지 못하는 행위이다. 하지만 집행관이 직접 채무자(점유자)를 방문하여 "점유를 타인에게 넘기지 말라"는 공지문을 첨부하게 되고 부재 시에는 점유자의 허가 없이 개문 후 실내에 가처분 결정문을 공시하기 때문에 채무자(점유자) 입장에서는 원만한 협의를 원하게 된다.

　물론 위 두 행위는 소유권이전등기가 완료된 이후에 법원 신청이 가능하다.

　공매과정에서 주의해야 할 일은 명도뿐이 아니다. 권리분석상 "법정기일"이 대표적인 함정이라고 할 수 있다. 국가는 조세체납이 발생하였다고 바로 다음날 소유자의 등기사항전부증명서(부동산등기부등본)에 압류를 등기하지 않는다. 몇 차례에 걸쳐 독촉을 하고 연락을 취하다가 가망이 없을 경우 뒤늦게 부동산등기부등본에 압류를 등기한다.

　조세납부의무가 발생한 이후 등기사항전부증명서(부동산등기부등본)상에 여타의 권리(근저당, 임차권 등)가 등기되고 그 이후에 체납조세에 대한 압류가 설정되었다면 조세의 권리는 여타의 권리보다 앞서 배당을 받을 수 있게 된다. 이때 조세의 권리 행사 시점을 "법정기일"이라고 한다. 법정기일에 따라 배당을 실시하게 되는데 후순위로 등기되었던 압류가 선순위 근저당권이나 임차인의 보증금보다 선 배당을 받아가는 이유가 법정기일 때문이다.

법정기일에 대한 공부를 해보기로 하자.

우선 임대차보호법에 대한 기초지식과 권리분석을 숙지하고 있어야 이해가 쉽기 때문에 사건을 설명하기 전에 임대차보호법에서 미진한 부분이 있다면 다시 한 번 살펴보고 이 사건의 해설을 보았으면 한다.

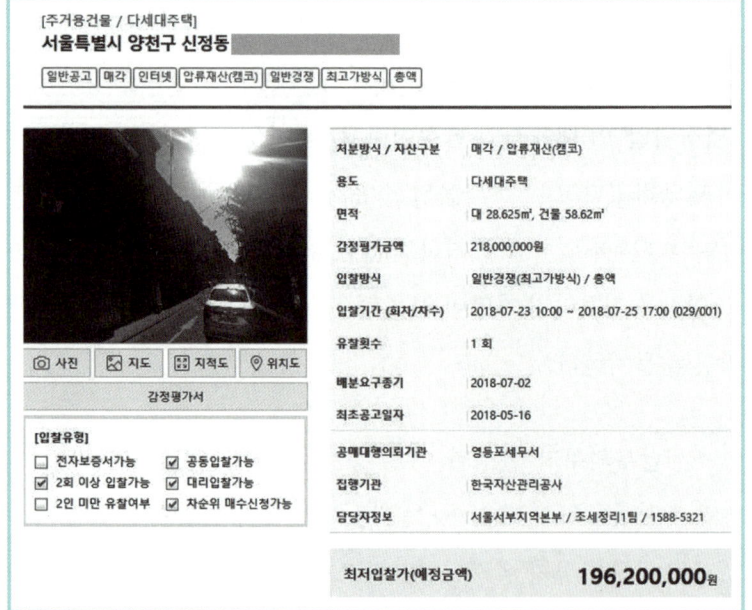

얼마 전에 입찰이 끝난 사건이다.

작게 먹고 간다는 맘으로 응찰을 해볼까 생각하다가 다음 회차로 기회를 넘겨버렸다. 다음 주에 응찰이 가능할런지 아니면 낙찰이 되었는지 알아보기 위해서 개찰 결과를 살펴보았다.

입찰자수	유효 1명 / 무효 0명(인터넷)		
입찰금액	196,320,000원		
개찰결과	낙찰	낙찰금액	196,320,000원
감정가 (최초 최저입찰가)	218,000,000원	최저입찰가	196,200,000원

누군가 12만 원 더 쓰고 단독으로 응찰을 했다. 이 물건은 아무리 낮은 금액에 낙찰받더라도 인수해야 할 보증금이 있는 물건이다. 선순위 임차인이 있기 때문이다.

■ 임차인 배분 요구 및 채권신고 현황

임대차 구분	성명	계약일자	전입신고일자 (사업자등록 신청일자)	확정일자	보증금	차임	임차부분	배분요구 일자	채권신고 일자	비고
임차인	유■	미상	2016-08-08	2016-06-29	170,000,000	0	미상	2018-05-23	2018-05-23	

■ 배분요구 및 채권신고 현황

번호	권리관계	성명	압류/설정 (등기)일자	법정기일 (납부기한)	설정금액(원)	배분요구 채권액(원)	배분요구일
1	임차인	유■			0	170,000,000	2018-05-23
2	근저당권	메리츠캐피탈주식회사	2017-09-13		250,000,000	0	배분요구 없음
3	압류	분당세무서	2017-09-13	2016-05-31 ~ 2017-11-01	0	6,635,560	2018-04-16

■ 임대차 정보 (감정평가서 및 신고된 임대차 기준)

임대차내용	성명	보증금(원)	차임(월세)(원)	환산보증금(원)	확정(설정)일	전입일
임차인	유■	170,000,000	-	-	2016-06-29	2016-08-08

[총 1건]

⚠ 임대차정보는 감정서상 표시내용 또는 신고된 임대차 내용으로서 누락, 추가, 변동 될 수 있으니 참고 자료로만 활용하여야 하며, 이에 따른 모든 책임은 입찰자에게 있습니다. 임차인의 배분요구 여부는 입찰시작 7일전부터 제공하는 공매재산명세서를 통하여 확인하시기 바랍니다.

■ 등기사항증명서 주요정보

번호	권리종류	권리자명	설정일자	설정금액(원)
1	위임기관	영등포세무서	2016-09-28	미표시
2	가압류	메리츠캐피탈 주식회사	2017-07-28	767,761,996
3	압류	분당세무서	2017-09-13	미표시
4	근저당권	메리츠캐피탈주식회사	2017-09-13	250,000,000

대항력(전입일과 확정일 중 늦은 날)과 최초 조세(영등포 세무서)의 설정일이 비슷하다. 문제는 여기서 발생한다. 앞에서 설명했듯이 조세는 효력발생 시점을 등기일로 보지 않고 "법정기일"로 본다는 점이 함정이 된다. 어쩔 수 없이 법정기일을 알아봐야 한다.

만약 선순위 임차인보다 빠른 조세(영등포세무서)가 상당히 많은 금액을 먼저 배당받아간다면 선순위 임차인의 보증금은 전액 수령하기 어렵게 된다. 이럴 경우 선순위 임차인은 전세 보증금을 전액 수령하지 못했기 때문에 명도해줄 의무가 없다. 결국 낙찰자가 보증금 중 미수령 부족분 임차보증금을 인수 부담해줘야 명도가 가능해진다.

위임기관은 영등포 세무서이며 법정기일은 2013.7.25. ~ 2018. 01.25.까지였다. 체납자는 영등포 세무서에서 여러 건의 세금을 체납한 총액이 132,201,650원이라고 기재되어 있다.

번호	권리관계	성명	압류/설정 (등기)일자	법정기일 (납부기한)	설정금액(원)	배분요구 채권액(원)	배분요구일
4	교부청구	국민건강보험공단 성남남부지사		2016-04-10 ~ 2018-05-10	0	3,813,030	2018-05-23
5	물건지지방자치단체	양천구청		2017-07-10 ~ 2018-06-10	0	399,960	
6	가압류	메리츠캐피탈 주식회사	2017-07-28		767,761,996	378,276,058	2018-04-18
7	위임기관	영등포세무서	2016-09-28	2016-07-25 ~ 2018-01-25	0	132,201,650	2018-04-04

선순위 임차인의 대항력 효력시점은 2016.8.9. 0시부터 발생한다. 자산관리공사로 알아본 결과 최초 체납세액의 법정기일은 2016. 7.25.이며, 선순위 임차인보다 먼저 배당해야 할 금액은 약 2,000만 원 정도라는 걸 알게 되었다.

2,000만 원의 조세가 배당되고 나서 1억 7천만 원의 세입자 전세금 배당이 이뤄진다.

통합해본다면 무조건 1억 9천만 원이 필요하다는 결론이 나온다. 그보다 낮은 금액으로 낙찰받는다 해도 1억 9천만 원은 무조건 부담해야 한다.

여기에서 좀 더 면밀히 고민해야 할 부분은 시세 2억 1,800만 원 빌라를 1억 7천만 원의 선순위 임차인이 존재함을 알고 있으면서 후순위로 메리츠 캐피탈이 2억 5천만 원을 대출해줬다는 것이다.

메리츠 캐피탈이 큰돈을 대출해주면서 이렇게 허술하게 시세 파악을 했을까? 절대 그렇지 않다. 이건 둘 중에 하나라고 추정된다. 메리츠 캐피탈에 공담으로 다른 부동산 물건과 함께 설정을 했든지 아니면 1억 7천만 원짜리 선순위 임차인을 임대인이 대출신청서류에 보증금 1,000만/100만 원짜리 허위 계약서를 제출했을 것이다. 그렇게 되면 1,000만 원짜리 임차인만 존재하기 때문에 돈을 많이 빌려줄 수 있는 여유가 생기게 된다.

어찌되었든 후순위 메리츠 캐피탈은 단 한 푼도 돈을 받을 수 없는 입장이 되었기 때문에 분명코 "배당이의의 소"를 제기하고 나올 거라고 추측이 된다. 만약 소송이 제기되면 판결이 나올 때까지 6개월이든 1년이든 선순위 임차인이라고 주장하는 점유자를 내쫓지도 못하고 사용, 수익하지 못하는 상태로 금융비용만 지불하며 결과를 기다려야 한다. 이런 경우의 수까지 생각하다 보니 응찰이 불가했다.

경·공매는 입찰 전에 강제집행까지 나오게 된 자금의 흐름을 미루어 짐작해 봐야 하고, 낙찰 이후 발생할 수 있는 최악의 불상사까지 염두에 두고 응찰을 해야 한다. 법률적으로 누가 봐도 옳고 그름이 확연하다고 보이는 사건도 판결을 얻어내기까지는 상당시간이 소요된다. 시간과의 싸움이기 때문에 그사이 금융비용과 기회비용을 생각한다면 그런 일에 끌려들어 가지 않은 것이 최선책이다.

법원은 시간으로 사람을 죽이고 검찰은 조사로 사람을 죽인다는 말이 있다. 낙찰받은 저분은 이런 최악의 수가 생기지 않기를 바란다.

너무 했습니다!

백숙집에서 한 잔 얻어 마신 게 운명적인 만남의 시작이었다. 얼마 전에 카페회원으로부터 시간을 내달라는 쪽지를 받았다. 모임에서 한두 번 봤던 주부였다. 가슴 떨리는 일이었지만 내진설계가 잘 되어 있는 내가 마다할 일은 아니었다. 일산의 백숙 집에서 보자고 했다. 백숙 집에서의 첫 만남이라니, 푸드파이터인 내게 딱 맞는 탁월한 선택이었다. 한참 먹다 보니 허기도 가셨고, 꽁술까지 얻어 먹으니 뭔가 해야 할 것 같은 책임감이 들었다. 오늘 내 역할은 고충처리반이다.

↳ **나** : 저를 소환한 이유를 말해주시죠!

↳ **주부** : 얼마 전에 낙찰받은 소형아파트 점유자가 명도저항이 거세서 애를 먹고 있습니다. 처리할 방법이 없을까요?

(아! 밥값 할 시간이 왔구나!)

▸ **나** : 위치가 어디예요?

▸ **주부** : 여기서 멀지 않아요!

시계를 보니 명도협상하기 딱 좋은 시간이었다. 저녁 9시 반. 낮 시간은 일터로 나가있기 때문에 점유자를 만나보기 힘들다. 저녁 식사가 끝나는 시점이 여유를 가지고 이야기하기 좋은 시간이라서 그 시간을 많이 선택한다.

▸ **나** : 저는 술 마셨으니까. 운전하시죠! 아파트로 갑시다.

(저는 이번에 들어가면 환갑 전에 햇빛 못 봅니다. 핸들을 잡으시죠!)

여자가 운전하는 차를 타는 게 익숙지 않지만 어쩔 수 없었다.

20분쯤 달렸다. 멀지 않은 곳에 위치한 외딴 소형 아파트였다. 아파트 현관에서 벨을 눌렀다.

"띵동 띵동"

그동안 얼마나 명도저항이 거칠었는지 낙찰자가 내 뒤로 숨는다. 가끔 명도 때문에 방문을 해보면 낙찰자가 여자라는 걸 알고 더 강력하게 저항을 하는 비굴한 사람도 있다. 낙찰자가 미인일 경우에는 그런 일들이 더 많이 벌어진다.

경매까지 진행되면 가정은 이미 풍비박산 나있는 경우가 많다. 부인은 가족을 데리고 집을 나가고 혼자 남은 남자는 무기력함으로 비관과 우울을 곱씹으며 회한에 잠기게 된다. 그러다가 미모의 낙찰자가 나타나 권리를 요구하면 조롱과 비아냥으로 깐죽거린다. 그 심리를 헤아려 본다면 피곤하게 해서 한번이라도 더 이야기 나눠볼 기회를 가질 생각인 것이다. 나도 남자지만 그 어려운 상황에서도 그런 묵직한 일념을 놓지 않는 걸 보면 남자들의 속물적 근성은 본능이라고 말할 수밖에 없다. 이 글을 읽은 여류 독자 중에서 거센 명도저항으로 힘들어 하는 분이 있다면 본인의 미모가 출중한 건 아닌지 확인해보시기 바란다.

현관문이 열렸다. 아주 험상궂게 생긴 노인네가 문을 열고 나왔다. (아주 자유분방하게 생겼다) 다짜고짜 시비조로 나오기 시작한다.

▶ **점유자** : 오늘은 또 당신이요?

이미 많은 분들이 미모의 낙찰자를 위해서 이번 명도전쟁에 참전하셨는지 점유자는 매너리즘적인 반응을 보였다.

▶ **점유자** : 나 할 말 없으니까! 가시요!

(과잉반응인가! 저렴한 질투심인가!)

그의 행동을 눈동냥하고 있었다. 어디서 명도가 막혔는지 맥을 찾아야 문제를 풀 수 있는 법이다. 묵묵부답보다 차라리 지랄하는 놈이 명도하긴 훨씬 수월하다. 왜냐? 그러다 보면 자기 요구사항이 뭔지 금방 나오기 때문이다. 돈이 없어서 경매를 당하지만 명도를 못해주는 본인의 변명도 들어볼 필요가 있는 것이다. 처녀가 애를 낳아도 변명은 있는 법이다. 이야기를 들어주다 보면 점유자 자신도 모르게 친밀감이 생기고 내면의 요구사항도 이야기하게 된다. 이때 점유자의 이야기에 지나친 유대감을 갖는다는 인상을 주면 추후에 과도한 이사비 요구로 이어질 공산이 크기 때문에 적당한 간격을 유지하면서 동조를 해줘야 한다. 친밀감을 너무 많이 주게 되면 "내 사정 다 들었으니까 내가 얼마나 억울한지 알지! 내 사정 잘 알아들은 네가 나 좀 보상해 줘라. 전세보증금이라도 마련해 줘야 되지 않겠어!" 이런 기대를 갖게 된다.

한 번은 점집을 명도하러 갔다. 점유 중인 무당이 수호신께서 아직 나갈 때가 아니라고 점지했다며 정중히 명도를 거절했다. 정말 미치고 환장할 일이다. (명도일을 지가(수호신) 정해? 내가 정하지!)

- **나** : 수호신이 누군데요?
- **무당** : 애기신입니다.
- **나** : 아줌마! 당신 아동학대야. 왜 그런 걸 애기한테 물어봐. 나한테 물어봐야지.

이런 갑갑한 명도도 있었다.

그동안 명도조력자들은 거세게 밀어낼 방법만 찾았던 모양이었다. 점유자의 이야기를 조근조근 듣고 점유자에게 왜 이사비를 이

정도밖에 줄 수 없는지, 왜 하루라도 빨리 이사를 해 줘야 하는지 설명해 주었다. 본인도 집을 명도해 줘야 하는 걸 잘 알고 있다고 했다. 낙찰자가 나타나서 감정적으로 대하기에 본인도 화가 나서 감정적으로 대했다고 한다.

(내가 보긴 감정적인 게 아니라 감성적인 거 같은데!)

격해진 감정을 풀고 나니까 협상은 의외로 수월하게 풀리기 시작했다. 본인이 거주하려는 주택의 이주시점이 10일 후니까 그때까지는 기다려 달라고 했고 이사비는 조금만 더 주었으면 한다며 무리하지 않은 선에서 좀 더 요구해 왔다.

원만히 타결되었지만 낙찰자는 불안해하고 있었다. 지금까지 이런 약속을 숱하게 했고 지켜지지 않았기 때문에 이번에도 신뢰가 가지 않는다고 했다. 나를 믿어보라고 했다. 명도가 원만하게 이뤄질 거라는 믿음이 있었다. 이 남자는 상처받은 마음을 어디선가 치유 받고 싶었고 오늘 그 부분이 어느 정도 해결되었기 때문에 약속을 지킬 거라는 확신이 들었다.

우연찮게 백숙 한 그릇 답례로 명도는 원만히 해결되었고 그 낙찰자와의 인연은 그렇게 시작되었다. (많이 저렴하다) 낙찰자는 경매를 시작한지 꽤 되었는데 큰 재미는 보지 못한 듯했다. 점유자와 벌였던 마우스 배틀을 관전하고 내가 주댕이 파이터만은 아니라는 판단을 했는지 수익성이 있는 좋은 물건이 있으면 추천해 달라고 한다.

경매시장에서는 이해할 수 없는 낙찰이 종종 벌어지는데 나중에 뚜껑을 열어보면 왜 그런 입찰을 했는지 설명이 되는 경우가 많다. 경매는 좋은 물건을 낙찰받는 게 아니라 돈 되는 물건을 낙찰받아야 한다. 너무 좋은 물건도 너무 나쁜 물건도 돈이 되지 않는다는 건 여러분들이 더 잘 알고 있을 것이다. 너무 좋은 물건은 경쟁이 치열해서 급매수준까지 써야 낙찰이 된다. 팔아봐야 남는 게 없다. 그리고 누가 봐도 좋아 보이지 않는 물건은 매수자를 찾기 어렵기 때문에 결국 재고로 안고 가야 하는 짐덩어리가 될 수 있다. 그 애매한 경계선을 넘나드는 전문가의 고심이 적절하게 반영된 물건이 좋은 물건이다.

이번 투자자와 상의 끝에 입찰하게 된 물건이다.

바로 위층이 3억 1천만 원에 매매로 나왔다고 한다. 1층이긴 하나 지상으로부터 살짝 올라와 있고 그 밑에 지하층이 있기 때문에 저층이라는 저감 요소는 없다. 빠른 시일 내에 팔고 나오기 위해 가격을 조금 낮추어 약 3억 정도에 매도를 하고 나올 생각이다.

예상대로라면 이런 수순을 밟을 것이다.

낙찰가격 : 262,110,000
실투 : 52,000,000(대출 80%)
매도금액 : 300,000,000
차액 : 38,000,000

이 투자자의 경우 여러 곳에 투자금이 묶여 있어서 6,000만 원 정도의 자금을 융통하기가 쉽지 않았다. 위치와 인근 매매사례를 볼 때 단시간 내에 끝낼 거라는 생각으로 단기 자금을 움직였다.

매각허가결정도 떨어졌다. 명도와 매도를 위해서 슬슬 움직여야 할 때가 왔다. 명도는 얼마나 점유자를 많이 만나보느냐에 따라서 시간이 단축되고 매도는 부동산 중개업소를 자주 가보느냐에 따라 쉬워진다.

방문일정을 잡기 위해서 거주 임차인의 연락처를 알아내는 것이 급선무였다. 낙찰자는 법원경매 서류열람을 요청했다. 임차인의 연락처를 알아보기 위함이었다. 입찰자의 모든 입찰서가 보관되어 있기 때문에 몇 명이 들어왔고 응찰금액이 얼마였는지 알 수 있다. 경매서류 열람 중에 임차인도 응찰한 사실을 알게 되었다. 임차인은 180만 원 차이로 2등을 했다. 우리도 몰랐던 사실이었다(서울 동부지원은 낙찰자 외에는 응찰가격을 발표하지 않는다). 애석하기 짝이 없지만 경매시장에서 1등 외에는 아무 소용이 없다.

열람서류를 살펴서 임차인에게 연락을 했다.
"낙찰받은 사람입니다."
콧바람 소리가 씽씽 들렸다. (이 아줌마가 멧돼지 고기를 삶아 드셨나?)
○○부동산을 지칭하며 거기서 낙찰받은 거 아니냐며 심문을 한다. 그 부동산 중개업소하고는 아무 상관이 없는 사람이라고 아무리 설명을 해도 믿으려 하지 않았다. 경매가 진행되자 이 집은 관심부동산으로 꽤 부각되었다. 말도 안 되는 이야기로 계속 구강 배틀을 해봐야 입에서 고무 타는 냄새만 나니까 본론만 이야기했다.

- **나**: 매각허가 결정이 떨어졌습니다. 대금 납부 전에 집을 볼까 하는데 언제가 좋으시겠습니까?
- **임차인**: 이 집 들어와 살려고 받았어요? 아니면 수익 내려고 받았어요? (이 아줌마가 끝까지 자기 알고 싶은 것만 물어보네!)
- **나**: 수익 내려고 받았습니다!
- **임차인**: 얼마에 파시려고요?

(앗!! 이 아줌마 매수의사가 있나? 잘 하면 명도 없이 매각하고 나올 수 있겠다) 귀가 번쩍 띄었다.

> 나 : 사시려고요?

> 임차인 : 딸 사주려고요.

(옳거니… 왔구먼!)

아줌마의 이야기를 들어보니 본인은 입찰에서 떨어지고 바로 3층을 매수했다고 한다.

> 임차인 : 얼마에 파실 거예요?

매도가격을 알아보는 이유는 본인이 매수한 가격보다 저렴하게 사고 싶어서 물어보는 것이었다.

> 나 : 지금 시세가 3억 1천이라고 하던데요.

> 임차인 : 맞아요.

> 나 : 3층은 얼마에 매입하셨어요?

> 임차인 : 글쎄요….

> 나 : 진작 연락 주셨으면 내가 이 집 매입 할 건데 좀 일찍 연락주 시지.

> 임차인 : 아뿔싸!

못내 아쉬워하며 딸에게 이야기해보고 매수 결정을 하겠다고 한다.

얼마 후 시집간 딸의 이런저런 사정으로 매수할 수 없다는 사정을 밝혀왔다. 부동산매매는 잘 진행되다가도 꽉 막혀서 안 풀리기도 하고 전혀 예상 못한 곳에서 매매계약이 성사되는 경우가 허다하다. 매매계약은 물 건너갔으니 부지런히 부동산 중개업소에 매물을 뿌려서 매도하는 쪽으로 가닥을 잡아야 했다.

명도날짜를 상의하기 위해서 집을 방문을 했다. 이 집도 위층으로 이사갈 계획을 가지고 있기 때문에 오래 거주할 생각은 없었다.

↳ **임차인** : 배당받고 며칠만 있게 해주셨으면 좋겠습니다.
↳ **나** : 얼마나요?
↳ **임차인** : 배당기일이 1/16이니까 20일 전후로 비워드리겠습니다.
↳ **나** : 그 정도야 봐드려야죠? 3~4일도 못 봐준다면 너무 야박하죠. 그럼 그때 비워주십쇼.

그렇게 다짐받고 돌아왔다. 이때까지만 해도 명도가 원만히 끝나는 줄 알았다.
(경매는 항상 긴장을 풀고 있지 말아야 한다) 배당기일이 다가오기에 다시 한 번 이사 계획을 듣기 위해서 방문했다. 이번에는 임차인이 다른 이야기를 한다.

↳ **임차인** : 저희요 27일 날 갑니다!
↳ **나** : 잉?
↳ **임차인** : 2/27일이요.
↳ **나** : 아니 그건 이야기가 다르지 않습니까?

> **임차인** : 매도한 집에서 그때 집을 비워주겠다고 해서 저희도 할 수 없이 그렇게 계획을 잡았습니다.

매도인(3층)이 너무 싼 가격에 매도를 해서 어깃장을 놓은 것 같았다.

> **나** : 그렇게 되면 저희가 곤란합니다. 등기부등본을 발급받아 보시면 알겠지만 저희는 많은 대출을 일으켜 취득한 집입니다. 매일 3만 원 이상의 이자가 지출되고 있는데 사용 수익하지 못하는 가운데 한 달간을 기다리는 것은 받아들이기 어렵습니다.

> **임차인** : …….

뜻하지 않게 내가 강하게 어필하니까 주인아저씨가 살짝 놀란 표정을 지었다. 사실 그 말은 막판에 혹시라도 이사비 운운할까봐 쐐기를 박자는 의도로 던진 말이었다. 효과가 제대로 먹혔다.(하여튼 선천적인 명도용 몽타주인갑다. 이정도면 인간문화재로 지정해야 하지 않나?)

> **임차인** : 그럼 어떻게?

> **나** : 생각해 보십쇼. 문고리 한 번 못 잡아보고 매달 100여만 원씩 이자를 물고 있는데 가만히 있을 사람이 어디 있습니까? 무상으로 한 달간 거주하겠다는 건 말이 안 되지 않습니까? 집행처리해서 이삿짐을 센터에 맡기고 한 달간 숙박업소 생활하신다고 생각해보십쇼. 비용이 얼마나 많이 지출되겠습니까? 그냥 100만 원만 주십쇼.

이사비 협상을 해야 할 판에 임료를 청구하고 있으니 나도 참…. 내 의뢰인이 한 푼이라도 더 수익을 나게 해줘야 하는 것이 내 임무이기 때문에 인정에 휩싸여 설렁설렁 할 일이 아니다. 솔직히 내 물건이었다면 그냥 한 달 살라고 했을 것 같다.

한참을 설명하다 보니 임료가 어느덧 기정사실화 되어버렸다. 이제 임료액 책정만 남았다.

↳ **임차인** : 안식구 오면 결정해서 전화 드리죠.
↳ **나** : 숙박업소 생활하고 이삿짐 맡기면 그 정도 지출됩니다. 현명한 판단하십쇼.

(여기서 개기면 우리도 집행비 들어가니까 빨리 항복해다오!)

점유자는 보증금을 전액 다 찾아가는 임차인이다. 소유권이 넘어간 이후 무단 점유에 대한 임료는 당연히 납부해야 한다. 그것을 청구하는 것이다.

배당기일을 기다렸다. 이상하게도 배당기일이 다 되었는데 명도확인서와 인감을 받으러 오지 않았다. (해보자는 건가? 나 센데? 서초동 빠루라고 모르나?) 드디어 배당기일이 넘어갔다. 배당포기? 뭐하자는 거야! 배당기일이 며칠 지나 전화가 왔다.

↳ **임차인** : 50만 원에 안 될까요?

(물론 해드려야죠. 하지만 즉답은 금물이다)

▸ **나** : 의뢰인이 100만 원 아니면 바로 집행하겠다고 하는데 설득해 보겠습니다.

전화를 끊었다. 컴퓨터를 켜고 지뢰 찾기를 시작했다. 1시간 정도 열심히 지뢰를 찾다가 느긋하게 전화를 했다.

▸ **나** : 우리 의뢰인이 안 된다고 그러는데 60만 원으로 하자고 이야기 했어요. 의뢰인이 생각해보고 전화 준다네요.

▸ **임차인** : 예, 감사합니다. 바로 연락 주십쇼.

이번엔 카드놀이다. 오랜만에 하다 보니 잘 안 맞는다. 30분정도 하고는 다시 전화를 했다.

▸ **임차인** : 60만 원 내일 오전까지 준비해서 기다리셔요. 의뢰인이 직접 가서 명도 확인서 준다니까 동시 이행하십쇼.

▸ **나** : 예. 감사합니다.

다음날 의뢰인에게 60만 원을 수금했다고 연락이 왔다.

명도는 끝났는데 매매시장은 잘 움직이질 않았다. 단기자금 투자였기 때문에 시간이 갈수록 낙찰자는 조바심을 내기 시작했다. 상환과 금융비용에 대한 압박이 크게 작용하고 있었다.

부동산은 정해진 가격이 없기 때문에 급한 사람이 먼저 가격을 낮출 수밖에 없다. 수요와 공급의 원칙이 철저히 지켜지는 곳이 부동산 시장이다. 공급물량이 너무 많이 시장에 나왔을 때에는 부동산을 거둬들여 저렴한 물량이 소진된 이후에 매도시기를 잡아야 한다. 그러기 위해서는 여유와 시간을 이겨낼 전략이 필요한 것이다. 자금 유동성을 갖지 못하면 아무리 저렴하게 부동산을 매입했다 할지라도 내 물건이 저렴하게 나갈 수밖에 없는 것이 부동산의 진리다.

소유권 이전이 완료된 이후 4개월 정도가 지났다. 부동산 매매계약을 하게 되었다는 기쁜 소식을 전해왔다. 그동안 부단히 부동산 중개업소를 다녔다고 한다. 자연스럽게 매도자 쪽이 매매가 급하다는 걸 알아챈 부동산 중개업소 쪽에서 매매를 빨리 성사시켜줄 테니 매도가격과 중개 수수료를 조정해보자는 이야기를 건네 왔다. 매매가격은 2억 8천만 원까지 낮추어달라고 요구를 해왔다. 몇 개월 전 감정평가서에 작성되었던 내용이 있다.

나. 거래사례
인근지역내의 가격형성요인이 유사한 거래사례는 아래와 같습니다.

사례	소재지	건물명	층/호수	전유면적 (㎡)	대지권 (㎡)	거래금액 (천원)	자료출처	거래시점 사용승인일
#1	군자동 1-00	세종 아트빌	4층/00	69.8	37.71	330,000	실거래	2014.01 2002년
#2	군자동 18-2	동산 하이츠	3층/00	76.65	45.3	290,000	실거래	2013.09 2001년
#3	군자동 18-1	목화 타운	4층/00	64.89	39.1	232,000	실거래	2013.09 1997년
#4	군자동 18-2	동산 하이츠	2층/00	76.65	45.3	305,000	실거래	2011.05 2001년

이미 3억을 넘어선 사례가 있는데 불구하고 2억 8천만 원으로 후려쳐 버린 것이다. 낙찰자는 앞뒤 돌아볼 상황이 아니었다. 2억 8

천 매도에 승낙을 했다. 시세보다 2,500만 원이나 낮은 금액으로 매물이 나왔으니 부동산 중개업소에서는 매매가 한층 수월해졌다. 대금 수령 전날 부동산 중개업소에서 연락이 왔다. 낙찰자는 속상해서 애간장을 끊이고 있는데 중개업소에서 2배 수수료를 요구했다. 급한 마음에 수수료를 좀 더 주겠다고 이야기는 했지만 2배까지 요구하는 중개업소의 횡포에 어이가 없어 나에게 사정 이야기를 한 것이다. 나도 기가 막혔지만 어쩔 수 없었다.

본 매매 사례는 매수자에게 큰 수익을 준 사례다. 매매에 대한 고마움을 인사받고자 한다면 매수인에게 중개수수료를 좀 더 요구하는 게 맞는 일이다. 시세보다 턱없이 저렴한 금액으로 매매되어 손실이 발생한 매도인에게 중개수수료를 두 배로 달라고 하는 것은 상도의상 맞지 않다고 본다.

대부분의 부동산 중개업소는 본인의 노력한 만큼 정당하게 수수료를 요구한다. 큰 수익이 나는 매수물건을 중개했을 때 의뢰인은 법정수수료보다 더 주고 싶은 마음이 생기는 것이고 또 그 중개인에게 양질의 부동산을 중개해줄 것을 요청하게 된다. 그때 많은 수수료를 요구하는 것도 정당하다고 생각한다.

Chapter 07

하남시 싱크대 공장

십여 년 전 경매강의가 지겨워서 "나 홀로 소송"이라는 강좌를 국내에서 처음으로 개설했다. 특수물건을 하다 보면 소송은 필수가 된다. 그때마다 변호인을 선임해서 진행하자니 그 비용이 만만치 않고 원고의 주장을 정확히 전달하기도 쉽지 않았다. 소송자료를 변호인에게 몇 번 전달하며 눈동냥 귀동냥했던 일들이 힘이 되어 혼자 소송을 수행할 수 있을 것 같은 자신감이 생겼다. 하지만 소송과정은 그리 녹록하지 않았다. 법원은 권위적이고 절차는 까다로웠다. 답답하기 짝이 없었다.

그래도 꿋꿋하게 발에 차이면 차이는 대로 눈에 거슬리면 거슬리는 대로 절차를 꼼꼼히 노팅하고 숙지해 갔다. 마루타처럼 몸으로 익힌 소송의 절차와 용어가 낯설지 않을 때쯤 시중에 소송관련

서적이 눈에 들어왔다. 몇 권의 책을 읽고서야 무대포로 소송을 하며 고개를 갸우뚱거렸던 많은 일들이 조금씩 풀리기 시작했다.

특수물건에 준하는 '공유물 분할청구의 소', '건물철거 및 토지의도의 소', '유치권 부존재의 소', '채무부존재의 소' 등 닥치는 대로 처리해 나갔다. 소송은 법리와 입증자료로서 자신의 논리와 주장을 인정받는 일이다. 쉽지 않은 일이었지만 그 동안 쌓아왔던 경험으로 하나씩 수행했다. 오래 전부터 알고 있었던 일처럼 소송은 술술 풀렸다. 한번은 "배당이의의 소"를 제기하여 상대방 변호사와 극렬히 서면공방을 벌여서 1, 2심 모두 깨끗하게 승소판결을 받는 일도 있었다.

역시 법은 아무리 무지렁이가 소송을 수행해도 합법적이면 손을 들어 준다는 공정성을 확인했다. 그런 결과를 얻고서 생각을 정리하게 되었다. 경매로 부동산을 낙찰받은 사람은 정당한 자기의 권리를 보호받고자 한다. 정확한 절차와 법에 대한 지식만 있으면 혼자서 소송을 수행해도 진실은 바뀌지 않을 거라는 확신이 생겼다.

전문인의 도움 없이 소송수행능력을 갖는다는 건 참 어려운 일이다. 내가 경험해본 결과 그렇다. 잘 정리해서 경매를 깊이 공부해보려는 분들에게 내가 경험하고 알아낸 소송의 작은 지식을 나눠주고 싶어 "나 홀로 소송"강의를 시작했다.

큰 수익을 창출하는데 작은 힘이라도 도움이 될 거라는 믿음으로 첫 강의를 개설하던 날, 강의실은 미어터졌다. 복도까지 임시의

자에 앉아 귀동냥으로 만족해야 했던 사람들도 꽤 있었다.

수강생들의 니즈(needs)가 무엇인지 내가 모르고 있었다. 즐비하게 서있는 수강생과 명함을 교환했는데 거의 경매 강사, 감평사, 변호사 사무실 사무장들이었다.

그때 마침 책 <365일 월세 받는 남자의 발칙한 경매>도 출간한 지 얼마 안 된 시점이었기 때문에 쉬는 시간을 이용해 책 홍보와 더불어 사인회를 가졌다.

그런 일이 있어서는 안 되겠지만 개중에는 이혼소송을 혼자 해보려는 독거남도 있었다. 재산을 분할해주기 싫어서 이혼의 유책 사유가 배우자에게 있다는 걸 입증하고자 수강하는 사람이었다. 내 강의는 마치 만병통치약처럼 세상으로 퍼져나갔다.

그렇게 몇 년을 소송강의로 재미를 보며 이곳저곳으로 불려 다녔다. 수강생도 많았고 대우도 좋았다. 강의요청이 밀려들어오면서 자연스럽게 경매 현장과는 거리가 멀어지고 있었다. 경매 현장에 있어야 할 내가 지금 뭐하는 짓인가 하는 생각이 들었다. 갑자기 경매현장에 대한 그리움과 강의에 대한 염증이 밀려왔다.

'사자는 3일 밤낮을 굶어도 풀을 뜯지 않는 법인데 내가 여기서 뭐하고 있는 건가.' 하는 생각이 들었다 그러던 중 아류형 나 홀로 소송이 여기저기서 생겨나기 시작했다. 내가 여기서 숟가락을 빼더라도 수강생들의 알고자 하는 배고픔은 해소되겠구나 하는 판단이 들었다. 그렇게 현장복귀를 준비하던 중 강의를 수강했던 수강생에게서 연락이 왔다.

강의내용이 워낙 딱딱하기 때문에 가급적이면 사례를 섞어서 재미나게 진행했지만 이 수강생은 한 번도 미소를 짓지 않았다. 종강 후 경매로 공장을 낙찰받았는데 명도로 어려움을 겪고 있다며 내게 도움을 요청했다.

절차적인 경매공부만 해 오다가 실전사례를 바탕으로 한 강의를 듣고 자신감이 생겨 낙찰을 받았다고 한다. 본인이 잘 아는 지역의 물건에 투자하라는 강사의 말에 따라 거래처가 있던 하남시쪽 공장을 낙찰받았다고 했다. 지금은 그 지역 토지가격이 꽤 올랐기 때문에 물건선정은 잘했던 것으로 판단하고 있다. 소유권이전등기를 마치고 점유자를 만나러 가보았더니 천하에 둘도 없는 안하무인이 점유하고 있었다고 한다.

전과가 있던 점유주는 법과는 아예 등지고 산 지 오래된 사람처럼 굴었다. 부동산은 1공장과 2공장으로 분리되어 있었고 면적도 만만치 않았다. 점유자가 거칠게 저항하고 나오니 감당이 되질 않았던 모양이었다. 합법적인 명도가 가능할 거라고 믿고 시작했지만 법만으로는 처리되지 않는 부분이 존재한다는 것을 알게 되었다.

이 분의 판단은 감정시점이 2년 전이었기 때문에 그 사이에 지가상승요인이 충분히 발생했다고 생각해서 감정금액에 응찰했다.

그곳은 자연녹지가 넓게 분포된 공장지역이었다. 식자재 보관 창고부터 가구 공장, 재활의료기기 생산업체, 자원센터, 가끔은 개 사육장 등등 복합공장 타운이었다.

국도에서 샛길로 들어가 보니 아스팔트는 흔적도 없이 사라지고 진흙탕 길이 펼쳐진다. 차량이 교행할 수 있는 길은 큰 도로로부터 20~30㎡ 정도였고 사유지인지 공유지인지 불분명한 토지에 점유자 마음대로 집기도 내다놓고 공산품도 쌓아 두었다. 다니다 보니 길이 되더라는 말이 이 동네에 딱 맞는 이야기였다. 남의 땅인지 내 땅인지 모르나 편의에 의해 길로 이용되면 그것이 길이 되는 곳이었다.

음산한 오전 공장 슬래브를 타고 추적추적 빗물이 떨어진다. 길가 인적은 드물었다. 적막함은 오히려 공포감마저 들게 했다.

매각기일까지 은둔자적하던 임차인은 낙찰자가 나타나자 "유치권신고"를 주장하며 난동을 피우기 시작했다. 유치권자는 '박○○'이라는 여자 임차인이었다. 뭔가 이름에서부터 산전수전 공중전 다 겪은 냄새가 펄펄 났다.

낙찰자의 이야기로는 박○○의 남편이 감옥에 다녀온 이후 다른 사건으로 임차인 박○○라는 여자도 수감되었다가 얼마 전에 출소했다고 한다. 논리적이지 않고 자기주장만 하는 사람이라서 대화가 되질 않는다고 한다. 이런 사람들의 특징은 대부분 무지하기 때문에 자신의 주장이 먹히지 않으면 무시당한다고 생각해서 신경질적이거나 폭력적으로 변한다.

자신의 무식한 주장에 대한 신념까지 더해졌다면 그야말로 난공불락의 철옹성 점유자로 둔갑하게 된다.

국도에서 한 백 미터 정도 들어가니 막다른 곳에 공장이 나왔다.

입구를 들어서니 황소만한 개 세 마리가 딱 버티고 짖어댔다. 오늘이 그날인지 왼손에 쇠망치를 든 잡부가 개 한 마리를 질질 끌고 어디론가 간다. 잠시 후 짤막한 개 비명소리가 들리고 그것으로 끝이다.

(아주 가지가지 한다)

압축물이 높게 쌓여 있었다. 뭔가 집어 들고 찍어 내렸다. 영화에서 자동차를 프레스를 가해 꾹 눌러주는 기계 같아 보였다. (갖출 건 다 갖췄네)

공장 안 쪽 쓰레기더미 사이에서 박ㅇㅇ으로 추정되는 사람이 출몰했다.

나중에 문제가 된 집진기

- 나 : 낙찰자입니다. 임차인 박ㅇㅇ 맞죠? 이야기 좀 하려고 왔습니다.

- 박ㅇㅇ : 뭔 말을 해요? 난 말할 거 없으니까 돌아가십쇼.

상당히 거칠게 나온다.

- 나 : 유치권 신고했습니까? 감옥살이 하고 싶으십니까?

곱지 않은 환대에 나도 세게 치고 나갔다. 그러자 눈을 안 마주치던 임차인이 눈에 핏발을 세우고 나에게 삿대질을 한다. 자세히 보니 한 눈이 의안인거 같다. (인상파시구나)

- 박ㅇㅇ : 시설을 했으니까 했다고 하지. 빨리 나가라니까 왜 자꾸 따라다니는 거야.

- 나 : 이봐, 아줌마. 나이도 몇 살 안 먹은 거 같은데 얻다 대고 반말이야?

원래 힘하게 짖는 개는 물지 못하는 법이다. 힘하게 한마디 던졌더니 귀찮다는 듯 꼬랑지 말고 녹슨 컨테이너 사무실로 들어가 버린다. 나도 뒤를 따랐다.

비도 내리는데. 비 맞고 쫓아 다니려니까 스타일 망가진다.
사무실 안에는 여직원이 앉아 있었다. 들어서자마자 뒤돌아보며 또 막말에 가까운 이야기를 쏟아낸다. 자기 홈그라운드에 들어왔다 그거다.
짖는 동안 가만히 듣고만 있다가 한 마디 던졌다.

↳ **나** : 아가씨, 나도 손님인데 커피 한 잔 줘요.

아가씨가 어이없다는 듯 퉁명스럽게 커피 한 잔을 내왔다.

↳ **나** : 믹스커피는 몸에 안 좋은데. 아메리카노 없나.

능청을 떨어본다. 사무실을 둘러보았다. 강제집행한다면 인력과 비용이 상당히 많이 들게 생겼다. 두리번두리번 사무실을 살펴보는데 여사장의 배우자로 보이는 사람이 나타났다. 급히 연락을 받고 왔는지 도축장에서 뛰어나온 망아지 같았다.

↳ **박○○ 배우자** : 당신 뭐야!

(이 부부는 반말이 생활화 되어 있네)
아무 소리 안 하고 빤히 쳐다보았다.

어설프게 말싸움으로 번지면 죽도 밥도 안 되는 법이다. 저쪽에서 저러는 것도 기선 제압해보겠다고 큰 소리를 치는 것이다. 기선은 입으로만 제압하는 것이 아니다. 오히려 입으로 떠든다는 것은 겁먹고 있다는 반증이다. 본인도 소유권이 넘어갔기 때문에 공장을 내주어야 한다는 것을 잘 알고 있다.

강제집행을 오늘 집행할지 내일 집행할지 모르는 상황에서 처분을 기다리는 점유자는 낙찰받은 사람보다 몇 배 더 두렵고 힘든 법이다. 점유자들 중에는 명도저항용으로 왕년에 침 좀 뱉고 다녔다고 허세를 부리는 사람이 있다. 그런 사람들도 명도저항하다가 형무소 갈 수 있다고 말하면 금방 꼬랑지를 말아버린다. 하지만 이 사람은 그 정도로 물러설 사람이 아니었다. 이미 전과기록도 있겠다 별 하나 더 다는 걸 대수롭지 않게 생각하는 사람이다.

↳ **나** : 유치권 신고하셨다는데 어떤 공사했는지 알고 싶어 왔습니다.

↳ **박**○○ **배우자** : 전력승압, 집진기, 창고 등등 다 내가 한 겁니다.

↳ **나** : 그 공사는 언제 하셨습니까?

↳ **박**○○ **배우자** : 사업 시작하면서 한 겁니다.

↳ **나** : 사업자등록증 보니까 2012년 개업이던데 맞습니까?

↳ **박**○○ **배우자** : 예.

↳ **나** : 여기 오기 전에 한전에 알아봤는데 승압공사는 사업개시 이전에 설치되어 있었고 집진시설도 건축물대장을 보니까 이전에 건축 승인받았던데요. 전에 공장을 운영하시던 분이 설비를 완비

해 놓은 걸 인수받으시고 마치 본인이 설비한 거처럼 꾸며 유치권 신고를 하셨는데 이건 편취를 목적으로 하는 사기입니다.

↳ 박○○ 배우자 : 누가 그럽니까?

↳ 나 : 관공서에서 서류 다 확인했고 소유자 분에게도 사실 확인한 겁니다.

↳ 박○○ 배우자 : 지(전 소유주)가 뭘 안다고 그런 말을 해!

아차 싶었는지 잠시 머뭇거린다.

↳ 나 : 아까부터 마치 소유자처럼 이야기하는걸 보고 확신이 들어서 하는 말인데 여사장님과 전 소유주(김○○)가 이모 조카 사이죠. 본인이 소유자라고 법원에 신고까지 하셨던데요.

때를 놓치지 않고 다시 물었다.

↳ 나 : 채무 면탈을 목적으로 조카에게 소유권을 넘겨 사해행위를 한 점과 허위임대차계약서를 작성하고 임차보증금 5천만 원의 갈취껀을 고소하면 교도소에서 꽤 살 겁니다. 누범은 가중처벌 되는 거 알고 있죠?

이 말을 듣고서야 좀 누그러지는 모습을 보였다.

↳ 나 : 유치권 철회하시고 순순히 비워주시면 야박하게 하지는 않겠습니다. 원만하게 처리하기 바랍니다.

↳ 박○○ 배우자 : 설비 해체하고 옮기려면 비용이 꽤 많이 듭니다. 우리는 그럴 비용도 없고 나갈 곳도 찾지 못했습니다. 나갈 수 있게 비용을 해 주십쇼.

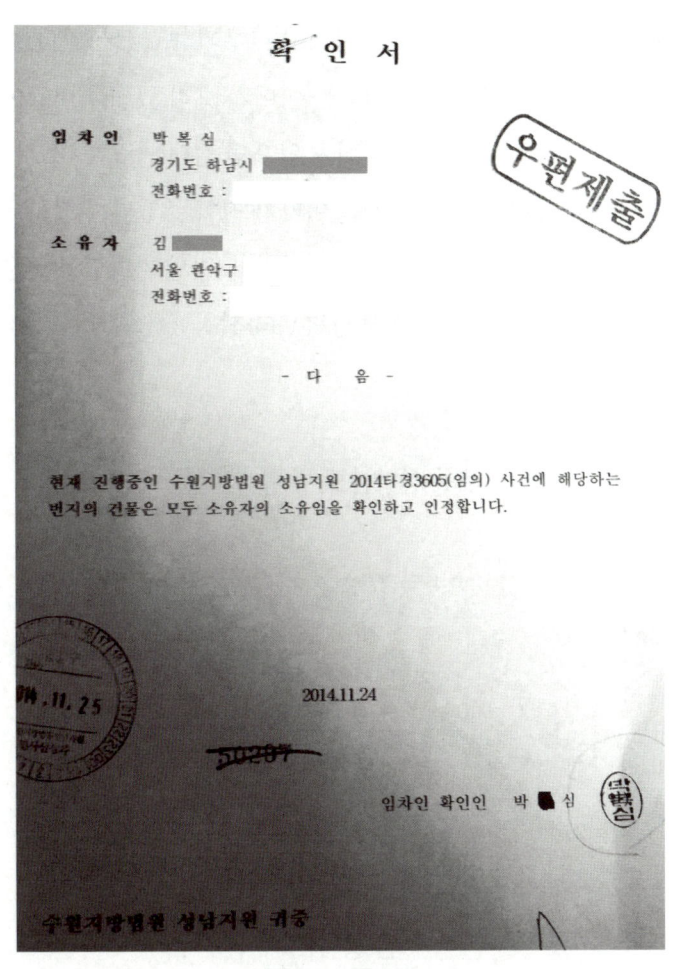

호소인지 아니면 협박인지 모를 애매한 멘트가 날아왔다.
유치권 철회를 관철시키고자 달래는 척 한 마디 던졌다.

↳ **나** : 도비업체(공장시설물 해체 전문업체)에 한번 알아보시고 연락 주십쇼.

첫 만남은 기선을 제압하는 선에서 마무리하고 돌아왔다. 도비 업체의 견적을 핑계로 다시 대화를 이어가 보려 했으나 며칠이 지나도 연락이 없었다. 내가 연락하지 않으면 절대 연락하지 않는다. 다시 전화를 했더니 받자마자 좀 이따가 전화 주겠다며 전화를 끊는다. 며칠이 지나도 여전히 연락이 없었다. 마냥 기다릴 수만은 없는 상황이 되었다. 법원에 인도명령부터 신청했다.

부동산 인도명령 신청

사　　　　건 : 2014 타경 ××××
신청인(낙찰자)　성　　명 : 박○선
　　　　　　　　주　　소 : 서울시 강남구 ○○○ ○○○
　　　　　　　　전화번호 : 010-0000-0000
피 신 청 인　　성　　명 : 박○심
　　　　　　　　주　　소 : 경기도 하남시 초이동 ○○

신 청 취 지

위 부동산 임의경매 사건에 관하여 신청인은 별지목록 기재 부동산에 대한 매각허가결정을 받고 2016.5.10. 낙찰대금을 완납하였으며 피 신청인에 대하여 위 부동산의 인도를 요구하였으나, 피 신청인은 그 인도를 거부하므로 피 신청인의 점유를 풀고 이를 신청인이 인도 받을 수 있도록 인도명령결정을 발부해 주시기 바랍니다.

신 청 이 유

1. 피 신청인은 2015.5.8. 전 소유자인 김ㅇㅇ과 별지목록 기재 부동산을 2012.6.5. 임차보증금 50,000,000으로 임대차계약을 체결하고 부동산을 인도받아 지금까지 점유하고 있습니다.(갑 제1호증 임대차계약서)

2. 피 신청인의 임차권(효력시점 2012.6.5)보다 앞선 압류등기가 (2005.6.17) 존재하고 있는바 임차인의 권리는 촉탁등기에 의하여 소멸되었다고 봐야 할 것입니다. 상가임차권의 소멸로 인해 권리주장이 어려움을 알아차린 임차인은 명도를 거부할 생각으로 다시 유치권 주장을 하고 있습니다.(갑 제 2호증 유치권 신고서)

3. 피 신청인은 최고가 매수인이 지정되던 2016.4.4.이 지난 2016.4.5. 급히 법원에 허위유치권 신고서를 제출하였습니다. 피 신청인은 전 소유자인 김ㅇㅇ의 이모(갑 제3호증 판결문)로써 전 소유자의 묵인 아래 경매를 방해할 목적으로 유치권 신고를 하였으나, 이는 모두 전 소유자와 통모하여 신고한 유치권이 거짓임을 입증하는 자료를 제출합니다.

입 증

① 유치권 신고서 (갑 제1호증)

유치권이란 타인의 부동산에 가치를 상승시키는 행위를 하였고 이에 대하여 채권이 발생하였는데 채권을 변제 받지 못하여 생긴 권리라고 할 것입니다. 그러나 유치권 신고서를 살펴본다면 유치권이라고 주장하는 행위들은 사업을 영위하기 위한 영업시설과 그 부속물들을 설치해 놓은 것임을 알 수 있습니다.

이는 부동산의 가치를 상승시키는 행위와는 아무 관계없는 행위이기에 당연히 유치권을 주장할 수 없는 것이라고 할 것입니다.

또한 임대차 계약서 (갑 제1호증)를 본다면 특약에 전소유주의 기계를 무상으로 준다는 내용까지 첨부되었습니다. 이는 금품 갈취 목적으로 남의 기계를 본인의 소유시설물인양 행세하는 허위 유치권 신고입니다.

② 확인서 (갑 제4호증)

경매 진행 과정에서 피 신청인은 별지목록 기재 부동산의 모든 건축물이 전 소유자의 소유임을 명백히 밝히고 법원에 서류를 제출하였습니다. 본인이 직접 자백한 사실을 뒤집고 다시 거짓 유치권을 주장하고 있습니다. 이는 유치권이 성립하지 않고 있다는 명백한 자백서입니다.

이런 이유로 인도명령 결정을 구하는 바입니다.

입증자료

갑 제1호증	임대차 계약서
갑 제2호증	유치권 신고서
갑 제3호증	판결문
갑 제4호증	확인서
갑 제5호증	부동산 목록 3통
갑 제6호증	부동산 등기부 등본
갑 제7호증	송달료 영수증

20××.××.××

위 신청인 (인)

낙찰자는 22억 5천이라는 큰돈을 들여 공장을 취득했는데 사용 수익하지 못하고 몇 개월이 흘러버렸다. 많은 대출을 안고 대금을 납부했기 때문에 금융비용도 만만치 않게 들어가는 상황이었다. 하루라도 빨리 명도를 받아야 하는데 점유자가 막무가내로 나오다 보니 또 다른 압박수단을 강구하지 않을 수 없었다. 낙찰자가 사용 수익하지 못한 손해와 점유자가 권원 없이 공장을 사용함으로써 발생한 부당이득 부분을 지급명령으로서 법원에 요구해 보기로 했다.

계고장 고지 날자가 잡혔다. 오늘이 그날이다. 시세도 알아볼 겸 인근 부동산을 방문했다. 중개업자는 주변에 인터체인지가 생길 거라는 호재를 이야기한다.

나 : 전답은 평당 얼마나 합니까?

중개업자 : 250만 원 정도 합니다.

나 : 농지전용허가를 받아 목장부지로 바꾸고 공장으로 임대를 주는 거죠?

중개업자 : 예, 그렇습니다.

나 : 목장부지는 얼마나 하나요?

중개업자 : 평당 400만 원 정도 합니다. 물론 도로가는 600만 원까지 호가인 곳도 있어요.

나 : 임대는 얼마나 받을 수 있어요?

중개업자 : 평당 2만 5천 원 정도요.

↳ **나** : 한 200평 임대하면 500만 원을 받을 수 있겠네요.

↳ **중개업자** : 예 그렇죠.

↳ **나** : 이행강제금은 연 2회 부과하는 걸로 알고 있는데 얼마나 나와요?

↳ **중개업자** : 5,000만 원 나왔는데 분납으로 납부하니까 별로 부담 없어요. 임대료 받아서 납부하면 됩니다. 민심이 있어서 시청도 계속해서 부과하지는 못해요.

이런 곳에서 전답을 낙찰받아 지목변경을 한다면 바보짓이 아닐 수 없다. 그냥 만들어진 것을 낙찰받는 것이 장땡이다. 대충 조사를 끝내고 현장으로 갔다.

나를 알아본 임차인이 놀란 표정을 지었다. 별로 만나고 싶지 않은 사람인데 만났다는 이상한 표정이었다.

↳ **나** : 아주머니, 좀 있으면 법원에서 나와요. 예비 집행하는 날입니다.

↳ **박**○○ : 왜 나오는데요. 아직 인도명령도 안 떨어졌구먼.

↳ **나** : 인도명령결정이 나왔으니까 오죠. 오늘은 본 집행은 아니고 예비 집행입니다.

여태껏 당당하던 모습은 온데간데없고 얼굴이 하얗게 질려 있었다. 이제 올 것이 왔구나 하는 표정이다.

↳ **나** : 말도 안 되는 유치권 가지고 장난하지 마시고 차라리 이사비 좀 달라고 하셔요.

↳ **박**○○ : …….

↳ **나** : 우리도 여기 있는 물건 치우려면 돈 들어가니까 그 돈 이사비라고 생각하고 받아 나가셔요.

↳ **박**○○ : …….

여전히 말이 없다. 응답하라. 임차인 박○심.
바로 순정만화 주인공 캐릭터로 변신한다.

↳ **박**○○ : 사실 돈이 한 푼도 없어요. 나가면 어디로 갑니까.

↳ **나** : 내가 지난번에 와서 유치권은 성립 안 된다고 말씀드렸죠! 여사님은 살면서 경매 몇 번이나 당해 보셨어요? 난 밥 먹듯 경매 현장 나오는 사람이에요. 유치권인지 아닌지 눈동자만 봐도 알아요. 집행관이 여기까지 올 때에는 그냥 왔겠습니까. 돈 들어서 나오는 겁니다. 차라리 그 돈을 이사비용으로 달라고 하시면 누이 좋고 매부 좋은 거 아닙니까? 더 이상의 집행은 없도록 해주세요.

사람이 무슨 죄가 있겠는가? 돈이 나쁜 놈이지! 돈 없이 살다보면 거짓말도 하게 되고 비굴함도 보이고 수치스러운 일도 당하는 것이다.

며칠이 지났다.
영 개운치 않아 다시 공장을 찾아가 여사장을 만났다. 앞으로 어떻게 진행될 거라는 이야기를 해줬다. 너무 두려우면 비이성적인 언행을 하게 된다더니 갑자기 미친 사람처럼 날뛰며 내 물건에 손대면 가만히 안 두겠다고 난동을 피운다. 발악을 하는 모습이 안쓰럽기까지 했다.

시간이 지나면 조금씩 받아들일 준비를 하는 게 점유자들의 일반적인 모습인데 이 아줌마는 숙성되지 않고 부패하는 모습이었다. 박ㅇ심에 대한 이런 저런 이야기들이 내 귀에까지 들어왔다. 박ㅇ심은 전직 목사였다고 한다. 여기서 한 번 더 놀라지 않을 수 없었다. 이렇게 고래 심줄보다 더 징한 사람이 목회자였다니 놀랍고도 또 놀라웠다.

신도의 재산을 갈취했다가 교도소에서 수감생활을 했다고 한다. 언니 공장마저 경매에 이르게 한 장본인이기도 하다. 재산을 갈취 당한 신도는 재판 중에 죽음을 맞게 되었고, 신도의 가족은 죽음까지 몰고 간 박ㅇ심에게 복수하기 위해서 벼르고 있다고 한다.

얼마 전에 세간에 해외 원정 도박으로 유명해진 목사가 친오빠라고 한다. 종교계 정화 차원에서 이것들은 격리 수용해야 하는 거 아닌가 싶다. 눈에 뵈는 게 없는 사람들이다.

박ㅇ심이 한번 와 달라고 전화가 왔다. 공장을 지나 사무실로 들어갔다. (오라고 해놓고 놀라는 표정은 뭐야. 참 표정관리 못해) 일관성 있게 거짓인생을 살다보니 무슨 일이든 놀란 표정이다.

↳ **나** : 안녕하셔요!

↳ **박**○○ : 어~ 우리 아저씨 안에 있어요.

안으로 들어갔다. 오늘은 신랑 행색이 망조가 든 조폭 행동 대장 캐릭터다. 덩치 큰 남자가 소파에 앉아 있었다. (이거 왜 이래! 나도 앉은 키 패 커!) 털석 소파에 앉았다.

이야기를 시작했다. 본인들이 주장했던 유치권은 법원으로부터 기각당하고 계고장까지 붙이게 되었으니 이사비 정도 받고 적정한 선에서 명도하라는 게 나의 요구였다.
사내가 이야기했다.

↳ **박**○○ **배우자** : 내가 여기까지 살아오면서~~ (미주알고주알)

위인전 한 권을 읊조린다. 그러면서 채무변제가 이뤄지지 않아서 얼마 전에 자신은 징역 8개월 살다 나왔고 부인은 10개월 살다 나왔다고 떠들어댔다. 산전수전 다 겪은 본인이 뭐 무서울 게 있냐는 둥, 자기는 죄 없는데 채권자들에게 엮여서 억울하게 옥살이를 하고 왔다는 둥. 자신이 무서운 전과자라고 당당하게 떠들어댔다.

호전적인 멘트에 슬슬 부아가 치밀기 시작한다.

↳ **나** : 신세 한탄 들어주러 온 거 아니니까 본론으로 들어갑시다. 자진해서 명도한다면 집행비 드리겠습니다.

- 박○○ 배우자 : 공장을 일반 가정집에 준해서 이야기하면 안 되죠.
- 나 : 얼마나 생각하시는데요?
- 박○○ 배우자 : …….

한참 뜸을 들인다.

- 박○○ 배우자 : 여기 시세가 30억 원 정도 해요. 22억 원에 낙찰 받으셨으니 차익의 반인 4억 원을 내놓으세요.

미친 거 아냐? 어느 정도 가능성 있는 이야기를 해야 협상을 하는데 무턱대고 도둑놈 심보로 이야기를 한다. ('살인의 유혹'을 느낀다. 그 말 한마디를 던지고 본인도 미안한지 바깥으로 나갔다. 2라운드로 박ㅇ심이 들어왔다.

- 나 : 지금 장난하자는 겁니까?
- 박○○ : 우리 애 아빠가 너무 화나서 그런 거예요. 이해하세요. 그냥 저렴하게 2억 원으로 합시다.

어떠한 어려움이 있다 할지라도 강제집행을 단행하기로 결심했다. 이번만은 꼭 집행의 칼날을 휘둘러야겠다.

강제집행하는 날이 되었다. 소유권이 넘어온 지 벌써 5개월이다. 이사비로 2억을 달라고 요구한다. 미치지 않고서 이런 요구를 할 수 없다. 협상은 서로의 기대를 좁혀가는 과정이다. 너무 잡아당기기만 하면 끊어질 수밖에 없다.

이들의 계획은 강제집행 과정에서 기계 해체 및 이동과 보관 과정에서 훼손되는 일이 발생할 경우 채권자에게 책임을 전가시켜 배상을 받겠다는 복선이 있었다.

집행관 사무실에서도 3개월째 차일피일 집행일을 미루고 있었다. 집행하기 껄끄러운 상대이기 때문에 원만히 해결되기만을 기다렸다고 한다. 집행관이 공장 명도를 해본 경험이 없어서 어떻게 가닥을 잡아야 할지 모르고 있었다. 집행일정만 잡아 준다면 도비업체며 보관이며 책임지고 내가 할 테니까 일정만 잡아달라고 했다.

일정이 잡혔다. 그날이 오늘이다.

다른 유체동산은 이동이 용이하기 때문에 별문제가 되지 않는다. 문제는 집진 시설이다. 공장과 연결된 시설물이라서 분리해체하는 일도 상당히 큰 작업이다. 싱크대 조립 공장은 톱밥이 많이 날리기 때문에 집진기로 먼지와 톱밥을 빨아들여 폐기한다. 기계 해체 중 톱밥에 불이라도 붙는다면 화재로 이어질 수도 있다.

이른 아침, 법원 용역, 사설 용역(진입로 확보), 경호용역, 도비업체(기계해체 업체) 지게차, 세콤, 열쇠공, 집행관실 법원직원. 그렇게 약 150여 명이 투입되었다. 피아 식별도 쉽지 않았다.

1공장과 2공장 쪽으로 인력을 배치시키고 출입로를 봉쇄했다. 버스를 동원해서 용역인력을 이동하다 보니 동네가 술렁거린다.

사무실로 직행했다. 갑작스럽게 들이닥치니 또 놀라는 표정이 역력했다. 이때를 기다렸다는 듯이 박○심 은 공장 안의 모든 집기는 본인 소유가 아니라며 법원판결문을 제시했다. 본인들은 지금이라도 나갈 수 있다고 한다. 하지만 다른 사람 소유의 기계류에 대해서는 손을 댈 수 없다면서, 리스계약서를 들이밀었다.

(염병하고 있네) 언뜻 들으면 맞는 말인 듯 보인다. 박○심은 본인의 기계가 아니면서 왜 이동 보관하겠다는데 막는지 모르겠다. 집행관은 이동할 것을 고지했다. 집행현장은 이런 돌발변수가 항상 출몰한다.

집행이 시작되었다. 길을 막고 난동을 피우고, 읍소하고, 협상하자며 질질 매달리고, 협박하며 그야말로 아비규환이었다. 최대한 빨리 명도를 마쳐야 했다. 사태의 심각성을 그제야 알아차리고 다만 얼마라도 이사비를 달라고 매달린다. 이미 물건너간 이야기였다. 이미 엄청난 집행비가 투입되었는데 이사비를 달라고? 어이가 없었다.

현장의 공작물을 다른 곳으로 옮기는 것은 현실적으로 불가능하다. 파손과 손괴 또 분리하는 것에 대한 부담이 컸기 때문에 1공장 안으로 밀어 넣고 시건장치를 해 버렸다. 저쪽에서 박○심의 미니어처럼 생긴 여자가 눈썹 휘날리며 달려왔다. 본인은 박○심의 동생이라고 자기소개를 한다. (또 주댕이 배틀을 해야 하는 거야. 짜증난다. 집안이 파이터 집안인가)

이해당사자 아니면 빠지라고 무시해버렸다. 한사코 뿌리치는 나를 붙들고 집행을 중지해 달라며 매달린다. 각서 한 장을 작성해서 가져 왔다. 30일까지는 무슨 일이 있어도 나갈 테니까 이사갈 수 있는 기한을 달라는 내용이었다. 각서는 보는 둥 마는 둥 했다. 옆에 웬 남자가 서 있었다.

혹시나 해서 물어보았다.

↳ **나** : 유치권 신고했던 제부 아니에요?

↳ **박**○○ **동생** : 예 맞습니다.

(이 사기꾼 같은 놈도 명도했어야 한다. 지구 밖으로)

↳ **나** : 당신 형사 고발하려 했는데 내가 참았어.

↳ **박**○○ **동생** : 선처해 주십쇼.

↳ **나** : 그런데 오늘 여기 왜 나타나셨습니까? 구경 나왔을 리는 없고. 또 박○○ 사장하고 대사 맞춰 볼 게 있나, 아니면 나하고 구강배를 한번 해보자고 온 겁니까.

↳ **박**○○ **동생** : 저희 처형이 좀 무지해서 그런 일이 있었습니다. 말일까지만 집행을 늦춰주십쇼.

예전에 나하고 통화할 때하곤 사뭇 달랐다. 그때는 죽자고 덤벼들더니 오늘은 많이 온순해졌다. 또 다른 신종 수법을 쓰려고 나온 건 아닌지! 나도 처음부터 기계를 옮길 생각은 없었다. 못 이기는 척

말일까지만 시간을 줄 테니 보관 중인 것들 모두 가져가라고 했다.
　물론 박ㅇ심한테도 단단히 약속을 받아냈다. 저들의 속셈은 우리가 공장 설비를 해체 중 훼손과 분실되었다고 우겨서 손해배상을 청구할 계략이라는 걸 알고 있었기 때문에 본인들 손으로 철거하는 쪽으로 허락을 해주었다.

　한쪽 구석에 있던 동남아 노동자가 멀뚱멀뚱 쳐다보다 우리 쪽으로 다가와서는 눈물을 글썽이며 이야기하기를, 지난 5년간 4대 보험은 물론이고 급여도 받지 못했다고 한다. 이 와중에도 박ㅇ심은 노동자들에게 완제품을 차량에 실으라고 독촉을 했다. 참 독한 사람이다. 상황을 인지한 외국인 노동자는 가방 하나를 등에 메고 어디론가 사라졌다. 모든 상황은 1시경 종료되었다.

　며칠이 지났다. 박ㅇ심에게서 전화가 왔다. 말일부터 이사를 시작하는데 2~3일 정도는 걸릴 거라는 이야기였다. 어림도 없는 소리 말라고 했다. 항상 그런 식으로 둘러대는 천부적인 소질을 가지고 있는 사람이다. 덧붙여 명도확인서를 발급해달라는 요구를 했다.
　배당받을 돈이 있었단 말인가! 부당이득 반환 청구의 소는 이미 접수되었다. 하지만 승소하더라도 재산이 없어서 집행 불능에 빠질 거라는 걱정을 해왔다. 물론 기본적인 생각은 기계류를 팔아 부당이득금으로 확보한다는 전략이었으나 기계류가 전부 반출된다면 또다시 압류하기는 힘들게 된다. 그렇다고 창고에 보관중인 기계를 반출해주지 않으면 명도가 요원해진다.

그러던 중 배당금이 존재한다는 걸 알았다. 한여름 단비와도 같았다. 법원에 확인해 보았다. 배당금으로 보증금 5,000만 원이 공탁되어 있다고 한다. 이걸 가압류해놓고 시작하면 된다. 기계류 가압류보다 현금 가압류가 훨씬 효과적이다. 가압류조치를 취해놓고 부당이득 청구의 소를 진행해서 승소 받고 수령하면 된다.

신이시여 바라옵건대

제가 바꾸지 못하는 일을 받아들이는 차분함과

바꿀 수 있는 일을 바꾸는 용기와

그 차이를 늘 구분하는 지혜를 주옵소서.

- KURT VONNEGUT JR.

이 몽타주가 맞는데

한파가 몰아치는 12월이었다. 크리스마스는 가까워지는데 깡마른 날씨는 거리를 더 춥고 메마르게 했다. 아파트 건물 사이로 몰아치는 바람은 검은 아스팔트를 빗질하듯 송두리째 쓸어간다. 너무 추운 날씨였다.

단지에는 사람 흔적을 찾아 볼 수 없었다. 경비원들도 어디로 피신했는지 보이지 않는다. 방문자는 예외 없이 출입확인을 받지만 날씨 덕분에 오늘은 무사통과다. 현관문을 열고 뛰어 들어갔다. 바람만 피했는데 벌써 온화한 느낌이다.

(이런 계절에 경매당하는 사람은 얼마나 황망할까)

옷깃을 단단히 여미고 후다닥 엘리베이터를 올라탔다. 12층에 정차했다.

아파트 현관문에는 *** 천주교 표식이 달려 있었다.
"띵동 띵동"

> **12층** : 누구세요!

> **나** : 예! 형제자매님! 집 좀 보러왔어요!

참고로 난 무신론자다. 남의 집을 방문하면서 형제님이라고 개뻥을 날리고 있다. (이럴 줄 알았으면 성경책이라도 옆구리에 끼고 올걸!) 임장(입찰 물건을 조사하는 행위) 끝나고 불경하고 성경책 좀 구비해 놓아야겠다. 70대쯤 되어 보이는 노인이 문을 빠끔히 열어본다.

경매가 진행되면 하루에도 몇 명씩 찾아오기 때문에 점유자 입장에서는 여간 곤욕스러운 일이 아니다. 응찰자는 몇 억씩 들어가는 집을 보지도 않고 입찰할 수는 없다. 서로가 못 할 짓이지만 각자의 이익실현을 위해 거쳐야 할 통과의례다.

점유자는 학습된 반발심으로 열어주지 않거나 또는 심하게 공격적인 태도를 보이기 마련이다. 안수기도로 고통을 나누러 나온 형제님이 아니라는 걸 한눈에 알아본다. 언뜻 봐도 경매물건을 조사하러 나온 사람이다. 실망스러운 눈빛으로 쳐다봤다.

(형제님, 자매님이라는 용어가 천주교에서 특허된 단어가 아닌데 왜 그리 화를 내시는지!)

> **나** : 뭐 좀 물어보러 왔습니다.

점유자의 위협적인 이 패션은 뭔가. 이 추운 겨울에 노인네가 러닝셔츠 차림으로 현관문을 연다. 나도 모르게 벽면을 두들겨 보고 있었다. 여기가 이렇게 단열이 잘 된 아파트였는지 궁금했다. 갑자기 이 아파트가 더 좋아지기 시작했다. 대낮인데 노인은 홍조 띤 얼굴로 술 냄새를 풍기며 응대했다.

> 12층 : 우리 아들이 아파트 다시 찾아온다고 했으니까 너무 애쓰지 마쇼! 이거 다시 낙찰받을 겁니다.

질문도 하기 전에 귀찮다는 듯이 이렇게 한마디 확 던져버렸다. (얼마나 기다렸던 물건인데 참 섭섭하게 말씀하시네) 노인 양반이 입찰포기시키려고 저렴한 시도를 하는 거 같지는 않았다. 말이 끝나자 문을 닫으려고 했다. 이대로 이 물건을 방생시킬 수 없었기에 황급히 현관 문틈 사이로 발을 넣어 폐문을 저지했다. (경매는 온몸으로)

> 나 : 어르신, 이왕 왔으니까 집 구경이나 한번 시켜주시죠. 어르신께서 속옷 바람으로 다니시는 걸 보니 젊었을 때 힘꽤나 쓰셨나 봐요.

대한민국 남자들에게 정력 세다는 말과 왕년에 완력 좀 썼을 거 같다는 말은 젊으나 늙으나 환장하게 만드는 멘트다.

그러자, 금방 우쭐대며 말했다.

> 12층 : 그럼요! 내가 건강하기도 하지만 단열이 잘 돼서 난방비도 거의 안 나와. 지금 보일러도 안 돌린 거야. 위 아랫집에서 보일러 켜놓으면 우리 집은 공짜로 뜨거워지지.

사실 난방상태를 알고 싶어서 집을 보고 싶다고 한 말이 아니었다. 현관에 걸려 있는 가족사진을 눈으로 스캔해놓기 위해서였다. 특히 채무자인 아들의 얼굴은 꼭 기억해두어야 했다.

민사집행법은 채무자가 경매로 진행되는 본인 소유의 부동산을 응찰할 수는 없다. 하지만 노인은 채무자인 본인 아들이 다시 낙찰받을 거라고 이야기했다. 만약 그렇게 된다면 최고가 매수인으로 선정되더라도 무효가 된다. 자연스럽게 그 다음 사람에게 최고가 매수인의 지위가 넘어가게 된다.

이 집도 가족사진이 거실에 걸려 있었다. 이런저런 질문을 계속 던지지만 내 눈은 가족사진에 꽂혀 있었다.

몽타주를 기억해 둔다는 게 이렇게 어려운 일인지 몰랐다. 치킨집에 전기구이 통에 걸려있는 닭을 구별하는 것만큼이나 힘든 일이었다. 개찰 시 이름을 호명하기 때문에 채무자를 구별해 낼 수 있는 차선책은 있다. 입찰기일까지만 기억하면 된다. (시한부 작업이다. 기억하자. 기억 못하면 닭대가리 되는 거다!)

매각기일이 왔다. 감정금액에서 한 번도 저감되지 않은 입찰이기 때문에 아무도 들어오지 않을 것이다. 나와 채무자 두 명 정도 입찰에 응할 것이다. 저쪽은 응찰할 수 없는 부적격자이기 때문에 높은 가격에 응찰한다 해도 무효처리 될 것이다. 차점자인 내가 낙찰받을 것이다. 생각만 해도 기분 좋은 일이다.

입찰 순서대로 사건을 부르기 시작한다. 드디어 내가 입찰한 사건이 호창되었다. 입찰자는 법대 앞으로 나오라고 한다. 맘 편하게 단독이면 좋겠다. 감정금액에서 단돈 1원도 더 쓰지 않았기 때문에 누군가 나온다면 무조건 낙찰을 못 받게 된다.

앞으로 나가는데 나 혼자만이 아니다. 뒤에 또 누군가 따라 나오길래 뒤를 흘깃 돌아보았다. 흐릿하지만 그 집 거실에 있던 사진 속 아들이 틀림없었다. 틀림없이 나보다 높은 금액으로 응찰했을 것이다. 상대가 최고가 매수인으로 선정되는 순간 어깃장을 놓고 경매 파토를 선언할 것이다. (푸하하하~~~~)

내 입찰서와 상대방(채무자)의 입찰서를 검토하더니 집행관이 이의 없음을 물어봤다. 즉시 이의를 신청했다. 경매법정에서 경매사건 진행 중 이렇게 확신에 찬 목소리로 이의를 신청한 사람은 없다.

> **나** : 이번 사건의 응찰자는 채무자로서 입찰에 응할 수 없는 부적격자입니다.

우쭐대며 방청객을 돌아보았다. '최고가 매수인이 바뀌는 멋진 상황을 여러분들은 내 덕분에 보게 되는 겁니다.'라고 무언의 표현을 하고 있었다. 방청객은 웅성거리기 시작했고 법정은 소란스러워졌다.

집행관은 재난상황이라도 발생한 듯 한 곳에 모여 채무자가 맞는지 확인하고 있었고 그렇게 시간은 흘러가고 있었다. 나는 최고가 매수인에게 배포하는 보증금 영수증에 찍을 도장을 만지작거리며 회심의 미소를 띠고 옆에 서있는 응찰자의 모습을 바라보며 결과를 기다리고 있었다. (심폐소생술이라도 해줘야 하는 거 아닌가)

결과가 나오면 방청객들은 "우~~~~~"하며 집행관에게 야유를 보낼 것이고 신의 한 수를 날린 나는 어깨에 벽돌 두 장을 얹고 법정을 나설 것이다. 생각만 해도 재미난 광경이다. 잠시 후 집행관이 사건 종결을 선언했다. 바뀐 것은 아무것도 없었다.

> **집행관** : 거기 응찰자 이리와 보슈.

집행관이 나를 호명했다.

> **집행관** : 여기 보면 알겠지만 채무자는 ○○○ 테크놀로지 주식회사이고 저 사람은 자연인입니다. 설사 주식회사의 대표를 맡고 있다 하더라도 법원은 법인과 자연인을 구분하고 있기 때문에 응찰은 정당하다고 볼 수 있습니다. 제대로 보고 이의 신청하셔야죠. 잘 모르면 가만히 계세요.

법정 마이크를 통해 방청객이 다 들을 수 있도록 상세히 이야기해주었다. 쪽팔려서 죽을 수 있구나! 야유를 기대했던 나는 혀를 차는 방청객들의 조롱과 비아냥대는 소리를 들었다. 등짝에 수없이 꽂히는 따가운 시선을 맞으며 법정을 빠져나왔다. 법원 앞 슈퍼마켓에 앉아 아이스크림을 씹으며 한참을 앉아 있었다.

말해야 할 때 말을 하지 않으면 사람을 잃고 말하지 말아야 할 때 말을 하면 말을 잃는다.

재산은 불리는 일보다 지키는 일이 먼저다

　세상 살면서 나쁜 놈한테 당하지 않고 사는 것도 큰 복이라고 생각한다. 현대사회는 다양한 사람과 많은 교류를 하면서 살 수밖에 없고 서로 교감하는 사이에 자신도 모르게 선의가 악의인 줄 모르고 걸려드는 경우가 생긴다.

　본능적으로 선악을 구별해 낼 수 있는 능력을 갖추고 태어나지 않은 이상 수많은 유혹과 의혹에 시달리게 되고 뭔가 잘못되어가고 있다고 느낌을 받았을 때는 꿈에서 깨어나는 게 무서운 나머지 쉽게 확인 가능한 거짓말도 믿고 싶어진다.

자신의 불찰에 의해 벌어진 일이라는 게 세상에 알려지면서 자괴감은 더 커지고 기억에서 내쫓아버리고 싶은 아픈 추억 때문에 세상에 불신을 갖고 살아가면서 매사에 확신 있는 행동을 할 수 없게 되는 마음의 병까지 얻게 된다.

대문호 요한 볼프강 폰 괴테는 <파우스트>에서
"그가 지상에서 살아가는 동안에는 네가 무슨 일을 하든 금하지 않겠노라. 인간은 노력하는 한 방황하는 법이니라."
라고 하며 인간은 끝없이 번뇌하는 나약한 속물이라고 말했다.

감별사 정도의 경지는 아니더라도 자기를 지킬 수 있는 백신 정도는 접종해 두어야 악의적 의도를 가지고 접근하는 불의를 차단해 낼 수 있는 면역력을 가질 수 있다. 글쓴이가 알고 있는 세상은 비록 협소하지만 작은 영역이나마 세상에 알려서 선의와 악의를 선별해내는 경계인으로서의 역할을 하고자 이 장을 쓴다.

일반 서민들이 부동산을 점유하기 위해서 본인의 재산 중 상당부분을 담보로 제공하거나 투자하여야 한다. 전세보증금이나 매매대금을 생각해본다면 얼마나 큰돈이 움직여야 하는지 부연설명을 하지 않더라도 잘 알고 있다. 이런 큰 자금이 움직이는데 법률지식이 없어서 낭패를 겪은 경우가 발생하여 필자를 찾아오는 사례가 있다.

임차인현황 (말소기준권리 : 2012.06.18 / 배당요구종기일 : 2019.05.13)							
임차인	점유부분	전입/확정/배당	보증금/차임	대항력	배당예상금액	기타	
최	주거용 전부	전 입 일: 2012.06.18 확 정 일: 2012.06.18 배당요구일: 2019.03.18	보250,000,000원	없음	배당순위있음		
기타사항	▷본문으로 해당 관청에 전입세대 확인한 바, ▨▨▨세대(2012.6.18) 전입 ▷해당 세무서에 상가건물임대차 현황서를 확인한 바, 해당사항없음 ▷점유 및 임대차 관계 미상으로 안내문 부착 ▷위 사항은 임차인 통지를 하기 위해 작성된 것임 ▷폐문부재로 임차인을 직접 조사하지 못하였으므로, 점유관계 등은 별도 확인 요함						

등기부현황 (채권액합계 : 572,000,000원)							
No	접수	권리종류	권리자	채권금액		비고	소멸여부
1(갑5)	2012.06.18	소유권이전(매매)	김▨			거래가액: 700,000,000	
2(을3)	2012.06.18	근저당	회덕농협 (중리지점)	533,000,000원		말소기준등기	소멸
3(을6)	2017.12.01	근저당	신▨	39,000,000원			소멸
4(갑7)	2019.02.15	임의경매	회덕농협 (중리지점)	청구금액: 438,162,273원		2019타경	소멸

　　임차인들은 자신의 임차보증금에 대한 권리를 보호받기 위해서 전입을 하고 확정일자를 받아 둔다. 임대인이 임대계약 만료기일에 맞춰서 보증금을 반환해 주면 아무 문제가 없지만 반환이 어려워지면 분쟁이 생기고 임차인은 보증금을 반환받기 위해서 불가피하게 소송을 진행해야 한다.

　　보증금을 반환해 주라는 판결을 받더라도 재정적 동력이 소멸되어버린 임대인에게 보증금을 상환받을 방법은 경매밖에 없다. 다행히도 임대차 계약 시점에 "임대차보호법"에 의한 권리보호방법을 잘 알고 처리해 두었다면 부동산 시세가 현저히 떨어지지 않는 한 경매를 통해 전세보증금을 확보하여 손실을 막을 수 있다.

　　하지만 위 사례 같이 경매까지 진행되었지만 손실보전이 어려워지는 경우도 발생을 한다. 위 사례의 문제점을 살펴보자면, 임차인의 전입날짜와 최초 근저당(말소기준권리) 설정기일이 같은 날에 이뤄졌다.

두 권리의 효력 발생 시점을 살펴본다면 임차인은 전입신고 다음날 0시부터 효력이 발생한다. 다시 말해서 2012년 6월 19일 0시부터 효력이 발생한다. 반면 근저당 효력 발생 시점은 당일 9시로 봐야 하기 때문에 2012년 6월 18일 9시다. 같은 날 전입신고와 근저당이 설정되었지만 임차인의 전입일보다 근저당이 선순위 권리가 된다.

여기서 말소기준권리라고 불리는 최초 근저당은 설정일 이후 모든 권리가 낙찰대금 내에서 순위 배당을 받고 말소된다. 말소 기준 권리 이후의 순위배당 받는 권리자들의 배당은 전액을 받든 일부를 받든 무조건 권리는 소멸되는 것이다.

이 사건을 보면서 필자는 상당히 분개했었다. 임대인이 어떤 사람이기에 임차인과 임대차계약서를 작성하는 시간에 은행에서 대출을 일으킬 계략을 하고 실행했는지 일반인의 상식으로는 이해가 가지 않았다.

시세 7억 원의 부동산을 가지고 금융권으로부터 5억 원을 빼 쓰고 다시 임차인에게 2억 5천만 원을 받았다. 부동산의 가치보다 더 많은 부채를 안은 부동산이 되어버렸다.

기한 만료가 되어 임차인이 다른 임차인에게 전세를 넘기고 나오고 싶어도 선순위 5억 원이 설정되어 있기 때문에 임차인을 찾기란 불가능하다. 이런 경우가 드물지 않겠냐는 생각을 하겠지만 경매물건을 검색하다 보면 자주 목격하는 내용이다.

일반인은 상상도 할 수 없는 일을 저지른 깜찍한 임대인을 재간둥이라고 말하지 않을 수 없다. 이런 재간둥이들은 정부차원에서 분리 처분해야 한다고 본다.

서민의 전 재산인 임대보증금을 지키는 교육은 어디에서도 이뤄지지 않고 있기에 이 책에서라도 정확히 정리해본다.

임대차보호법

임차인을 보호하기 위한 법령이 "임대차보호법"이다. 우리나라는 물권법정주의를 적용하고 있기 때문에 어떠한 경우라도 채권인 임대보증금이 물권의 권리보다 앞서 보장받을 수 없다. 국가는 서민의 전 재산인 임차보증금의 권리보호를 위해 물권과 같은 권리행사를 할 수 있도록 단계별 보호 장치를 해놓았다.

■ **대항력** ■

임차인의 권리보호 단계 중에서 초기 단계라고 할 수 있는 "대항력"에 대해서 알아보자.

☐ 일반매매 ⇨ 계약기간이 만료할 때까지 점유하고 사용·수익할 수 있는 권리가 생성된다.

※ 임대인이 계약기간 중에 신축, 자가 점유, 소유권자 변경 등에 의해 계약 파기를 요구할 경우 이를 거부할 수 있다.

☐ 경·공매 ⇨ 말소기준 권리보다 선순위 대항력이라면 일반매매와 같이 임대차계약에 의한 기간을 보장받고 보증금을 보전 받기 전까지는 점유를 풀지 않을 권리가 생기며 말소기준 권리 이후에 대항력을 갖췄다면 주택임대차보호법 제3조 제5항에 의해 낙찰자에게 대항할 수 없게 되고 임차인의 권리는 순위배당을 받거나 배당받을 금액이 없을 경우 소멸하게 된다.

임대차보호법은 임차인의 권리를 보호하기 위해서 물권에 대항하여 권리주장을 할 수 있는 큰 힘을 실어주었다. 하지만 임차인을 보호하기 위해서 만들어진 이 법령이 채권회수의 수단으로 악용돼는 것을 막기 위해서 임차인을 특정(구별)할 수 있는 세 가지 규정을 두어 임차인의 자격요건을 엄격히 규제하고 있다.

임차인의 자격요건

① 계 약

임차인이라면 임대차계약을 체결함이 타당할 것이고 입증서류로서는 임대차계약서를 작성한다. 이 서류는 경매가 진행될 경우에 임차인임을 증빙하는 중대한 서류가 되며 권리 행사를 위해 배당요구 및 권리신고를 할 때 사본을 제출하고 배당기일(임차보증금 수령기일)날에는 원본을 제출해야 한다.

만약 임대차계약이 아니고 채권채무관계라며 차용증이나 금전소비대차가 있을 뿐이지 임대차 계약서가 존재하지는 않는다.

시중의 대부업체들이 금전소비대차 외에 임대차계약서를 작성해달라는 경우가 있다. 이는 임대차보호법을 악용하여 채권회수를 위한 방법으로 사용하기 위해 보험을 들어두는 것이다.

② **점 유**

임대차 계약이 이뤄지면 즉시 입주도 가능하지만 대개는 한 달 말미를 두고 잔금 납부와 동시에 점유하게 된다.

임차인이 점유하고 있는 사실이 입증되어야 임차인의 권리는 보호받게 된다. 실무에서 경매가 진행되고 있는 주택에 사람이 살고 있는지 일일이 방문 조사를 한다는 것은 현실적으로 불가능하다. 옷가지 몇 개 던져 놓고 출장 중이거나 야간 교대근무자라서 며칠에 한 번씩 귀가한다고 하면 어쩔 수 없이 점유를 인정해야 한다.

배당이의의 소가 걸리게 되면 가장 임차인 때문에 손실을 봐야 하는 낙찰자 입장에서는 점유하지 않았다는 사실을 입증해야 한다. 그때 법원에 입증자료를 얻기 위해 많이 사용하는 방법이 법원을 통한 "문서 송부 촉탁"으로 도시가스, 수도 사업국, 한국 전력 등에 사용내역을 조회해달라고 요청하면 된다. 점유하고 있지 않았다는 객관적 입증자료가 되기 때문에 재판부에서 받아들여지고 있다.

③ 전 입

임대인과 임대차계약이 체결되면 국가의 보호를 받기 위해 거주 관할 주민자치센터에 전입신고를 하게 된다. 임대차보호법의 "전입"은 사인 간의 거래를 국가로부터 한 번 더 공식적으로 인정받는 과정이라고 보면 된다. 전입신고를 마치면 당일은 효력이 발생하지 않고 익일(다음날) 0시부터 효력이 발생한다.

예를 들어 2020.1.10.(전입) / 2020.1.11.(근저당 설정)이라면 전입의 효력 발생 시점은 2020.1.11 AM 0시, 근저당의 효력 발생 시점은 2020.1.11. AM 9시가 된다. 근저당 효력 발생 시점을 당일 오전 9시로 보는 것은 법원등기소가 9시에 업무를 시작하기 때문에 근저당 설정이 아무리 빠르다고 해도 9시 이전일 수는 없기 때문이다.

경매정보지를 살피거나 대법원 경매 사이트를 열람해 보면 "대항력"의 존부에 대해서 서술해 놓고 있는 있지는 않다. 대항력의 권리완성은 계약, 점유, 전입인데 그중에서 계약과 점유는 사실관계를 확인하기가 쉽지 않고 전입만이 확인 가능하다. 그러나 응찰하려는 사람에게 대항력의 존부는 너무나도 중요한 일이다. 가끔 낙찰을 받아놓고도 대금을 미납하는 경우가 발생한다. 이런 경우의 절반은 선순위 임차인에 대한 파악을 제대로 하지 못했기 때문에 일어나는 일이다. 낙찰자는 최저 입찰가격의 1/10에 해당하는 입찰보증금을 날리게 되고 보증금은 배당금에 합쳐져서 배당된다.

대항력은 관할 주민자치센터에서 "전입세대열람"을 통해서 알수 있다. 전입세대열람을 하기 위해서는 경매정보지를 지참해야 하며 본인 신분증과 함께 신청서를 제출하면 가능하다. 전입세대는 세대구성원이 전부 나오지는 않고 세대주만 나오는데 동거인 추가가 가능하다. 만약에 다른 세대 전입이 있다면 세대주가 추가되어 발급된다.

여기서 문제점이 야기된다. 임차인 자격요건 3가지의 성립날짜가 전부 다를 수 있다. 어찌 본다면 날짜가 전부 다른 것이 정상일 것이다. 이럴 경우 계약, 점유, 전입 중 어느 날짜를 효력발생시점으로 봐야 할 것인가? 이럴 경우에는 3가지 성립요건 중에서 가장 늦은 날짜를 효력발생시점으로 봐야한다.

■ 우선변제권 ■

대항력 자체만 가지고는 경매과정에 참여하여 배당을 요구할 수 없다. 경매까지 진행된 주택에 기분 좋게 계속 거주하고 싶은 임차인 거의 없다. 하루라도 빨리 전세보증금을 수령하여 다른 곳으로 이사하고 싶은 마음뿐이다.

그런 국민의 마음에 부응하기 위해서 채권을 물권화시키는 특별법을 만들었다. 다시 말해서 배당에 참여하여 보증금을 요구할 수 있는 권리를 부여한 것이다. 이것을 "우선변제권"이라고 한다. 흔히 말하는 "확정일자"이다.

확정일자는 아주 특별한 의미를 갖는다. 확정일자는 배당을 받을 수 있는 순위를 정하는 기준이 되기 때문이다. 근저당은 설정일이 기준일이 되는 것이고 임차보증금의 우선변제권은 확정일자가 기준이 된다.

확정일자의 효력발생 시점은 주민자치센터가 업무를 시작하는 당일 9시로 본다.

우선변제권의 요건

☐ 대항력 + 확정일자 = 우선변제권

우선변제권의 효력발생시점은 대항력이 모두 갖춰진 상태에서 확정일자를 받는 날이 된다. 실무에서는 대항력(점유, 전입, 계약)과 우선변제권을 득한 날이 뒤죽박죽으로 섞여있는 경우가 왕왕 보인다. 이런 경우에는 모든 날짜 중에서 가장 늦는 날짜가 우선변제권 효력 발생 시점이 된다.

예		
	계 약	2020. 1. 4
	확정일자	2020. 1. 4
	점 유	2020. 2. 4
	전 입	2020. 3. 4

🟢 임차인은 계약을 하고 권리보호를 위해 같은 날 주민자치 센터에 달려가 확정일자 날인을 받는다. 그리고 한 달 후 임대인에게 잔금을 지불하고 점유를 시작하다가 짐정리가 모두 끝난 뒤 전입신고를 한 경우다. 대항력을 갖추지도 않았는데 확정일자를 먼저 받아 버렸다. 이런 경우에도 우선변제권 발생시점은 계약, 확정일자, 점유, 전입 중 가장 늦은 전입일이 기준이며 2020.3.5. 0시가 된다.

※ 주택 전세 계약은 통상 2년으로 계약기간을 정한다(계약갱신청구권의 시행으로 4년간 기간을 보장한다). 임차인은 확정일자까지 꼼꼼하게 받아 놓는다. 이때 받아 놓은 확정일자는 첫 계약서에 나와 있는 금액에 대해서만 우선변제권을 갖는 것이다. 2년이 지나 보증금 증액이 이뤄졌다면 확정일자를 다시 받아서 증액한 보증금에 대해 우선변제권을 득해야 하는 것을 잊지 말아야 한다.

🟢 15년 전쯤에 가르친 수강생이 법원 인근 경매컨설팅회사에 근무하고 있었다. 하루는 다급하게 연락이 왔다. 목소리를 들어보니 이미 적색 눈금을 훌쩍 넘어선 느낌이었다. 경매일을 시작하면서부터 잘 하고 있었기 때문에 의기양양하게 일을 하고 다녔다. 빛이 밝으면 그림자도 생각해야 하는 법인데 그렇지 못했다. 꼼꼼하게 분석을 하고 들어갔어야 할 물건을 너무 쉽게 판단했다가 낭패를 보게 되었다. 전화기에서 들려오는 다급함은 가슴으로는 느낄 수 없지만 머리로는 헤아릴 수 있었다. 물건을 살펴보았다.

소재지	서울특별시 구로구 구로동							
물건종별	아파트	감정가	600,000,000원		구분	입찰기일	최저매각가격	결과
대 지 권	43.364㎡(13.118평)	최저가	(80%) 480,000,000원		1차	2010-11-09	600,000,000원	유찰
건물면적	110.188㎡(33.332평)	보증금	(10%) 48,000,000원		2차	2010-12-14	480,000,000원	낙찰
매각물건	토지·건물 일괄매각	소유자	정		낙찰 532,000,000원(88.67%) / 5명 / 불허가			
개시결정	2010-05-13	채무자	정		3차	2011-02-23	480,000,000원	
사 건 명	임의경매	채권자	한국자산관리공사		낙찰 : 480,020,000원 (80%)			
					(입찰1명,낙찰:)			
					매각결정기일 : 2011.03.02 - 매각허가결정			
					대금지급기한 : 2011.05.13			
					배당종결 2011.05.13			

전 회차에 이미 누군가 낙찰을 받았는데 불허가를 신청해서 보증금을 환불받았다. 이후 이 친구가 응찰을 했는데 단독으로 낙찰을 받았다. 아주 고수가 아닌 이상 단독입찰로 낙찰받게 되면 그 찝찝함이란 뭐라 말할 수 없다.

그 심정은 횟집수족관에서 집행을 기다리는 물고기 같은 심정이 된다. 아무도 응찰하지 않은 이유를 찾기 위해 빠른 걸음으로 돌아다니게 되고, 오만가지 생각이 컨베이어 벨트를 타고 나오는 여행용 가방처럼 끝도 없이 줄기에 줄기를 물고 떠오르게 된다.

권리 분석을 꼼꼼히 살펴보았다. 물건명세서, 현황조사서, 세대열람서, 부동산 등기부등본 등 모든 서류를 뒤졌다. 그러던 중 경매정보지 구석에 아주 작은 문구를 발견하였고 그것이 이렇게 뼈아픈 결과를 만들 줄은 꿈에도 생각하지 못했던 것이다.

● 임차인현황 (말소기준권리 : 2008.12.04 / 배당요구종기일 : 2010.07.29)							
임차인	점유부분	전입/확정/배당	보증금/차임	대항력	배당예상금액	기타	
강■■	주거용 전부	전 입 일: 2004.07.28 확 정 일: 2004.08.06 배당요구일: 2010.06.10	보260,000,000원	있음	배당순위있음	임차권등기자	
임차인분석	▣폐문부재하여 출입문에 경매현황조사 및 배당요구신청 안내문을 부착해 둠/임대차관계 미상 ▶임차인 강향중 1차 확정일자:2004.08.06.(금180,000,000원) 2차 확정일자:2010.7.7.(2006.5.17.증액된 금40,000,000원), 2010.7.7.(2008.4.27. 된 금40,000,000원) ▣권리신고서상 임차인 강■■ 확정일자 : 2004.8.6.(1억8천만원 대하여), 2010.7.7.(8천만원에 대하여) ▣강향중 : 보증금 2억 6천만원(2004.3.4. 1억6천만원, 2006.5.17. 4천만원 증액, 2008.4.27. 4천만원 증액) 임차인 강향중의 임차권 중 증액된 8천만원에 대하여 매수인에 대한 대항력 여부는 불분명 ▣매수인에게 대항할 수 있는 임차인 있으며, 보증금이 전액 변제되지 아니하면 잔액을 매수인이 인수함						

● 등기부현황 (채권액합계 : 863,789,649원)						
No	접수	권리종류	권리자	채권금액	비고	소멸여부
1	2004.07.19	소유권보존	정■			
2	2008.12.04	근저당	한국자산관리공사	364,000,000원	말소기준등기	소멸
3	2009.06.02	근저당	김■	112,500,000원		소멸

위 이야기를 간단하게 정리해보자면

1. 임차인(강○○) 2004.7.28.(전입, 확정일자) 180,000,000원으로 임대차 계약

2. 임차인(강○○) 2006.5.17. (대항력 갖춤 증액) 40,000,000원 보증금 증액

   －증액된 보증금에 대해서는 우선변제권인 확정일자를 받지 않았다.

3. 임차인(강○○) 2008.4.27. (대항력 갖춤 증액) 40,000,000원 보증금 증액

   －증액된 보증금에 대해서는 우선변제권인 확정일자를 받지 않았다.

4. 근저당(말소기준권리) 2008.12.4. 근저당 설정 364,000,000원

5. 확정일자 2010.7.7. 증액한 보증금 2, 3 확정일자 갖춤

임차인이 증액한 2, 3번 보증금 80,000,000원은 말소기준권리보다 선순위 "대항력"을 갖추었으나 확정일자는 말소기준권리

(2008.4.27)보다 늦은 2010.7.7.이기 때문에 배당은 근저당보다 늦고 대항력만 있게 된다. 낙찰자는 80,000,000원을 임차인에게 내줘야만 온전하게 집을 명도 받을 수 있게 된다. 결과적으로 낙찰자는 이 집을 취득하기 위해서 560,200,000원을 지불해야 하는 결과를 초래하게 된 것이다.

■ 최우선변제권 ■

최저생계를 유지하는 저소득층의 주거 안정을 목적으로 임대차보호법에서 정해놓은 한도에 따라 선 배당을 해주는 제도가 최우선 변제권이다.

주택 소임차인 최우선변제금

담보물권설정일	지역	보증금 범위	최우선변제액
1984.6.14. ~1987.11.30.	특별시, 직할시	300만원 이하	300만원까지
	기타지역	200만원 이하	200만원까지
1987.12.1. ~1990.2.18.	특별시, 직할시	500만원 이하	500만원까지
	기타지역	400만원 이하	400만원까지
1990.2.19. ~1995.10.18.	특별시, 직할시	2,000만원 이하	700만원까지
	기타지역	1,500만원 이하	500만원까지
1995.10.19. ~2001.9.14.	특별시, 광역시(군지역 제외)	3,000만원 이하	1,200만원까지
	기타지역	2,000만원 이하	800만원까지
2001.9.15. ~2008.8.20.	수도정비계획법 중 과밀억제권역	4,000만원 이하	1,600만원까지
	광역시(군지역과 인천광역시지역 제외)	3,500만원 이하	1,400만원까지
	그 밖의 지역	3,000만원 이하	1,200만원까지
2008.8.21. ~2010.7.25.	수도정비계획법 중 과밀억제권역	6,000만원 이하	2,000만원까지
	광역시(군지역과 인천광역시지역 제외)	5,000만원 이하	1,700만원까지
	그 밖의 지역	4,000만원 이하	1,400만원까지

기간	지역	보증금 범위	최우선변제액
2010.7.26. ~2013.12.31.	서울특별시	7,500만원 이하	2,500만원까지
	수도권정비계획법에 따른 과밀억제권역(서울특별시 제외)	6,500만원 이하	2,200만원까지
	광역시(수도권정비계획법에 따른 과밀억제권역에 포함된 지역과 군지역 제외), 안산시, 용인시, 김포시, 광주시	5,500만원 이하	1,900만원까지
	그 밖의 지역	4,000만원 이하	1,400만원까지
2014.1.1. ~2016.3.30.	서울특별시	9,500만원 이하	3,200만원까지
	수도권정비계획법에 따른 과밀억제권역(서울특별시 제외)	8,000만원 이하	2,700만원까지
	광역시(수도권정비계획법에 따른 과밀억제권역에 포함된 지역과 군지역 제외), 안산시, 용인시, 김포시, 광주시	6,000만원 이하	2,000만원까지
	그 밖의 지역	4,500만원 이하	1,500만원까지
2016.3.31. ~2018.9.17.	서울특별시	1억원 이하	3,400만원까지
	수도권정비계획법에 따른 과밀억제권역(서울특별시 제외)	8,000만원 이하	2,700만원까지
	광역시(수도권정비계획법에 따른 과밀억제권역에 포함된 지역과 군지역 제외), 안산시, 용인시, 김포시, 광주시 (세종시 포함)	6,000만원 이하	2,000만원까지
	그 밖의 지역(세종시 제외)	5,000만원 이하	1,700만원까지
2018.9.18.~	서울특별시	1억 1천만원 이하	3,700만원까지
	수도권정비계획법에 따른 과밀억제권역, 세종시, 용인시, 화성시	1억원 이하	3,400만원까지
	광역시(수도권정비계획법에 따른 과밀억제권역에 포함된 지역과 군지역 제외), 안산시, 김포시, 광주시, 파주시	6,000만원 이하	2,000만원까지
	그 밖의 지역	5,000만원 이하	1,700만원까지

이 기준은 담보설정일이 기준이 된다.

예 낙찰가격 100,000,000원(서울 지역)

가. 근저당 2015.2.1.   설정액 3,000만 원

나. 근저당 2017.4.5.   설정액 5,000만 원

임차인 현황

① 임차인 갑 2020.1.5. 보증금   5,000만 원

② 임차인 을 2020.2.7. 보증금   1억 원

배당재단

1. 2015.2.1. 근저당 설정 당시 임대차보호법 최우선 변제금 범위를 본다면 9,500만 원 이하 임차보증금으로 임대차계약을 한 사람은 3,200만 원을 선 지급하라고 되어 있다. 임차인 갑, 을 중에서 범위에 들어가는 사람은 갑이다. 그러므로 경매집행비용을 제외한 금액 중에서 가장 먼저 1번 임차인 갑이 3,200만 원을 받게 된다.

2. 2015.2.1. 설정된 "가" 근저당 3,000만 원이 배당된다.

3. "나" 근저당 설정일이 2020.2.7.이므로 이 당시 임대차보호법의 최우선 변제금 범위를 살펴본다면 1억 원 이하의 전세보증금으로 임대차계약이 이뤄진 임차인은 3,400만 원을 선 배당받게 된다. 임차보증금이 5,000만 원인 임차인 갑은 먼저 3,200만 원을 받았기 때문에 추가로 200만 원만 더 받으면 되고 임차보증금 1억 원이었던 임차인 을은 3,400만 원을 선 배당 받게 된다.

4. 낙찰대금 1억 중 9,800만 원이 선 지급되었다. 남아 있는 금액 200만 원은 "나" 배당하면서 배당이 종료된다.

한 가지 알아두어야 할 것은 경매가 진행되었을 때 우선변제권과 최우선변제권을 득하고 있다 해도 배당요구 및 권리신고를 하지 않았다면 배당을 받을 수 없다는 점이다. 배당요구 종기일까지는 꼭 배당신청을 해야 임차인의 권리를 보호받을 수 있다는 것을 명심해야 한다.

PART 03

경매의 승부처는
마무리였다

여자의 미모는 권력이다

무더운 여름날, 지루한 경매강의는 온전히 듣기가 힘들다. 강의하는 사람이나 듣는 사람 모두에게 고역이다. 강의에 집중시키기 위해서 계절용 필살기 한두 개쯤은 주머니 속에 움켜쥐고 있다가 모두가 지쳐갈 때쯤 터트릴 수 있는 소재가 있어야 한다.

오래전이라 희미한 기억이지만 떠올릴 때마다 빙그레 웃음 짓게 하는 일이 있다. 당사자가 아직도 경매 쪽에서 일하고 있다면 그분도 아마 이 글을 읽을 거라고 생각한다. 허락 없이 쓰는 글이라서 예쁘게 써야 할 텐데 걱정이 앞선다.

수강생들을 끌고 다니던 2006년도 초겨울이었다. 한여름과 한겨울은 가급적 현장학습을 다니지 않는다. 현장 조사를 열심히 해

봐야 소득을 얻기 힘들다. 날씨 때문에 가성비가 영 나오지 않는다. 학습자들도 지치고 강사도 힘들기 때문에 효율이 많이 떨어진다.

어느 날, 올해 마지막 현장학습이라 생각하고 용인시 처인구 좌항리 쪽으로 현장학습을 나갔다. 그때 봤던 물건 중 특이한 아파트 하나가 있었다. 경매정보지를 봤더니 나 홀로 아파트가 논바닥에 덩그러니 서 있었다. 인근을 아무리 돌아봐도 전부 논이었다. 이 일대가 "농업진흥지역"인데 어떻게 아파트 건축허가가 나왔는지 아이러니한 일이었다. 수강생들에게도 이런 사실을 알려주었다.

> 나 : 이 지역은 못 하나 박을 수 없는 농업진흥지역입니다. 논바닥에 아파트를 건축할 수 있다니 참 신기한 일입니다. 저도 궁금해서 현장답사 일정에 넣어보았습니다.

피식 웃으며 이야기를 이어 나갔다.

> 나 : 특이한 물건이네요. 희소가치 있지 않을까요!

라며 현장으로 출발했다. (무심코 던진 마지막 멘트는 하지 말았어야 할 이야기였다)

인근 부동산 중개업소가 마을 어귀 정류장 앞에 있었고 휴일이라 문이 닫혀 있었다. 창문에는 희뿌연 모래먼지가 가득 덮여 있었고 내부는 오래전부터 비웠는지 살림살이가 너저분하게 널려 있었다. 시세 파악은 불가능했다.

한 동짜리 아파트 시세가 따로 정해져 있을 리 없다. 고물장수 엿가락 팔 듯이 매도자가 급하게 팔고자 하면 싸게 팔기도 하고 매수자 잘 만나면 좋은 가격에 매매되기도 하는 물건이다. 초보투자자 입장에서는 수익이 적더라도 가격이 투명하게 형성되어 있는 물건을 선호하게 된다. 초보투자자 응찰물건으론 부적격 물건이었다.

중수급 정도 수준이 되면 성향이 좀 바뀐다. 가격이 불투명한 물건을 찾게 되는데 그런 물건은 부동산의 숨은 가치를 볼 줄 아는 실력이 있어야 한다. 숨은 가치는 곧바로 수익과 직결된다. 그런 실력을 갖추기 위해서는 많은 정보력과 축적된 현장 경험이 필요하다.

아련한 기억에 그 당시 강의를 중급 정도에 맞춰서 했던 걸로 기억한다. 시세가 불분명한 부동산이 차익을 많이 낼 수 있다는 강의를 했었다. 가격 파악이 쉽지 않은 이 물건이 그런 맥락에서 좋은 물건으로 오인될 수도 있었을 것이다.

저층은 고층에 비해서 저평가된다는 것은 누구나 잘 알고 있다. 이 물건은 1층이기 때문에 다른 층보다 저평가되어야 한다. 문제점은 저층이라는 것뿐만 아니었다. 1층 바로 지하에 정화조를 묻었다. 그래서인지 한겨울임에도 분뇨냄새가 사방에 진동하고 있었다. 꼭대기 층에 거주한다 해도 고향의 냄새를 피할 수는 없었다. 물건조사 등급은 D-였다. 마침 엘리베이터에서 나오는 한 주민과 마주쳤다. 1층 세대에 대한 이야기를 듣고 싶어서 몇 마디 건넸다.

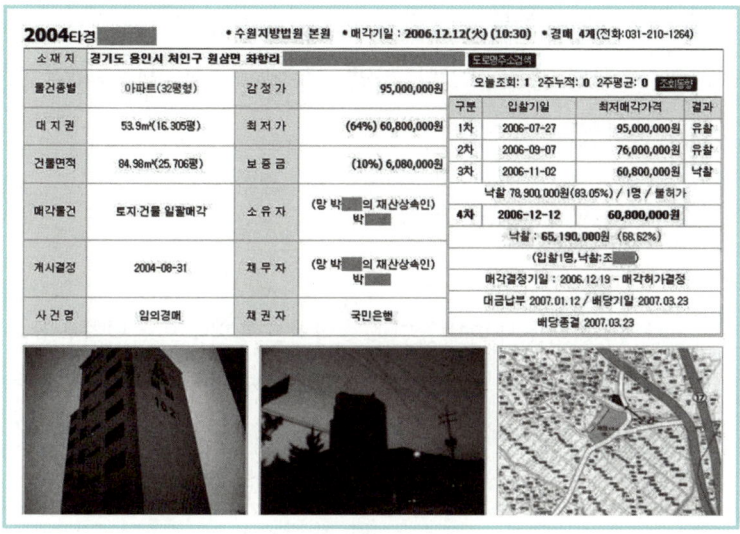

> **주민** : 그 집에 엄마 없이 자란 초등학교 4학년짜리 딸이 하나 있어요. 그 아버지가 얼마 전에 할머니하고 딸만 남기고 교통사고로 죽었어요!

슬픈 스토리였다. 초등학교 다니는 딸에게 이 아파트가 상속되었고 이자상환 능력이 없는 딸은 무슨 일이 벌어졌는지도 모르고 아버지를 그리워하며 학교를 다니고 있다고 했다. 집안 스토리는 공교롭게도 나만 들은 이야기였다.

현장조사를 마치고 나오며 이 물건은 내일 매각기일인데 시세조사도 충분치 않고 제반(명도)여건도 만만치 않아 수익내기 어려우니 응찰하지 않으셨으면 좋겠다고 이야기했다.

얼마 후 현장 답사를 같이 다녀왔던 분 중에 한 분에게 연락이 왔다. 누군지 금방 알 것 같았다. 하얀 피부에 출중한 미모를 갖춘 이혼녀 아줌마였다.

↳ **답사자** : 제가 사고를 쳤네요.

↳ **나** : 무슨?

↳ **답사자** : 현장조사 다녀왔던 ㅇㅇ아파트를 단독으로 낙찰받았어요. 찜찜해서 현지 부동산중개업소에 매매 가격을 알아보았는데 턱없이 높은 금액으로 낙찰을 받았을 뿐 아니라 매매도 전혀 되지 않는다고 하네요. 불허가를 낼 수 없을까요?

전화목소리는 차분하고 분명했지만 애타는 마음은 숨길 수 없었다.

↳ **나** : 제가 그 물건 안 된다고 말씀드렸는데 왜 받으셨어요?

↳ **답사자** : …….

한동안 말을 잇지 못하더니

↳ **답사자** : 혹시 선생님이 저희를 따돌리고 혼자 입찰하시려고 그렇게 말한 줄 알고…….

(이분이 인생의 파도가 있네! 남자 말 믿지 못하는 파도가 있어!)

불허결정이 나와야 보증금을 반환받을 수 있다. 방법이 마땅치 않았다. 서류를 열람해보고 민사집행법을 찾아보았다. 이리저리 방안을 찾아보아도 뾰족한 방법이 없었다. 마지막으로 그녀에게 제의를 했다.

- **나** : 법도 정상참작이라는 게 있는 겁니다. 탄원서를 한번 내보는 건 어떻겠습니까?
- **답사자** : 어떻게요?
- **나** : 구술하듯이 본인의 딱한 사정을 써내 봐요.

나뭇가지라도 잡는 심정으로 그리 해보라고 했다. 법원필기대는 경매계 앞에 놓여 있고 모든 경매계는 필기대를 정면으로 볼 수 있게 되어 있었다. 미모의 이혼녀는 거기서 눈물을 뚝뚝 흘리며 탄원서를 써 내려가기 시작했다.

"제가 곰돌이 눈을 붙이면서 한푼 두푼 돈을 모아……중략……삼류 브로커가 경매로 돈을 많이 벌 수 있다고 해서 입찰에 응했으나…… 경매를 잘 모르고…… 현지사정도 밝지 않아 높은 금액으로 응찰하게 되었습니다. 보증금을 돌려받지 못한다면 생계를 이어가기……."

눈물은 탄원서에 고스란히 떨어져 얼룩졌다. 미모의 이혼녀는 필기대에서 어깨를 들썩이며 서럽게 울고 있었고 탄원서 속의 3류 브로커는 바로 나였다. 경매계 직원들이 어찌 가만히 있을 수 있었겠는가! 예쁜데…… 그것도 엄청나게 예쁜데…….

정의롭고 봉사정신 투철한 경매계장들은 앞다투어 미모의 여인 옆으로 모여들었다. 아니 민원인에게 모여들었다. (평소에는 굉장히 바쁜 분들이 이날은 어찌 시간이 많으신지!) 무슨 일 때문에 서럽게 우시는지?

도와줄 건 없는지? 연락처와 사는 곳을 적어주시면 꼭 연락드린다느니 끈적끈적한 멘트가 날아다녔다.

정의감 구현 동기가 어찌되었든 이 얼마나 아름다운 일인가! 힘없는 여성은 보호 받아야 한다. 예쁜 여성만 보호받아서는 안 된다. 약자는 모두 보호 받아야 한다. (그냥 내 생각이다. 다른 생각을 가지신 독자분들은 이해 부탁합니다) 이성 간에 간극이 많이 벌어진 요즘 우리에게 필요한 정의감이 아니겠는가 싶다. 서로 사랑하며 살았으면 좋겠다.

이 사건은 딱 일주일 만에 불허가 처리되었고 보증금은 한푼 부족함 없이 돌려받았다. 이 따뜻한 이야기를 카페에 써 올렸더니 다들 박수를 쳐주고 축하해 주었다. 이 소식은 멀리 전파되었고 낙찰가격을 잘못 적어내고 불허가를 준비해오던 회원에게서 연락이 왔다. 본인의 사건이 이번 사건과 매우 흡사하기 때문에 본인에게도 도움이 될 것 같다며 혹시 양식이 있으면 보내달라고 했다.

양식이 있을 리 없다. 진심을 담아 작성해서 제출해 보라고 했다. 며칠 후 연락이 왔다. 법원으로부터 허튼짓 하지 말고 하루 빨리 대금 납부하라는 연락을 받았다고 한다. 카페는 닉네임을 쓰기 때문에 성별을 알 수 없다.

이 분에게 성별이 어떻게 되냐고 물어보았다. 남자라고 했다.

(남자는 그런 거 하는 거 아니야. 이 방법은 여성 전용이거든)

가난은 인정도 메마르게 한다

가난한 사람들의 눈물겨운 생존싸움을 옆에서 지켜본 적이 있는가? 가슴이 매우 먹먹한 일이다.

어느 날 수강생 중 한 분이 찾아왔다. 불쌍한 동생 좀 살려달라며 애원했다. 밑도 끝도 없이 이게 무슨 이야기인가 싶어 귀를 쫑긋 세워 들어보았다. 동생이 임차보증금을 돌려받지 못해서 오도 가도 못하고 있다고 한다. 임차보증금은 물권인 근저당권과는 달리 채권이기 때문에 경매신청권이 없다. 반환받고자 한다면 "임차보증금 반환의 소"를 제기하고 승소판결을 받아 임대인의 주택이나 그 외 재산을 매각처분해서 임차보증금을 변제받아야 한다.

반환받아야 할 임차보증금이 4,000만 원이라고 한다. 4,000만 원을 변제받자고 변호사를 선임하자니 배보다 배꼽이 더 커질 판이라 이러지도 저러지도 못하고 있다고 했다. 듣고 보니 딱하긴 한데 변호사도 아닌 내가 나선다는 게 온당치 않아 보였다. "딱한 사정은 알겠지만 소송을 대신 수행할 수는 없을 거 같습니다!"라고 완곡히 거절했다.

세월이 한참 흘러 까맣게 잊고 있었는데 당사자인 동생이 무턱대고 나를 찾아왔다. 그의 외모는 출생과 더불어 노화가 시작되었는지 아니면 노화촉진제를 장복했는지 실제 나이보다 많이 들어 보였다. 오랜 객지 생활로 피로에 지친 흔적이 얼굴 여기저기에 흩어져 있다. 꽤나 고생한 얼굴이었다.

남의 사무실을 방문한다고 주스 한 박스를 들고 왔는데 받기 민망했다. 굵게 못이 박힌 손과 거북이 등처럼 갈라진 손등을 보니 마음이 짠했다. 적잖은 나이인데 전 재산이 임차보증금 4,000만 원이라니! 그나마도 고약한 임대인 만나서 돌려받지도 못하고 맘고생하고 있는걸 보니 퍽퍽함이 밀려들었다.

(뼈저리게 춥고 외로운 날엔 바람이 불고, 울고 싶은 날엔 비가 내리는 법인가!)

심각한 표정으로 이야기를 털어놓기 시작했다. 어렵게 임대보증금 반환의 소를 제기했는데 판사의 중재로 "조정조서"를 받았다고 한다. 임대보증금을 돌려주라는 조정조서를 받았는데도 임대인은 꿈쩍도 하지 않고 있다며 꼭 돌려받을 수 있도록 도와달라고 한다.

금전적 손실에 대한 변상을 받는 것도 중요하지만 일반적인 사람들은 부당한 상대에게 분노하고 본인의 억울함을 인정받음으로써 자존감을 회복하려고 하는데 이 사람은 오히려 임대인도 사정이 있으니까 돌려주지 못하고 있는 거 아니겠냐는 말을 하고 있었다.

임대인의 사정을 봐서 지금까지 기다려줬는데 임차인에게 목돈이 들어갈 급박한 사정이 생겨서 찾아왔다고 한다. 선임한 변호사에게 맡기는 게 어떻겠냐고 했더니 재판 중에 생긴 불화 때문에 맡기고 싶지 않다고 한다. 아마도 수임료 문제로 불화가 생기지 않았을까 하는 생각이 들었다. 이런 딱한 사정을 듣고 두 번씩이나 그의 부탁을 거절하기가 어려웠다.

다짐받듯 이야기를 했다.

> **나** : 난 법조인이 아니기 때문에 당신의 사건을 내비게이션처럼 처리해주지 못합니다. 나침반 정도의 조언을 듣고 스스로 진행해 보겠다면 도와드릴 수 있습니다.

임차인은 고개를 끄덕였다. 오히려 이 사건을 가장 잘 알고 있는 본인이 절차적 도움을 받아서 진행할 수 있다고 생각하니 신이 나는 모양이었다. 연신 고맙다며 관련 서류 뭉치를 책상에 올려놓고 돌아갔다.

지금 가장 중요한 건 조정조서의 내용이었다. 어떻게 조정조서를 만들었기에 임대인이 강제집행을 두려워하지 않고 배짱을 부리고 있는지 알 수 없었다. 무지해서 무대응하는 경우도 있지만 가끔은 집행문을 부여받지 못할 조정조서를 작성해서 집행 불능에 빠지는 경우도 있기 때문이다. 조정조서를 훑어보았다.

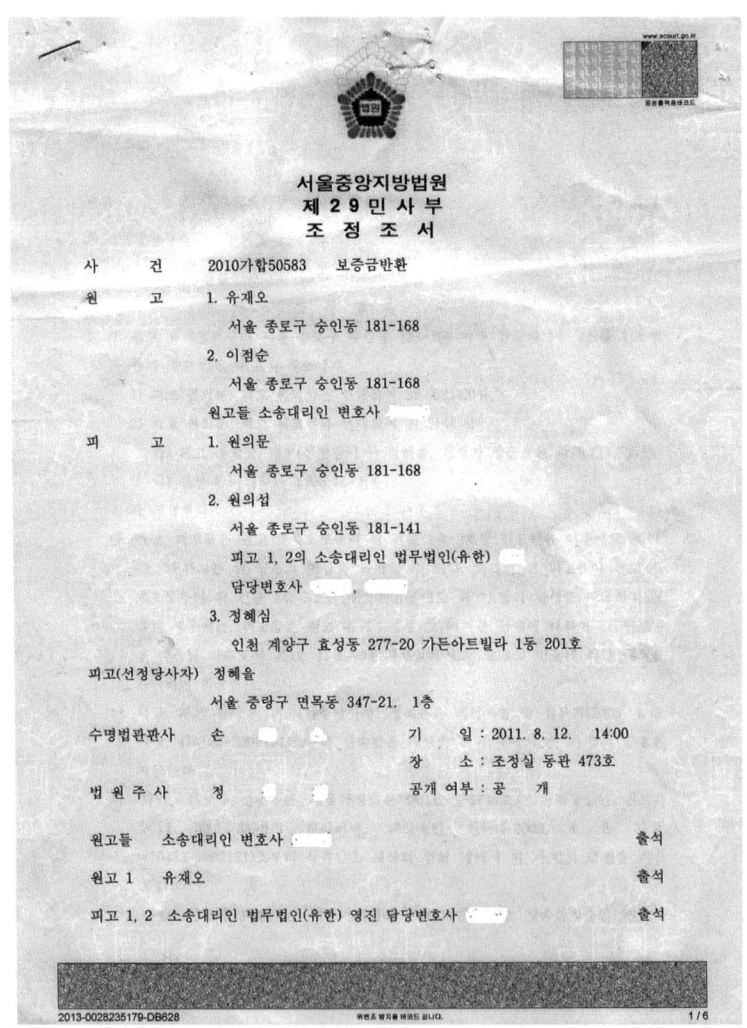

피고   1.원의문 2.원의섭 3.정혜심   각 출석

피고(선정당사자) 정혜을   출석

다음과 같이 조정성립

조 정 조 항

1. 가. 원고 유재오로부터 서울 종로구 숭인동 181-168 지상 건물의 1층 3호를 인도받음과 상환으로, 원고 유재오에게,
   1) 피고 원의문, 피고 원의섭은 연대하여 38,858,020원,
   2) 피고 원의문, 피고 원의섭과 연대하여 위 금원 중
      가) 피고 정혜심, 피고(선정당사자) 정혜을, 선정자 정운용은 각 9,714,505원,
      나) 선정자 이신자는 3,238,168원을,
   각 지급한다.
 나. 다만, 피고들은 원고 유재오로부터 위 건물 1층 3호를 인도받은 이후에도 2011. 12. 31.까지는 위 금원의 지급을 유예할 수 있다. 따라서 위 피고들이 원고 유재오로부터 위 건물 1층 3호를 인도받았음에도 위 가.항의 금액을 지급하지 못하는 경우에는, 피고들은 원고 유재오에게 그 미지급 금액에 대하여 그 인도받은 다음날 이후로서 2012. 1. 1.부터 완제일까지 연 20%의 비율에 의한 금원을 가산하여 지급한다.
 다. 다만, 피고 정혜심, 피고(선정당사자) 정혜을은 피상속인 망 원문자(2005. 4. 2. 사망, 410125-2002121)로부터 상속받은 재산의 범위 내에서 위 가.항의 금원을 지급한다.
 라. 다만, 선정자 정운용은 서울가정법원 2011느단6735호 상속한정승인 신고가 2011. 12. 31.까지 수리되면, 피상속인 원문자(2005. 4. 2. 사망, 41   -   )로부터 상속받은 재산의 범위 내에서 위 가.항의 금원을 지급한다.
 마. 다만, 선정자 이신자는 서울가정법원 2011느단6734호 상속한정승인 신고가

2011. 12. 31.까지 수리되면, 피상속인 망 정운규(2006. 8. 30. 사망, 59   -   )로부터 상속받은 재산의 범위 내에서 위 가.항의 금원을 지급한다.

바. 원고 유재오는, 피고들로부터 위 금원을 지급받음과 상환으로 피고들에게 서울 종로구 숭인동 181-168 지상 건물의 1층 3호를 인도한다.

2. 가. 피고 원의문은, 원고 이점순으로부터 서울 종로구 숭인동 181-168 지상 건물의 2층 1호를 인도받음과 상환으로, 원고 이점순에게 33,858,020원을 지급한다.

나. 다만, 피고 원의문은 원고 이점순으로부터 위 건물 2층 1호를 인도받은 이후에도 2011. 12. 31.까지는 위 금원의 지급을 유예할 수 있다. 따라서 피고 원의문이 원고 이점순으로부터 위 건물 2층 1호를 인도받았음에도 위 가.항의 금액을 지급하지 못하는 경우에는, 피고 원의문은 원고 이점순에게 그 미지급 금액에 대하여 그 인도받은 다음날 이후로서 2012. 1. 1.부터 완제일까지 연 20%의 비율에 의한 금원을 가산하여 지급한다.

다. 원고 이점순은, 피고 원의문으로부터 33,858,020원을 지급받음과 상환으로, 피고 원의문에게 서울 종로구 숭인동 181-168 지상 건물의 2층 1호를 인도한다.

3. 원고 유재오, 원고 이점순은 피고들에 대한 각 나머지 청구를 포기한다.

4. 원고 유재오, 원고 이점순과 피고 원의문, 피고 원의섭, 피고 정혜심, 피고(선정당사자) 정혜을, 선정자 정운용, 선정자 이신자 사이의 소송비용은 각자 부담한다.

청 구 의 표 시

청구취지

1. 가. 피고 원의문은 원고 이점순에게 35,000,000원,

나. 원고 유재오에게,

피고 원의문, 원의섭은 연대하여 40,000,000원,

위 피고들과 연대하여 피고 정혜심, 피고 정혜을(선정당사자), 선정자 정운용은 각 10,000,000원, 선정자 이신자는 3,333,333원,

및 이에 대하여 이 사건 소장 부본 송달일 다음날부터 다 갚는 날까지 연 20%의 비율에 의한 금원을 각 지급하라.

청구원인

1. 피고들은 서울 종로구 승인동 181-168 지상 건물(이하 '이 사건 건물'이라 한다, 이 사건 건물은 미등기 무허가 건물이다)의 소유자들인바, 원고 유재오는 2002. 3. 25. 임춘영 외 5인과 이 사건 건물 1층 3호에 관하여 보증금 4천만 원, 임대차기간 2004. 4. 21.까지로 하는 임대차계약을, 원고 이점순은 2002. 2. 9. 피고 원의문과 이 사건 건물 2층 1호에 관하여 보증금 3,500만 원, 임대차기간 2003. 2. 28.까지로 하는 임대차계약을 각 체결하였다.

2. 그런데 위 건물 소유자이었던 임춘영, 원문자는 사망하였고, 이 사건 건물의 공유자는 현재 원의문, 원의영, 원지문, 원의섭 4명이고, 나머지 피고들은 망 임춘영, 망 원문자의 상속인들이다.

3. 원고들은 이 사건 건물에 위 각 임대차 계약일로부터 현재까지 임차하고 있는 바, 원고들은 임대차계약이 만료되었으므로 임대차 해지통지를 한 후 수차례에 걸쳐 내용증명을 발송하여 보증금반환요청을 하였다. 그러나 피고들은 원고들에 대한 임대보증금을 현재까지 지급하지 아니하고 있다. 가사 원고들의 임대차계약 해지가 피고들에게 통지되지 아니하였더라도, 원고들은 이 사건 소장을 통하여 임대차계약을 해지한다.

4. 위와 같이 이 사건 임대차계약이 적법하게 해지된 이상, 피고들은 원고들로부터 각 지급받은 임대차보증금을 즉시 원고들에게 반환할 의무가 있다. 이에 이 사건 청구에 이른 것이다.

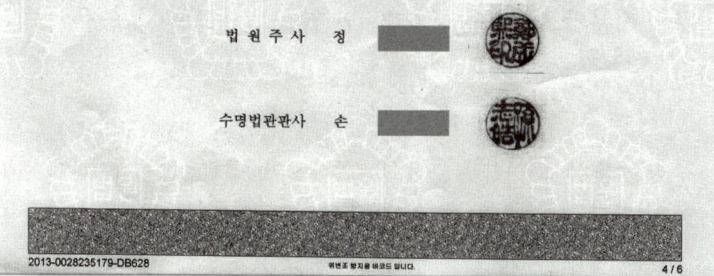

참 복잡한 조정조서였다(맥락을 쉽게 파악하기 위해서 이름을 지우지 않고 실명으로 올렸다).

소송비용에 대한 부담이 컸는지 임차인 2인이 연대해서 임대인을 상대로 "임차보증금 반환청구의 소"를 제기했다. 임대인들 역시 상속받은 재산이었기 때문에 공동 소유자였다.

보증금에 대한 반환책임을 소유지분비율로 반환하라는 조정조서였다. 소유권을 온전히 보전하고 있는 사람은 임대인 원의문뿐이고 나머지 지분권자들은 매매를 했거나 상속, 경매, 증여로 제3자에게 소유권이 넘어가 버린 상태였다. 결국 임차인 유재오와 이점순은 원의문에게만 임차금 반환을 요구할 수밖에 없는 상황이 되어버렸다. 임차보증금을 반환받기 위해서는 부동산을 경매처분해서 보증금을 배당받아야 했다.

경매를 진행시키기 위해서 부동산 목록을 살펴보았다. 기가 막혔다. 건물은 무허가로서 누구의 소유라고 밝힐만한 서류가 없었고 토지는 원의문 지분만 처분 가능한 경매대상물이었다. 과연 원의문의 지분만으로 보증금 4,000만 원을 변제 받을 수 있을지 의문이었다.

부동산등기사항 전부증명서(부동산 등기등본)을 살펴보았다. 임차보증금을 돌려받지 못한 임차인들이 가압류를 해놓았다.

1. 임동우 2004년 6월 2일 (전입신고, 확정일자)
2. 이점순 2008년 4월 22일 (전입신고, 확정일자)

여기서 잠깐 가압류에 대한 설명이 필요하다.

가압류란?
현금으로 환가할 수 있는 채무자의 재산을 동결시키는 행위

가압류의 특징
가압류는 장래에 본안소송에서 소송판결을 받는 경우 집행 불능에 빠질 것을 대비하여 재산을 금원으로 보전하는 행위이다. 다시 말해서 아직 법원의 판결이 나지 않은 미확정 채권이다. 경매과정에서 부동산등기사항 전부 증명서(부동산 등기부등본)에 기재되어 있는 가압류의 배당은 안분배당이며 그마저도 본안소송에서 승소판결문을 제출하지 않을 시에는 배당을 받지 못한다.

안분배당
낙찰 대금을 등기일에 따라서 순위배당하는 것이 아니라 채권자들이 가진 채권액의 크기에 따라서 재단하는 배당. 문장이 어렵기 때문에 아래 "배당의 예"를 들어 설명한다.

배당의 예
배당해야 할 금액 : 5,000,000
1. 가압류 2010.5.3. 금액 20,000,000
2. 가압류 2011.3.7. 금액 80,000,000

〈배당 재단〉
가압류 금액/ 전체 가압류 (1가압류+2가압류) x 배당할 금액
1. 가압류 = 20,000,000 / 20,000,000 + 80,000,000 × 5,000,000
   = 1,000,000
2. 가압류 = 80,000,000 / 20,000,000 + 80,000,000 × 5,000,000
   = 4,000,000

이런 결과를 초래하기 때문에 모 교수님은 재미난 표현을 쓰기도 한다.
"가압류이라는 놈은 쌍놈입니다. 언제 태어났는지(등기설정일)는 중요하지 않고 덩치 큰 놈(채권액)이 가장 힘센 놈입니다."
맞는 이야기를 재미나게 표현했다는 생각이 든다.

다시 본론으로 들어가 이야기하자면 경매신청권자 유재호는 부동산 등기부상에 어떠한 보전처분도 해 놓지 않고 곧바로 경매기입등기(압류효력)를 실행하였다.

● 토지등기부 · 채권액합계 : 268,858,020원

No	접수	권리종류	권리자	채권금액	비고	소멸여부
1	2002.03.20	소유권이전(상속)	원의문외12		입춘영지분3/13, 원문자,원의문,원의영,원지문,원의섭 각 지분2/13	
2	2004.07.02	원의문지분가압류	입동우	35,000,000원	말소기준등기	소멸
3	2005.07.27	원의문지분가압류	지현종,김경호	10,000,000원		소멸
4	2005.12.05	원의문지분가압류	박헌설	30,000,000원		소멸
5	2008.04.22	원의문지분가압류	이점순	33,858,020원		소멸
6	2008.11.04	원의문지분가압류	곽복자	160,000,000원		소멸
7	2013.03.22	원의문지분강제경매	유재오	청구금액: 38,858,020원	2013타경10308	소멸

건물등기부 ※주의 : 건물은 매각제외 채권최고액 비고 소멸여부
☞ 건물등기부는 전산발급이 되지않아 등재하지 못함.

2013타경10308 · 서울중앙지방법원 본원 · 매각기일 : 2013.11.26.(火) (10:00) · 경매 9계 (전화:02-530-2712)

소재지	서울특별시 종로구 숭인동 181-168 토로명주소업체 Daum 지도 NAVER 지도						
물건종별	대지	감정가	27,852,800원	오늘조회: 1 2주누적: 2 2주평균: 0 조회동향			
토지면적	10.88㎡(3.291평)	최저가	(51%) 14,261,000원	구분	입찰기일	최저매각가격	결과
				1차	2013-08-06	27,852,800원	유찰
				2차	2013-09-10	22,282,000원	유찰
건물면적	건물은 매각제외	보증금	(10%) 1,430,000원	3차	2013-10-22	17,826,000원	유찰
				4차	2013-11-26	14,261,000원	
매각물건	토지만 매각이며, 지분 매각임	소유자	원의문	낙찰: 23,001,100원 (82.58%) (입찰1명,낙찰:부천시 원미구 원의령)			
개시결정	2013-03-22	채무자	원의문	매각결정기일 : 2013.12.03 - 매각허가결정 대금지급기한 : 2014.01.10			
사건명	강제경매	채권자	유재오	대금납부 2013.12.24 / 배당기일 2014.01.22 배당종결 2014.01.22			

여기서 운명의 장난이 시작되었다.

● 임차인현황 (말소기준권리 : 2004.07.02 / 배당요구종기일 : 2013.06.17)

임차인	점유부분	전입/확정/배당	보증금/차임	대항력	배당예상금액	기타
박찬종	주거용 미상	전 입 일: 2012.11.14 확 정 일: 미상 배당요구일: 없음	미상			
서동환	주거용 미상	전 입 일: 2009.02.02 확 정 일: 미상 배당요구일: 없음	미상			
원종상	주거용 미상	전 입 일: 1968.10.20 확 정 일: 미상 배당요구일: 없음	미상			
유재오	주거용 1층일부	전 입 일: 2002.05.09 확 정 일: 2002.05.09 배당요구일: 없음	보40,000,000원			
이점순	주거용 미상	전 입 일: 2002.07.09 확 정 일: 미상 배당요구일: 없음	미상			
임동우	주거용 미상	전 입 일: 2002.03.04 확 정 일: 미상 배당요구일: 없음	미상			
황정애	주거용 미상	전 입 일: 2001.06.16 확 정 일: 미상 배당요구일: 없음	미상			
기타사항	임차인수: 7명, 임차보증금합계: 40,000,000원 ▶ 위 임차인(박찬종,서동환,원종상,유재오,이점순,임동우,황정애)은 매각에서 제외되는 건물의 임차인임. ☞조사외 소유자 점유 ☞본건 대지위에는 4층 건물이 있었음, 본건물은 무허가로 등기가 되지 않는다고 함					

어떻게 된 일인지 임차인 임동우와 이점순은 대항력(전입+점유+계약)만 갖추고 있었고 확정일자를 갖추지 않았다. 두 사람만 그런 것이 아니라 이 집에 점유하고 있는 임차인들 대부분이 확정일자를 갖추고 있지 않았다. 어디 그뿐인가? 모두가 배당요구를 하지 않았다. 아무리 소액 임차인이라도 경매가 진행되면 "배당요구종기일"까지는 무조건 권리 및 채권신고를 해야 한다. 무신고는 임차인의 모든 권리를 포기한다고 선포하는 행위와 같다.

경매신청권자인 유재오 한 사람만 확정일자를 갖추고 있었다. 이 집에 거주하고 있는 임차인 중에 확정일자를 부여받고 보증금을 수령하기 위해 조정조서까지 받은 사람은 유재오와 이점순뿐인데 그의 형은 못난 놈이라고 그를 모질게 구박했다.

하지만 위 조치를 보면 유재오는 임차인의 권리를 보호받기 위해서 모든 조치를 다 취해놓았다. 많이 배우지 못한 것이 지혜롭지 않거나 사회성이 부족한 걸로 평가되어서는 안 되는데 말이다. 순박하고 착한 경매신청권자는 전 재산 4,000만 원을 찾기 위해서 부단히 뛰어다녔다.

경매는 순조롭게 진행되었고 예상했던 대로 원의문의 친인척이 23,000,000원에 낙찰을 받았다. 임차인들의 보증금을 모두 배당해 주기에는 턱없이 부족하지만 그래도 다만 몇 푼씩이라도 받아갈 수 있다는 생각들을 하고 있었다.

배당기일이 되어 법원에 모든 임차인들이 출석했다. 물론 경매신청권자인 유재오도 출석을 했다. 배당표가 배포되었다. 당해세 21만 원을 제외하고 모든 배당금은 경매신청권자에게 배당된다는 판결이 내려졌다. 우리는 이미 짐작하고 있었던 일이었지만 다른 임차인들은 꽤 충격을 받은 모습이었다.

법원은 임차인들로 인해 술렁이기 시작했다. 임차인들은 배당이의가 있다며 법대로 뛰어나갔다.

- **임차인1** : 나는 유재오보다 전입이 빠른 임차인인데 왜 배당을 안 해줍니까?
- **임차인2** : 나는 유재오와 연대해서 임차보증금 반환청구의 소를 제기하고 조정 조서를 받은 임차인인데 유재오에게 낙찰대금 전액을 배당해주고 왜 나는 배당에서 제외되었습니까?

등등 법대 앞은 시장통을 방불케 했다.

임차보증금은 서민들에게 전 재산이다. 아무리 법이 옳다 하더라도 난동이 일어나지 않을 수 없는 상황이었다. 집행관은 소란 자제를 명령하고 임차인 한 사람 한 사람에게 이야기할 기회를 주었다. 선순위였던 김동우는 유재오보다 본인의 전입이 빠르기 때문에 당연히 본인이 먼저 배당을 받아야 한다고 주장했다.

↳ **경매계장** : 최우선 변제권자라고 해도 배당요구를 하지 않는다면 배당을 받을 권리가 없습니다!

이점순은 부동산 등기부등본에 가압류를 해놓았는데 왜 배당을 못 받아 가느냐고 따지고 물었다. 그러자 경매계장이 이렇게 말했다.

↳ **경매계장** : 가압류는 본안 소송에서 확정판결 받아와야 배당을 해주는데 그 이전에 유재오의 우선변제권이 가압류보다 빠르기 때문에 배당을 받을 게 없습니다.

나머지 임차인들도 줄줄이 법대에 나와서 자신의 억울함을 호소했지만 아무리 법리를 이야기해줘도 이들 귀에는 들리지 않는 모양이었다.

↳ **경매계장** : 이의가 있으면 일주일 이내에 '배당이의의 소' 제기하시고 소제기 증명서를 경매계로 제출하여 주십쇼. 제출하지 않으면 배당금은 바로 지급됩니다.

임차인들은 지푸라기라도 잡는 심정으로 "배당이의의 소"를 제기하였다. 이의가 걸린 배당금은 공탁이 되었고 원피고 중 승소판결을 받은 쪽에서 공탁금을 수령하게 되었다.

임대보증금을 반환받기 위해 "임대보증금 반환의 소"를 제기했던 어제의 동지 임차인(유재오, 이점순)은 "배당금 이의의 소"에서는 원고 이점순 피고 유재오가 되어 재판을 하게 되었다.

원고의 소장이 송달되었다.

소 장

원   고 : 1. 임 ○ ○
             서울시 종로구 000 0000
          2. 이 ○ ○
             서울시 종로구 000 0000

피   고 : 유 재 오
             서울시 종로구 000 0000

배당이의의 소

청 구 취 지

1. 서울중앙지방법원 2013타경 00000 부동산 강제경매 사건에서 위 법원이 2014.01.22. 작성한 피고의 배당액 금 21,407,537원을 금

4,962,635원으로 경정하고, 원고들의 배당액 0원을 원고 1. 임ㅇㅇ 에게 금 12,120,829원으로 원고 2. 이점순에게 금 4,324,074원으로 경정한다.

2. 소송비용은 피고의 부담으로 한다.

라는 판결을 구합니다.

청 구 원 인

1. **당사자 관계**

   원고 임ㅇㅇ, 이점순과 피고 유재오는 서울 종로구 000 소재 4층 다가구주택(이하 "이 사건 주택"이라고 합니다)에 거주하고 있는 임차인들입니다.

2. **원고들과 피고의 전세보증금 채권에 관하여**

   가. 원고1 임ㅇㅇ와 원고2 이점순은 자신들의 전세보증금 채권을 가지고 이 사건 주택 중 별지 목록 기재 토지에 대하여 2004.6./2008.4 각각 부동산 가압류 결정을 받아 이를 집행하였습니다.("갑" 제1호증 등기사항 전부증명서 "갑" 제1호 증 1-2 가압류 결정문)

   또한 원고1 임ㅇㅇ는 이 법원 2005가소 000000 임차보증반환의 소를 제기하여 판결을 받았고 위 판결은 확정되었으며, 원고2 이점순과 유재오는 이 법원 2010 가합 50583호로 보증금 반환소송을 제기하여 2011.8.12. 조정내용과 같이 조정이 되고 위 조서는 피고에게 송달되었습니다.("갑" 제3호증 판결문, "갑"제4호증 조정조서)

   나. 한편 피고 유재오는 2013.03.21. 이 사건 주택 중 별지 목록 기재 토지를 위 조정 조서로 이 법원 2013타경 10308호 부동산 강제경매를 신청하였습니다.("갑" 제5호증 부동산경매 강제신

청서) 그런데, 이 사건 주택에 임차하고 있는 임차인들은 경매진행사실을 전혀 몰라 이 사건 배당 요구 종기(2013.6.17)까지 권리신고 겸 배당요구를 하지 못하였습니다.("갑"제6호증의 1-3 매각 물건 명세서. "갑"제7호증 경매사건 검색 문서 처리내역) 원고1 임ㅇㅇ는 가압류권자로서 가압류에 대한 본안 판결을 가지고 배당기일까지의 채권 금액 금 94,907,533원에 대한 채권 계산서를 제출하였고, 원고2 이점순 또한 가압류권자로서 가압류에 대한 본안 조정조서 채권 금 33,858,020원에 대한 채권 계산서를 제출하였습니다.("갑"제8호증의 1-2채권 계산서)

다. 한편, 피고의 채권을 살펴보면 경매신청서는 "금 38,858,020원 및 이에 대한 2012.1.1.부터 2013. 3월까지 연 20%의 비율에 의한 지연 손해금이라고 표시하였고 이에 대한 집행법원은 청구금액을 금 38,858,020원 및 이에 대한 지연 손해금으로 하여 경매를 개시하는 결정을 하고, 배당표에는 채권금액을 원금 38,858,020원, 이자 16,011,633원, 합계 54,869,653원으로 표기 하였습니다.("갑" 제5호증 부동산 강제경매신청서, "갑" 제9호증 경매개시결정문)
그러나 이 법원 2010가합50583 보증금반환 조정조서 조정사항 1.나항에 의하면 "피고들은 원고 유재오에게 그 미지급금액에 대하여 그 인도받은 다음날 이후 2012.1.1.부터 완제일까지 연 20%의 비율에 의한 금원을 가산하여 지급한다"라고 되어 있어, 피고가 임차주택을 인도하지 않은 상태에서는 지연 손해금을 가산할 수 없으므로 피고의 채권은 38,858,020원인 것입니다.

3. 배당에 관하여

가. 민사집행법 제148조 제1,2,3,4호는 배당받을 채권자의 범위를 정하고 있는데, 이 사건의 경우 위 제148조 제2호인 배당요구의 종기까지 배당요구를 한 채권자와 제4호인 저당권, 전세권. 그 밖에 우선변제 청구권으로서 첫 경매개시결정 등기 전에 등기

되었고 매각으로 소멸하는 것을 가진 채권자는 없는 것입니다. 따라서 제1호인 배당요구의 종기까지 경매신청을 한 피고 유재오와 제3호인 첫 경매개시결정 등기전에 가압류채권자인 원고들이 있는 것입니다.

나. 집행법원은 2014.1.22. 배당기일에 배당표를 작성하면서, 집행비용과 우선변제채권을 제한 나머지 잔액 21,407,538원을 원고들의 배당을 배제한 채 피고에게 전액이 배당되는 것으로 배당표를 작성하였습니다.("갑" 제10호증 배당표)
이에 대하여 배당기일 원고들은 피고에 배당에 관하여 이의를 제기하였고 이 사건 소송을 제기하기에 이른 것입니다.("갑" 제11호 배당기일조서)

그러므로 앞서 언급한 원고들의 채권과 피고에 대한 채권을 가지고 이를 안분하여 계산하면 아래표의 배당금액과 같습니다.

구 분	원고1 임○○	원고2 이○○	피고 유○○	합 계
채권금액	97,907,533	33,858,020	38,858,020	167,623,573
배당금액	12,120,829	4,324,074	4,962,635	
배당비율	12.771%	12.771%	12.771%	

4. 결 어

따라서 원고들은 위 표 금액에 의한 청구취지와 같이 배당표가 변경되어야 하겠기에 이 사건 소를 제기하기에 이른 것입니다.

원고의 소장이 전달되었다.

법리적인 문제는 법원이 판단하겠지만 법 위에 잠자는 자 보호받을 수 없다. 답변서를 제출하지 않는다면 상대방의 이의를 받아들인다는 뜻이기 때문에 즉시 답변서를 작성해서 제출하였다.

답 변 서

사 건 번 호 : 2014 가단 00000
원　　　　고 : 1. 임 ○ ○
　　　　　　　　서울시 종로구 000 0000
　　　　　　 2. 이 ○ ○
　　　　　　　　서울시 종로구 000 0000
피　　　　고 : 유 재 오
　　　　　　　　서울시 종로구 000 0000

위 사건에 관하여 피고는 다음과 같이 답변합니다.

청구 취지에 대한 답변

1. 원고의 청구를 기각한다.
2. 소송비용은 원고가 부담한다.
라는 판결을 구합니다.

배당에 관하여 답변

1. 이 사건의 경우 민사집행법 제148조 제2호인 배당요구의 종기까지 배당요구를 한 채권자와 제4호 저당권, 전세권, 그 밖의 우선 변제청구권으로서 첫 경매개시결정 등기 전에 등기되었고, 매각으로 소멸하는 채권자는 없고 제1호인 배당요구의 종기까지 경매신청을 한 압류채권자 유재오와 제3호인 경매개시결정 등기 전에 등기된 가압류채권자 임동우, 이점순, 박헌철, 곽복자, 지현종, 김경호 등이 있다.

따라서 이들에게 채권 비례에 의하여 배당해야 한다. 이 사건의 경우 민사집행법 제148조 제2호, 제4호에 해당하는 자는 없고 제1호인 신청채권자 유재오와 제3호인 가압류권자 임동우, 이점순 등에게 배당을 해야 한다.

2. 매각물건명세서 문건 처리 내역을 보면 가압류권자이며 임차인 임동우, 이점순, 신청 채권자이며 임차인인 유재오등 그 어떤 임차인도 배당요구일 이전 권리신고 겸 배당요구를 한 적이 전혀 없다.

한편, 임차인의 경우 임차권 등기명령에 의하여 임차권 등기를 한 임차인은 민사집행법 제148조 제4호에 정한 채권자에 준하여 배당요구를 하지 않아도 배당받을 수 있는 채권자에 속한다(대법원 2005.9.15. 선고 2005다33039판결). 제148조(배당받을 채권자의 범위)에 따라 제147조 제1항에 규정한 금액을 배당받을 채권자는 다음 각 호에 규정한 사람으로 한다.

1. 배당요구 종기까지 경매 신청을 한 압류채권자
2. 배당요구 종기까지 배당요구를 한 채권자
3. 첫 경매 개시 결정 등기 전에 등기한 가압류채권자
4. 저당권, 전세권, 그 밖의 우선변제청구권으로서 첫 경매개시결정 등기 전에 등기되었고 매각으로 소멸하는 것을 가진 채권자

위 사건의 경매 신청권자인 유재오는 경매과정에서 배당요구를 하지 않았다 하더라도 배당요구한 당연배당자로 간주하기 때문에 배당요구를 하지 않은 여타의 임차인과 달리 우선 변제를 받을 수 있는 권리가 있음을 확인하여 주시기 바랍니다.

변론기일까지 몇 달이 소요되었고 그 사이 원피고는 자기주장을 뒷받침할만한 답변서를 법원에 제출하였다. 몇 회의 변론 기일이 잡히고 드디어 판결이 나왔다.

서울중앙지방법원
판 결

사 건 번 호 : 2014 가단 00000배당 이의
원   고 : 1. 임 ○ ○
              서울시 종로구 000 0000
              2. 이 ○ ○
              서울시 종로구 000 0000
피   고 : 유 재 오
              서울시 종로구 000 0000
변 론 종 결 : 2014.10.16.
판 결 선 고 : 2014.11.13.

주 문

1. 원고들의 청구를 기각한다.
2. 소송비용은 원고들이 부담한다.

청 구 취 지

서울중앙지방법원 2013타경00000 부동산 강제경매사건에서 위 법원이 2014.1.22. 작성한 피고에 대한 배당액 21,407,538원을 4,962,635원으로, 원고 임ㅇㅇ에 대한 배당액 0원을 12,120,829원으로 원고 이점순에 대한 배당액 0원을 4,324,074원으로 경정한다.

이 유

1. 기초 사실

가. 원고들 및 피고의 임대차 계약 체결

(1) 원고 임ㅇㅇ는 2002.2.20. 원ㅇㅇ(임대인)과 사이에 임대보증금 35,000,000원으로 하여 별지 목록 기재 부동산(이하 이 사건 부동산이라 한다)에 관한 임대차 계약을 체결한 후 그 무렵 확정일자 및 전입신고를 마쳤고, 이 법원 2005가소1102732호로 임차보증금 반환의 소를 제기하였고, 이 법원은 200.8.23. "원ㅇㅇ은 원고 임ㅇㅇ에게 보증금 35,000,000원 및 이에 대하여 2004.3.4.부터 2005.8.10.까지는 연 5%, 그 다음날부터 갚는 날까지는 연 20%의 각 비율로 계산한 돈을 지급하라"는 판결을 선고하여 그대로 확정되었다. 이후 원고 임ㅇㅇ는 35,000,000원을 피보전권리로 2004.7.2. 이 사건 부동산에 가압류를 마쳤다.

(2) 원고 이점순은 2002.2.9. 원ㅇㅇ과 사이에 임대보증금을 35,000,000원으로 하여 이 사건 부동산에 관한 임대차계약을 체결하였고, 이 법원 2010가합50583 보증금 반환의 소를 제기하여 이 법원에서 2011.8.12. "피고 원ㅇㅇ은 원고 이점순으로부터 이 사건 건물 2층 1호를 인도 받음과 상환으로, 원고 이점순에게 33,858,020원을 지급하다"고 조정이 성립되었다. 이후 원고 이점순은 33,858,020원을 피보전권리로 2008.4.22. 이 사건 부동산 가압류를 마쳤다.

(3) 피고는 2002.3.25.경 원ㅇㅇ과 사이에 임차 보증금 40,000,000원으로 하여 이 사건 부동산에 관한 임대차 계약을 체결하였고, 이 법원은 2010가합50583호로 보증금 반환의 소를 제기하여 이 법원에서 2011.8.12. "원고 유재오로부터 이 사건 부동산 1층 3호를 인도받음과 상환으로, 원고 유재오에게 피고 원ㅇㅇ, 피고 원ㅇ섭은 연대하여 38,858,020원을 각 지급한다. 다만 피고들은 원고 유재오로부터 위 건물을 인도받은 이후에도 2011.12.31.까지는 위 금원의 지급을 유예할 수 있다. 따라서 위 피고들이 원고 유재오로부터 위 건물을 인도받았음에도 위 돈을 지급하지 못하는 경우에는, 피고들은 원고 유재오에게 그 미지급 금액에 대하여 그 인도받은 다음날 이후로서 2012.1.1.부터 다 갚는 날까지 연 20%의 비율로 계산한 돈을 가산하여 지급한다"는 조정이 성립되었다.

나. 강제경매 신청 및 배당표 작성

(1) 피고 유재오는 2013.3.21. 위 가(3)항 기재 조정조서로 이 법원 2013타경10308호 부동산 강제 경매를 신청하여 경매 절차(이하 "이 사건 경매 절차"라 한다)가 진행되었다. 이 사건 경매 절차에서 배당요구종기일은 2013.6.17.로 결정되었다.

(2) 원고들은 위 배당요구종기일까지 임차인으로써 우선 변제를 받기 위한 권리신고 및 배당요구를 하지 아니하였고, 가압류권자로서 원고 임ㅇㅇ는 2013.12.27. 원고 2014.1.9. 채권 계산서를 제출하였다.

(3) 이후 경매 법원은 2014.1.22. 배당기일에 실제 배당할 금액 21,620,548원 중 1순위 교부권자인 서울 종로구에 213,010원을 2순위로 임차인 피고 유재오에게 나머지 21,407,538원을 각 배당하는 내용의 배당표(이하 이 사건 배당표라 한다)를 작성하였다.

(4) 원고들은 위 배당기일에 출석하여 피고의 배당액 전부에 대하여 이의를 하고 그로부터 1주일 이내인 2014.1.29. 이 사건소를 제기하였다.

2. 원고들의 주장과 판단

가. 원고들의 주장

원고들은 위와 같이 이 사건 부동산을 임차하고 전입신고 및 확정일자까지 받아둔 주택임대차보호법상의 임차인으로서, 피고와 동일하게 배당을 받을 수 있는 우선변제권이 있음에도 불구하고 배당을 받지 못하였다고 주장하면서 채권금액을 기준으로 안분배당하여 원고들과 피고의 배당액을 청구취지 기재와 같이 각 경정해 줄 것을 구한다.

나. 판 단

살피건대, 주택임대차보호법상의 대항요건을 갖춘 임차인이라 하더라도 배당요구의 종기까지 경매 법원에 스스로 그 권리를 증명하여 신고하여야만 경매절차에 있어서 이해관계인으로 되는 것이고, 대법원 예규에 의한 경매 절차 진행사실의 주택 임차인에게 임차 목적물에 대하여 경매 절차가 진행 중인 사실과 소액임차권자나 확정일자부 임차권자라도 배당요구를 하여야 우선 변제를 받을 수 있다는 내용을 안내하여 주는 것일 뿐이다(대법원 2000.1.31. 자99마7663 결정 등 참조).

원고들이 배당요구의 종기까지 경매 법원에 임차인으로써 신고를 하지 아니한 사실을 앞서 본 바와 같고, 이 법원의 현저한 사실 및 변론 전체의 취지를 종합하면, 경매 법원 집행관은 이 사건 부동산에 관하여 부동산 현황 조사보고서를 작성하면서 위 보고서에 이 사건 부동산을 원고들이 점유하고 있는 것으로 기재한 사실, 경매 법원은 원고들의 주소로 배당요구의 종기를 알리는 내용의 임차인 통지서를 송달하였으나 폐문부재로 송달불능이 되자, 발송 송달을 마친 사

> 실을 인정할 수 있으므로 원고들의 위 주장은 어느 모로 보나 이유 없다.
>
> **3. 결론**
> 그렇다면 원고들의 청구는 이유 없으므로 이를 기각한다.

이 사건은 원고의 법리오해가 있다는 원고 패소 판결을 받았다. 경매과정에서 배당요구를 하지 않고도 배당을 받을 수 있는 채권자 중에는 위 조항에 나열된 사람들 이외에 "경매신청권자"가 포함되어 있다. 신청채권자 유재오는 배당요구는 없었지만 당연배당자로서 우선변제권을 가지고 있지 않은 임차인보다 우선하여 배당을 받을 권리가 있는 것이다.

비슷한 사례로 "전세권"에 대한 분석을 해보자.

1. 전세권
2. 근저당
3. 가압류
4. 경매 기입등기(신청채권자 전세권자)

전세권자가 배당요구를 하지 않을 경우	⇨ 전세권 낙찰자 인수
전세권자가 배당요구를 한 경우	⇨ 전세권 소멸

일반적인 권리분석은 위와 같이 한다.

그러나 경매신청권자가 선순위전세권자일 경우에는 전세권자는 별도의 배당요구를 하지 않았더라도 배당요구를 한 것으로 보고 전세권이 소멸된다. 권리분석의 특별규정이므로 꼭 기억해 두었으면 한다.

인생을 살다 보면 한번쯤 "새로고침"이나 "리셋"단추를 누르고 싶은 생각이 들 때가 있다.

지금 무척 힘들다면 그 버튼을 누르기 직전일 것이다. 하지만 눌러지지 않을 것이다. 세상에 그런 버튼은 존재하지 않기 때문이다. "새로고침" 버튼을 찾고 있다는 것만으로도 얼마나 자신을 사랑하고 있는지 또 얼마나 멋진 삶을 갈구하고 있는지를 입증해주는 것이다.

"널 믿어. 분명히 잘 할 수 있어."라는 말 한마디를 자신에게 던져라.

힘내라, 그리고 전진하라. 세상에서 가장 소중한 자신만이 바로 이 인생드라마의 주인공이다.

서울중앙지방법원
배 당 표

사 건	2013타경10308 부동산강제경매			
배 당 할 금 액	금	23,017,508		
명세	매 각 대 금	금	23,001,100	
	지연이자 및 절차비용	금	0	
	전경매보증금	금	0	
	매각대금이자	금	16,408	
	항고보증금	금	0	
집 행 비 용	금	1,396,960		
실제배당할 금액	금	21,620,548		
매각부동산	서울특별시 종로구 숭인동 181-168			
채 권 자	서울특별시종로구	유재오		
채권금액	원 금	213,010	38,858,020	
	이 자	0	16,011,633	
	비 용	0	0	
	계	213,010	54,869,653	
배 당 순 위	1	2		
이 유	교부권자[당해세]	채권자[임차인]		
채 권 최 고 액	0	0		
배 당 액	213,010	21,407,538		
잔 여 액	21,407,538	0		
배 당 비 율	100.00%	39.02%		
공 탁 번 호 (공 탁 일)	금제 호 (. . .)	금제 호 (. . .)	금제 호 (. . .)	

2014. 1. 22.
사법보좌관 지 석 재

1-1

여기서 이러시면 안 됩니다

"배당에 이의 있습니다."

고개를 돌려 뒤돌아보았다. (여기까지 따라붙은 거야!)

악의 없이 순진해 보이는 젊은 녀석이 법대를 향해 손을 들고 나왔다. 며칠 전에 사무실에도 찾아왔던 바로 그 녀석이다.

몇 년 전 항간에 유동화 채권 매입이 좋은 투자방법으로 뜨거운 바람을 불러 일으켰던 시절이 있었다. 당시만 해도 금융기관의 근저당권 매입이 가능했던 시절이었기 때문에 부실채권으로 분류된 근저당권을 일반인들에게 알음알음 양도하며 부실채권에 대한 부담을 줄여가며 재미를 보고 있던 때였다.

금융기관도 골치 아프게 경매절차까지 가지 않고 부실채권을 손쉽게 처리할 수 있으니 좋고 일반인들은 부동산에 설정되어 있는 근저당권을 저렴한 금액으로 매수할 수 있어서 좋았다. 누이 좋고 매부 좋은 일이었다.

자연스럽게 투자자들은 몰렸고 금융기관은 부실채권을 일괄 매도했다. 큰 자금이 필요한 금융기관의 부실채권은 공개입찰이라 어쩔 수 없이 중개역할이 가능한 큰손들을 거치지 않을 수 없었다. 큰손이 개입하면서 개인투자자들의 수익률은 급격히 떨어졌다.

경매와 유동화채권 매입을 같이 병행하던 나도 수익률이 급격히 떨어지는 파고 속에서 살아날 수 있는 새로운 방법을 찾을 수밖에 없었다.

근저당권은 금융권만 가지고 있는 것이 아니다. 매입대상을 바꿔서 대부업 근저당권 매입 쪽으로 방향을 틀었다. 대부업 자체가 음성적인 사업이기 때문에 대부업 종사자들을 찾기가 쉽지 않았다. 여러 루트를 통해 어렵게 그들과 손이 닿았다. 대부업은 제도권 대출이 어려운 사람들을 상대로 고금리 이자로 수익을 내는 사람들이다. 대출자들은 신용이 좋을 리 없었고 보유자산도 취약하기 때문에 부실채권 발생률은 제도권 금융기관보다 훨씬 높았다. 소자본으로 대부업을 운영하던 사람들은 부실채권이 몇 건 발생하면 본인도 신불자로 추락하는 일이 발생하고 있었다. 담보로 붙들고 있는 부동산이 출렁이기 시작하면 대부업 종사자들은 심한 심리적 불안상태를 겪게 된다.

대부업체에서 확보한 담보물권이 대부분 2순위나 3순위 근저당이라서 경매까지 진행된다면 손실은 불가피하게 된다. 더구나 담보물건의 시세나 가치판단 능력이 떨어지는 그들은 부실채권이 경매로 진행되기 전에 손절매하고 싶어 했다.

방학동의 다세대 주택 한 동이 공담으로 설정된 담보물권(근저당)을 제자 12명과 함께 양도받았다. 채무자겸 소유주는 20대 젊은 친구였는데 부동산교환 일을 한다고 했다.
어릴 적부터 부동산 계통을 돌아다니며 산전수전 다 겪은 닳고 닳은 녀석이었다.
경매진행 중에 근저당권을 양도받았기 때문에 배당일까지 순조롭게 진행된다면 충분한 수익을 기대할 수 있는 물건이었다. 이번 물건은 1순위 담보 물건을 양도받았기 때문에 배당에서 후순위에 밀릴 일은 없었다.

경매 사건이 진행되었다.

	소재지	감정가/최저가/낙찰가	낙찰
	서울특별시 도봉구 지하층 01호 [대지권 29.59㎡, 건물 55.2㎡ / 유치권신고]	130,000,000 83,200,000 89,999,100	낙찰 (64%) (69%)
	서울특별시 도봉구 지하층 02호 [대지권 25.68㎡, 건물 47.9㎡]	115,000,000 47,104,000 61,870,000	낙찰 (41%) (54%)
	서울특별시 도봉구 3층 302호 [대지권 30.84㎡, 건물 57.52㎡]	170,000,000 87,040,000 95,379,000	낙찰 (51%) (56%)
	서울특별시 도봉구 4층 402호 [대지권 27.37㎡, 건물 51.08㎡]	150,000,000 76,800,000 105,555,000	낙찰 (51%) (70%)
	서울특별시 도봉구 2층 202호 [대지권 33.22㎡, 건물 61.96㎡]	180,000,000 115,200,000 150,110,000	낙찰 (64%) (83%)

한 개의 경매사건번호를 부여받지만 채무자 소유의 여러 부동산이 동시에 경매가 진행되는 경우에는 각각의 부동산에 물건번호를 부여하여 경매를 진행시키는데 이것을 "분할경매"라고 한다.

> 분할경매는 분할된 경매물건이 모두 낙찰되어야 배당기일이 정해진다. 배당을 받는 순위 임차인이라 할지라도 배당기일 이후에나 인도명령이 인용되기 때문에 전부 낙찰되는 기간까지 상당히 많은 시간이 소요될 수 있다.

1순위 근저당을 매입했다. 근저당설정일은 2008.12.16.이고 그 이후로 신ㅇㅇ라는 임차인이 2009.2.21. 임차보증금 3,000만 원으로 전세를 계약을 했다고 법원에 신고했다. 신ㅇㅇ의 임대차관계가 인정된다면 「주택임대차보호법」에 의한 "최우선변제권자"로

임차인	점유부분	전입/확정/배당	보증금/차임	대항력	배당예상금액	기타
신재	주거용 전부	전 입 일: 2009.02.21 확 정 일: 2009.02.21 배당요구일: 2010.02.25	보30,000,000원	없음	소액임차인	
전점례	주거용 미상	전 입 일: 2008.07.15 확 정 일: 미상 배당요구일: 없음	미상		배당금 없음	
기타사항	임차인수: 2명, 임차보증금합계: 30,000,000원 ■본 건 현황조사에 의하여 현장 방문하였으나, 폐문부재로 점유자들을 만나지 못하여 안내문을 투입하였으나 아무 연락이 없어 점유자 확인 불능임 / ■전입세대 신재은,전점례를 발견함					

* 등기부현황 (채권액합계 : 1,042,000,000원)

No	접수	권리종류	권리자	채권금액	비고	소멸여부
1	2008.12.16	소유권이전(매매)	이승		거래가액 금16,000,000원	
2	2008.12.16	근저당	이 혁외12명	600,000,000원	낭소기운농기 양도전:이 복/이 혁,박 경,강 식,김 식,우 천,윤 순,나 영,박 규,배 환,나,이 주,강 경,김 진	소멸
3	2009.02.27	근저당	임 자	130,000,000원		소멸
4	2009.03.10	근저당	박 홍	45,000,000원		소멸
5	2009.06.05	가압류	오 경	95,000,000원		소멸
6	2009.06.11	근저당	이 식	100,000,000원		소멸
7	2009.07.13	가압류	김 우	33,000,000원		소멸
8	2009.07.24	근저당	한 회	39,000,000원		소멸
9	2009.08.27	소유권이전 청구권가등기	신 우		매매예약	소멸
10	2009.12.07	임의경매	이 혁외12명	청구금액: 408,456,596원	2009타경 양도전:이 복	소멸

서 1순위 근저당보다 먼저 2,000만 원을 배당받아가게 된다. 아무래도 석연치 않은 구석이 있었다.

선순위채무가 저렇게 많은 빌라에 3,000만 원으로 임대차계약을 했다고 믿기 어려웠다. 법원 서류를 찾아보니 임차인의 권리신고서도 들어와 있었다.

1	임차부분	전부(방 3 칸), 일부(층 방 칸) (뜨건물 일부를 임차한 경우 뒷면에 임차부분을 특정한 내부구조도 를 그려 두시기 바랍니다)
2	임차보증금	보증금 30,000,000원에 월세 원
3	점유(임대차)기간	2009. 2. 12. 부터 2010. 2. 11 까지
4	전입일자 (주민등록전입일)	2009. 2. 12
5	확정일자 유무	유(2009. 2. 12), 무
6	임차권·전세권등기	유(20 . .), 무
7	계약일	2009. 2. 12
8	계약당사자	임대인(소유자) 이 ○ ○ 임차인 신 ○ 신 ○
9	입주한 날 (주택인도일)	2009. 2. 12

여기서, 특이한 사항을 발견할 수 있다.

등기번호 9번 2009.8.27. 권리자 신○○가 소유권이전청구권가등기를 설정하였다. 매매예약이 아닌 경우라면 "담보가등기"라는 이야기인데 채무를 변제받기 위해서 소유권이전 청구권 가등기를 해놓은 것이 틀림없다. 임대차계약서를 확인해 보니 임차인 신○○와 동일인이었다. 뭔가 석연치 않은 구석이 있었다.

현장조사에 들어갔다. 정보를 수집하고자 집 앞 자장면 집을 찾앉다. 밥은 먹고 왔지만 결정적인 고급 정보를 듣기 위하여 인심 후하게 자장면 곱빼기를 시켰다. (오늘도 배 터져 죽는다. 먹다 지쳐 잠들게 해 주소서~ 아멘)

치킨, 도시락, 자장면, 배달전문업체들은 거주 사실에 대해서는 정확히 알고 있는 경우가 많다.

자장면집 주인에게 그 집에 대해 물었더니 주인 왈,

- **자장면집 주인** : 거기 사람 안 산지 오래되었는데요.
- **나** : 그 전에 누가 살았습니까?
- **자장면집 주인** : 늙은 부부가 살았는데요.
- **나** : 내가 알고 있기론 30살이 안 된 아가씨가 혼자 살고 있는 걸로 알고 있습니다. 아닌가요?

아가씨가 거주했다면 분명코 자장면집 주인의 눈에 띄었을 것이다. 자장면 가게 쇼윈도가 빌라 현관과 맞보고 있기 때문에 일 년 동안 한 번도 못 봤다는 건 말이 안 되는 일이다. 하지만 자장면집 주인은 단호히 그런 아가씨는 보지 못했다고 이야기했다.

채권 신고한 임차인이 거주하지 않았다는 것만 입증하면 게임 끝인데 쉽지 않다. 사람이 거주했는지를 알기 위해서 도시가스회사에 연락하여 요금내역 열람을 요청했다. 보일러 동파 위험이 있기 때문에 밥은 안 해 먹는다고 해도 분명히 도시가스를 사용한 흔적은 찾을 수 있을 거라는 생각이 들었다.

검침된 사용량을 살펴보았을 때 11월부터 2월까지는 누군가 살고 있었고 3월 이후 집이 비워 있었던 것으로 추정된다.

임대차 계약은 2월에 이뤄졌다. 뭔가 실마리를 풀 수 있을 것 같긴 한데 입증 자료를 찾아야 했다. 증빙하기 쉽지 않아 보였다. 배당기일이 얼마 남지 않았다. 배당금을 수령해 간 이후는 너무 늦겠다 싶어 "배당 배제신청서"를 접수하고 시작했다.

배당 배제신청서

사 건 번 호 : 2009 타경 27**9(1)
주　　　 소 : 서울시 도봉구 방학동
채 권　 자 : 강○○
점 유　 자 : 신○○

임차인으로 신고한 신ㅇㅇ에 대하여 아래와 같이 배당 배제를 신청합니다.

1) 사실 확인

채권자는 지난 2010년 12월 2일경 서울시 도봉구 방학동(이하 목적 부동산) 인근 주민들에게 목적부동산에 거주 여부를 확인해 본 결과 몇 년 전에는 전 소유주였던 노부부가 살고 있었는데 2년 전부터는 공실이었다는 이야기를 전해들을 수 있었습니다.(목적 부동산 앞 "본"자장면) 그래서 도시가스와 한국전력의 사용검침 내역을 조사해본 결과 생활한 흔적을 찾아 볼 수 없었습니다.(갑 1호증 도시가스 내역, 갑 2호증 한국전력 사용내역)

내부 또한 점유흔적을 남기기 위한 옷가지 몇 개만 있었을 뿐 전혀 거주한 흔적은 찾아 볼 수 없었습니다.(갑 3호증 내부 사진)

점유자 신ㅇㅇ은 주택 임대차에 의한 정상적인 임대관계가 아니고 채권을 변제 받기 위한 위장 임차인이었음이 밝혀졌습니다.

2) 계약 관계

임대차 계약 당시 선순위 근저당권이 6억이 설정되어 있는 상태였습니다. 그 당시 최우선 변제권으로 보호받을 수 있는 최우선 변제금은 2,000만 원인데 임대보증금 3,000만 원으로 임대계약이 체결되었다는 것은 상식적으로 이해할 수 없는 일이며 작성된 계약서는 "쌍방합의"로 되어 있습니다. 이것은 서로 공모하여 허위 임대차 계약서를 작성한 물증입니다. 경매가 진행된다면 임대보증금 전액을 보장받을 수 없는 계약을 부동산전문 중개업소의 조력 없이 개인적으로 하겠습니까?

3) 부동산 등기부등본의 의구심

위 증빙서류인 임대차계약서를 살펴보면 계약당사자는 신ㅇㅇ이며 계약대리인은 그의 아버지인 신ㅇㅇ였습니다. 부모가 대리하여 임대차계약을 했다는 것이 위법사항은 아니지만 부동산 등기부 등본(갑 4호증)을 본다면 본 경매사건(2009타경***)가 마치기 직전 신ㅇㅇ로부터 2009년 7월 17일 2009타경****으로 경매개시결정을 마쳤다가 2009년 8월 24일 경매취소결정을 하였습니다. 또한 신ㅇㅇ는 2009년 8월 27일 소유권이전청구권 가등기자로 등기하여 권리주장을 하고 있습니다.

만약 신ㅇㅇ이 임차보증금을 반환받기 위한 소송이었다면 소송 당사자인 임차인 신ㅇㅇ 앞으로 승소판결을 받았을 것이고 2009타경17585의 채권자는 당연히 신ㅇㅇ이 될 것입니다.

등기부등본의 갑 순위번호 12번 강제경매(2009타경***)기입등기는 그의 아버지인 채권자 신ㅇㅇ로 등기되어 있습니다. 채권추심을 위해 소액임차인으로 자신의 자녀를 전입시켜 놓고 채무변제를 받으려는 사해행위입니다.

주택임대차보호법은 국민의 주거생활의 안정을 보장하려는 취지입니다. 소액 임차인이 다른 담보물권보다 우선하여 변제받을 수 있도록 한 것은 비록 소액이라고 하더라도 임차인에게는 전 재산이므로 소액임차인이 다른 담보물권의 지위를 해하게 되더라도 그 보증금의 회수를 보장하는 것이 타당하다는 사회보장적 고려에서 나오는 것입니다.

채권자가 채무자 소유의 주택에 관하여 채무자와 임대차계약을 체결하고 전입신고를 마친 다음 그곳에 거주하였다고 하더라도 실제 임대차계약의 주된 목적이 주택을 사용 수익하려는 것이 아니고 소액 임차인의 지위를 이용해 선순위 담보권자보다 우선하여 채권을 회수하려는 것이 주된 목적이 있는 경우에는 임차인은 주택임대차보호법상 소액 임차인으로 보호받을 수 없을 것입니다(대법원 2001다14733).

만약 위 임차인 신고자가 허위임차인이 아니라면 아래와 같은 증빙 서류를 제출하여 허위가 아님을 밝혀야 합니다.

① 임대인에게 임대보증금 3,000만 원을 지급하였음을 확인할 수 있는 객관적 증빙자료(예 : 임차보증금을 인출한 예금통장 사본, 무통장 입금증 사본, 수표로 지급한 경우에는 수표사본 또는 수표번호 등)
② 임차인이 이 사건 부동산에 임차하게 된 경위. 선순위로 채권최고액 6억원의 근저당권이 설정되어 있음에도 불구하고 최우선 변제금으로 임대차 계약을 체결한 경위
③ 임차인이 안양으로 직장을 다니는데 본인만 가족과 떨어져 이 부동산에 전입 신고한 경위
④ 다니고 있는 직장의 위치
⑤ 이 사건의 임대차 보증금을 제외한 임대인과의 채권 채무가 있다면 구체적인 내역

채무자와 위장임차인이 채권채무 관계라는 걸 짐작은 하고 있었다. 대책 없이 있다가는 뒤통수 맞을 수도 있겠다는 생각이 들었다. 방어응찰을 하기로 했다.

낙찰대금은 어차피 배당으로 다시 받아올 금액이다. 높은 금액으로 낙찰받았다. 임차인의 아버지도 응찰을 했으나 나와는 응찰가격 차이가 많이 벌어졌다. 임차인의 아버지는 응찰을 포기시키기 위해서 법원정문까지 따라 나오며 대금 납부를 저지하려고 무던히 애를 썼다.

"집은 들어가 보셨어요? 물이 많이 샙니다. 보일러도 고장 나 있어요. 집 시세 그렇게 안 가요."하며 별의별 이야기를 다했다.

낙찰받으면 너무 비싸게 받았다고 염장 지르는 인간들이 있기 마련이다. 본인이 낙찰자로 선정되었다면 본인의 딸에게 명도확인서를 발급해 주었을 것이고 배당금에서 2,000만 원을 선 지급 받을 수 있을 것이다. 임차보증금은 낙찰자의 명도확인서와 인감증명서가 있어야 배당받을 수 있으므로 배당을 수월하게 취득할 수 있는 방법이었다.

경매로 낮게 취득하고 또다시 최우선변제를 받으면 한 번 더 저렴하게 구입하는 결과를 얻게 되는 것이다.

이런 이유 때문에 집요하게 전화가 또 왔다.

↳ **임차인 아버지** : 만나봤으면 합니다.

↳ **나** : 무슨 일로요?

↳ **임차인 아버지** : 그 집, 제가 사고 싶습니다.

이미 바닥에 2,000만 원 배당금 깔아놓았으니까 배당기일 전에 일반매매로 소유권이전등기만 가져오면 명도확인서에 대한 권리도 자신에게 넘어오는 것으로 판단했었던 모양이다. 그런데 과연 그렇게 되는 것일까?

> 대법원 1970.9.30. 자 70마539 결정
> 【강제집행방법에 대한 이의신청각하 결정에 대한 재항고】
> [집18(3)민,181]
> 【판시사항】
> 경락인이 목적부동산을 제3자에게 양도하였다 하여 당연히 그 인도명령을 받을 권리가 소멸되는 것으로 볼 수 없다.

위장임차인과는 "배당이의의 소"가 진행되었다. 위장임차인은 본인이 결백하다고 주장했지만 재판부는 받아주지 않았다. 결정적으로 임대차계약시점에 돈을 주고받은 입증자료를 제출하지 못하면서 승소를 받을 수 있었고 판결은 내게로 기울었다. 그렇게 위장 임차인이 가려졌다.

배당기일 며칠 전 사무실로 뜻밖에 전 소유주가 찾아왔다. 본인의 집을 싸게 취득했으니 3,000만 원만 달라는 것이다.

곱상하게 생긴 녀석이 감히 사무실까지 찾아와서 달달하고 산뜻한 이야기를 건넨다. 어처구니가 없었다. (사무실을 잘못 찾아오신 거 같은데요. 유니세프로 가셔야죠! 랜섬웨어가 최초로 인간에게 감염된 건가요. 깜찍하게 군다. 이 녀석 머리를 뇌시경 의뢰해야겠다)

그 돈이 본인한테는 무척 필요한 돈이며 이야기를 들어주지 않을 경우에는 배당이의신청을 제기해서 배당금을 수령하지 못하게 하겠다는 이야기를 했다. (젊은 아저씨! 저도 돈 많이 필요하거든요) 배당이 끝나면 그 이후에 벌어지는 다툼은 경매계의 소관을 떠나 민사소송으로 시시비비를 가리게 된다.

민사소송이라는 게 한번 시작하면 몇 달이 걸릴지 몇 년 걸릴지 모르는 일이라는 걸 이 녀석은 알고 있었던 것이었다. 특히나 제자 12명과 공동투자로 근저당권을 매입했기 때문에 길게 끌고 간다면 내적으로 불협화음이 생길 것이고, 이로 인해서 내가 내상을 입을 수 있다는 추정 하에 압박을 가하면 기대하는 결과를 얻을 수 있다는 생각으로 하고 접근해 왔던 것이다.

더 이상 말할 가치도 느끼지 못했다. 내쫓아 버렸다.

투자자 모두가 기다리는 배당기일.

우려는 현실로 나타났다. 우리 사건이 호창되고 배당표를 설명하는데 갑자기 사무실에 찾아왔던 전 소유자 녀석이 1순위 근저당권에 대해서 배당이의를 제기하며 법대로 나왔다. 배당이의 신청은 배당받을 금액 중 얼마의 금액에 대해서 이의가 있다고 주장을 해야 한다.

배당이의를 한 번도 해본 경험이 없는 자라서 배당금 전액을 이의한다고 재판부에 주장해버렸다. 시간을 질질 끌 생각이라면 적은 금액의 이의로도 충분히 소기의 성과를 거둘 수 있다.

그렇게 한다면 오히려 소송비용이 적게 들어가기 때문에 본인 부담이 적어지는 효과를 가져 올 수 있다. 하지만 이 녀석은 그렇게 깊게 생각하지 못하고 무조건 떼를 쓰자는 생각으로 배당금 전액에 대해 이의를 걸고 들어왔다.

서로의 주장이 팽팽해서 재판부가 판단하기 어려운 경우에는 일주일 안에 정식 민사재판을 제기할 것을 명하고 이의가 걸린 배당금은 공탁해버린다.

만약 일주일 기간 내에 소송을 제기하지 않으면 이의가 없는 것으로 보고 배당시켜 버린다. 소송을 해서 이긴 쪽이 공탁된 배당금을 찾아가라는 이야기다.

소송 제기 기간 마지막 날.

전 소유자는 어렵게 "배당이의의 소"를 제기하였으나 인지료와 송달료를 납부하지 못하고 소장만 접수했다. 실익도 없는 소송에 소가 4억 원에 상응하는 인지료와 피고 13명의 송달료를 지불한다는 것이 적잖이 큰 부담이다.

배당이의의 소에서 전 소유주가 승소한다고 하더라도 1순위 뒤에 채권자들이 남아있기 때문에 본인이 가져갈 배당금은 전혀 없다. 오직 시간을 질질 끌어서 배당금 수령을 지연시키는 목적만 가지고 수행하는 소송이었다.

접수된 소장을 살펴보니 전 소유자는 대여금 3억 7천만 원 중에 2억 원을 변제했는데 원금부터 상환하지 않고 이자부터 상환한 것이 잘못되었기 때문에 1순위 근저당권의 배당금 자체가 잘못 재단되었다는 내용이었다. 어차피 소송은 정상적으로 진행되지 못하겠지만 명백히 해둬야 할 것 같았다. 답변서를 제출하였다.

준 비 서 면

사 건 번 호 : 2011 가합0000
원   고 : 이○○
                  서울시 000 000 000
피   고 : 강윤식 외 12명

위 사건에 관하여 아래와 같이 준비서면을 제출합니다.

청 구 취 지

1. 원고의 청구취지를 모두 기각한다.
2. 소송비용은 원고가 부담한다.

청 구 원 인

1. 원고는 소외 이○○에게 2008년 12.15. 금 340,000,000원을 차용하였다고 주장합니다. 원고 이○○은 금 400,000,000원을 수령하고 영수증으로 그에 대한 확인서류로 금전 소비대차 계약서(을 제1호증)와 영수증(을 제2호증)을 본인의 인감도장으로 날인 교부하였습니다.
이자약정을 하지 않았다고 주장하고 있으나 금전 소비대차 계약서를 보면 연 60%의 금리를 적용한다는 내용이 분명히 명시되어 있습니다.
[이 금리는 나중에 법원으로부터 이자상한법에 의해 연 30%로 지급

받으라는 신청취지 및 신청원인 변경신청서를 보정하라는 명령을 받아 2008년 12.15일 경매 기입등기 당시 수정하여 채권계산서(을 제3호증)를 제출한 바 있습니다]

2. 원고는 소외 이ㅇㅇ(대부업체 사장)으로부터 2009.3.13.자 대여금 25,000,000원으로서 완제일까지 연 30%의 비율로 지연 손해금을 지불한다고 약정하였습니다. (을 제4호증 차용 약정서, 을 제5호증 영수증)

3. 대여금 내역 및 이자 변제 내역

   가)

   ① 2008.12.15 대여금 400,000,000원

   ② 2009.05.06 변제금 200,000,000원

   - 변제일(2009.05.06)까지 이자(126일) : 46,356,164원(연금리 30%)

   - 이자를 공제한 변제원금 : 153,643,836원

   - 변제금 합계 : 200,000,000원

   - 잔여 대여금 : 400,000,000 − 153,643,936 = 246,356,064원

   ③ 2009.05.06~2011.3.29 : 배당기일(지연617일)

   - 원 금 : 246,356,064×연 30% / 365 일 = 202484(원/일)

   - 이 자 : 202484×617(일) = 124,932,896원

   - 합 계 : 246,356,064(원금)+124,932,896(이자)
     합 계 : 371,288,960원

   나) 2009.3.13 대여금 25,000,000원

   2009.3.13. ~ 2011.3.29 배당기일(지연 일자 717일)

   - 25,000,000(원금)×연 금리 30% / 365 = 20,548(원/일)

   - 20,548×717 = 14,732,876원

▶ 합계 : 25,000,000(원금)+14,732,876(이자)
합계 : 39,732,876원

다) 배당기일(2011.3.29)까지의 피고가 배당 받아야 할 금액의 총액 : 가)+나) = 411,021,836입니다.

* 위 금액은 배당기일 이후의 이자는 산입하지 않은 금액입니다.

라) 배당표에 작성된 392,168,537원은 피고가 수령해야 할 배당금 411,021,836원에 턱없이 부족한 금액입니다. 그러므로 잔여 배당금 전액을 수령받아야 함이 마땅하고 아무 권원 없이 배당이의를 제기하여 배당금 수령을 지연시키며 부당이득을 요구했던 원고 이ㅇㅇ은 배당기일 이후 완제일까지의 지연손해금을 아래와 같이 합산하여야 한다는 판결을 구합니다.

- 현재까지 2011.3.29.(배당기일) ~ 2011.6.30(준비서면 제출일)
- 264,356,064×연 30% / 365 = 217,278(원/일)
  90(소요 기간)×217,278(원/일) = 19,555,106원
- 25,000,000×연 30% / 365 = 20,547(원/일)
  90(소요 기간)×20,547 = 1,849,315원
- 추가 금액 : 21,404,421

제 출 서 류

1. 을 제1호증 : 대여금 4억 원 금전소비대차
2. 을 제2호증 : 대여금 4억 원의 영수증
3. 을 제3호증 : 북부 지원 보정 명령서
4. 을 제4호증 : 2009 타경 27339 신청 취지 변경신청서
5. 을 제5호증 : 대여금 2천 5백만 원 차용 약정서
6. 을 제6호증 : 2천 5백만 원 영수증

기본내용	» 청사배처		
사건번호	2011가합	사건명	배당이의
원고		피고	강 식
재판부	제12민사부(나)		
접수일	2011.03.29	종국결과	2011.09.01 원고패
원고소가	114,014,277	피고소가	
수리구분	제소	병합구분	없음
상소인		상소일	
상소각하일			
송달료,보관금 종결에 따른 잔액조회		» 잔액조회	

최근기일내용	» 상세보기			
일 자	시 각	기일구분	기일장소	결 과
2011.08.19	14:00	변론기일	법정 604호	변론종결
2011.09.01	10:00	판결선고기일	법정 604호	판결선고

• 최근 기일 순으로 일부만 보입니다. 반드시 상세보기로 확인하시기 바랍니다.

최근 제출서류 접수내용	» 상세보기
일 자	내용
2011.06.01	원고 이 관 보정서 제출
2011.07.01	피고 강 식 외12명 준비서면 제출
2011.07.01	피고 이 혁 외11 당사자 선정서 제출
2011.07.06	원고 이 관 야간송달신청 제출

전 소유자는 엄청난 소송비용을 납부하지 못했고, 별도의 변론기일 지정 없이 원고 패소로 끝이 났다. 기뻤다. 배당이의를 하던 그날 법원정문에서 나를 붙들고 3,000만 원만 해주면 소송을 제기하지 않을 거라며 구걸하던 그 녀석 생각이 난다.

술을 받기 위해서는 술잔은 항상 술병 밑에 있어야 하는 법이다.

도움을 받기 위해서 진정성 있는 태도를 취했더라면 결과는 달라지지 않았을까?

위장 임차인

오늘도 임장을 갔다. 관리사무실에 방문해서 미납관리비를 체크하고 경매 나온 부동산을 가장 잘 알 것 같은 단지 내 공인중개사 사무실에 들어갔다. 호감방출형이 아니기 때문에 친밀도 있게 너스레를 떨며 이야기를 시작했다.

현관문을 열고 들어가 보니 어두운 사무실에 새까만 선글라스를 낀 공인중개사 여사장이 앉아 있었다. 선글라스 안으로 숨어버린 얼굴은 알 길 없고 고글안경이 안면전체를 가릴 정도로 작은 얼굴의 소유자였다.

나 : 안녕하셔요! 경매 좀 알아보러 왔습니다.
여사장 : 저는 별로 할 이야기 없는데요.

(말 못 하시는 건가. 안하시는 건가. 중개사무실에서 묵언수행중이시네. 특이하시네)

얼마 전에 부동산 중개협회에서 경·공매 문의해 오면 일절 대응하지 말라는 공문을 받았다고 한다. 그래서 단체 행동중이라고 한다.

(같이 사는 세상인데 너무 하시네)

시세를 몰라서 여기를 방문한 것이 아니다. 시세는 국토교통부에 떠 있고 웬만한 정보는 매각물건명세서에 다 나와 있다. 이렇게 적대적으로 응대할 이유가 있을까 싶다. 경매 물건을 물어보는 사람 중에서 낙찰자가 나올 것이고 매도를 의뢰할 텐데 불친절하면 이 중개업소에 매도 의뢰하겠나.

중개사사무실에서 무대응하면 어떤 점이 좋을까. 이미 다 아는 사실을 확인하러 오는 건데 말이다. (알려줘도 그만 안 알려줘도 그만이다. 퉁명스럽게 대하면 나도 물건 안 준다)

눈을 껌뻑껌뻑 치켜뜨며 귀찮다는 듯 건성건성 대답을 한다. 너스레를 떨며 살살 이야기를 이어가보니 여사장님도이 물건에 꽤 관심이 있어 보였다.

가벼운 농담 몇 마디로 파리만 날리던 사무실은 온화해졌고 중개업소 여사장도 그제서야 이런 저런 이야기를 해주었다.

여사장이 갑자기 대화중에 질문을 던진다.

여사장 : 얼마나 써야 받을 수 있을까요?

(어! 왜 물어볼까)

2014타경		• 인천지방법원 본원 • 매각기일 : 2014.11.25(火) (10:00) • 경매 2계(전화:032-860-1602)			
소재지	인천광역시 남동구 남촌동			도로명주소검색 Daum 지도 NAVER 지도	
새 주소	인천광역시 남동구 남촌동로				
물건종별	아파트	감 정 가	235,000,000원	오늘조회: 2 2주누적: 0 2주평균: 0 조회동향	
대 지 권	45.735m²(13.835평)	최 저 가	(70%) 164,500,000원	구분	입찰기일	최저매각가격	결과
건물면적	109.794m²(33.213평)	보 증 금	(10%) 16,450,000원	1차	2014-10-28	235,000,000원	유찰
				2차	2014-11-25	164,500,000원	
매각물건	토지 건물 일괄매각	소 유 자	이 외 1명	낙찰 : 205,110,000원 (87.28%) (입찰5명,낙찰:인천 차순위금액 201,689,000원)	
개시결정	2014-02-25	채 무 자	이	매각결정기일 : 2014.12.02 - 매각허가결정 대금지급기한 : 2014.12.29	
사 건 명	임의경매	채 권 자	전북은행	대금납부 2014.12.26 / 배당기일 2015.01.30 배당종결 2015.01.30	

이 지역 아파트가 최근에 235,000,000원에 매도되었다.
여사장님의 의중을 알고 싶어서 답을 던졌다.

↳ **나** : 2억 정도 쓰면 되겠죠! 그 보다 더 쓰면 먹을 게 없을 테니까요.

↳ **여사장** : 그 정도면 되겠어요?

(어쭈구리. 들어 올리는 모양이네. 얼마를 쓰겠다는 거야) 응찰가 참조를 위해서 내 수를 읽으려 노력하고 있는 그녀의 속내를 알 수 있었다. 나도 그녀를 이용하고 있었다.

살짝 말귀를 흐리며 "나도 들어갈 건데"라고 했다. 불친절하게 대했던 일 때문에 나도 살짝 빈정 상해 한마디 했다.

차라리 친절하게 대하면서 "나도 들어갈 건데 양보해 주셨으면 합니다."라고 했다면 나는 100% 그 물건을 포기했을 것이다. 경매 물건이야 흐르고 넘치는데 다른 거 받으면 된다. 그 정도 도량과 양보심은 있다.

조언 몇 마디 해주고 낙찰받을 수 있도록 도와주면 나로서는 사람 하나 얻을 수 있을 것이다. 그것이 내게는 더 큰 수확이다. 정보를 얻을 수 있는 거점 하나를 확보하는 일이다. 가끔 싸게 나온 매물도 소진시켜 줄 수 있기 때문에 중개업소에서도 나와의 관계를 단절 시킬 이유가 없는 일이다.

단지 앞 부동산 중개업소지만 경매시장의 낙찰률은 어두웠다. 어느 정도 자기 욕심을 줄여야 1등을 할 수 있을런지 모르던 차에 전문가로 보이는 사람이 찾아와 2억을 제시하니 그보다 더 높은 금액이라면 낙찰될 거라고 생각했을 것이다.

입찰은 결정된 것 같고 본인이 얼마를 써야 할까 고민하던 중 입찰의사를 강력히 제시하는 내 행동을 보고 이보다 좀 더 쓰기로 한 것이다.

매각기일날, 아침 일찍 인천법원으로 갔다. 입찰서류를 받고 입찰서를 써내려갔다. 모든 기재가 완료된 이후 마지막으로 입찰가격을 쓴다. 여사장님에게 2억 조금 넘기면 어떻겠냐고 대답했으니 205,000,000원 정도 쓰면 낙찰받을 수 있을 거 같았다.

투찰을 했고 개찰이 시작되었다. 사건 번호가 호창된다. 내가 205,110,000원으로 1등을 했다. 보증금 영수증을 발급받고 법대를 걸어 나왔다. 차순위권자인 2등도 법정을 걸어 나오고 있다. 차순위자는 2억 1백 6만 원을 써서 1등과 300여만 원 차이로 2등을 했다. 2등은 검은 선글라스를 쓴 중개업소 여사장님이었다. 얼른 뛰어가 반갑다고 인사를 했다. 똥 씹은 얼굴로 이 물건에 들어왔냐고 물어본다. 우리가 낙찰받았다고 이야기 했다. 실망과 섭섭함이 묻어나는 표정이었다. 미안하게 되었다고 이야기 했다.

꼭 사장님 중개업소에서 매매하겠다고 말해주고 법원을 나왔다.

선의의 경쟁이 끝났으니 중개수수료라도 챙겨 줘야겠다는 생각에 다른 곳에는 물건을 내놓지 않았고 그 중개업소 사장님에게 전속으로 매도를 의뢰했다.

일주일 후에 아파트를 찾아갔다. 현관에 비디오폰을 달아놓고 출입을 통제하는 아파트가 많아서 방문이 쉽지 않다. 아파트 현관에서 벨을 눌렀다.

↳ **아파트 주인** : 누구세요?

비디오폰으로 중년부인의 목소리가 흘러나왔다.

↳ **나** : 예, 낙찰받은 사람입니다.

올 것이 오고야 말았다는 생각을 했는지 잠시 적막이 흘렀다.

↳ **나** : 대금납부 전에 집 좀 보러왔습니다. 문 좀 열어주십쇼.
↳ **아파트 주인** : …….

한참을 기다렸지만 현관문은 열릴 생각을 하지 않았다.

5분정도 서성이고 있었다. 마침 그 라인에 사는 사람이 현관문을 열고 들어간다. 날렵하게 문 사이로 몸을 비비고 들어갔다. (엠보싱 몸매지만 아직 괜찮은 몸매야) 문을 동남아인용으로 만들었는지 너무 좁다. 간신히 통과했다. (신체가 서구화되면 문도 좀 바뀌어야 하는 거 아니야?) 승강기에 같이 탄 주민이 17층을 누르는 걸 보더니 한 마디 던진다.

▸ **나** : 고물상 아저씨네 가시나 보네.

▸ **타층 거주인** : 고물상이요?

뭐라 말하려 하던 입을 다물더니 모르겠다는 듯 올라가 버린다. 다시 현관 앞에서 벨을 눌렀다.

▸ **아파트 주인** : 누구세요?

중년아줌마가 문을 열어 줬다. 아직도 내가 아파트 현관에서 떨고 있을 거라고 생각하고 있었던 건지 살짝 놀라는 모습이었다. (아줌마도 답답하네. 안 열어준다고 못 올라오나)

집안을 살펴보니 피난 떠날 채비하듯 군데군데 보따리를 쌓아두고 이사를 해가고 있었다. 온통 널브러져 있는 옷가지와 살림살이들은 끔찍했던 과거의 모습을 그대로 보여주고 있었다.

▸ **아파트 주인** : 아들이 사업한다기에 보증을 서서.

인생에 크랙(crack) 간 이야기를 하염없이 털어놓는다. (아줌마 우리 비정규직 시간제로 일하는 사람입니다. 간단히 합시다)

거의 생떼 부리기 직전의 모습과 슬픈 사슴의 눈이 크로스오버 하며 급격한 감정기복을 보였다. (이 아줌마! 이야기에 콘텐츠가 없네. 장르가 뭐지. 호러인지. 순정인지 정해야죠. 헤깔려요)

아줌마의 이야기 콘셉트가 정해지면 바로 대응코자 준비하고 있었다. 그런데 여러 장르를 넘나드는 신개념 원천기술을 어디서 습득하셨는지 도무지 대응책이 서질 않는다.

밀당이 시작되었다. 본인 입장을 설명하기에 급급했고 나도 내 사정을 구구절절 설명했다.

- **나** : 저도 사실 80% 이상 대출받아 취득한 부동산이라 하루 빨리 명도가 안 되면 금융비용이 많이 발생하기 때문에 곤란해집니다.
- **아파트 주인** : 저희가 돈이 하나도 없어요. 어떻게 해 주셔야 나갈 수 있습니다.
- **나** : 음…….

이렇게 이야기하는 점유자가 쟁점정리을 잘 해주면 오히려 더 편하다. '이사비 얼마 줄 거냐. 우리는 얼마 생각한다.' 얼마나 심플한가.

- **아파트 주인** : 저희가 오갈 데가 없습니다. 집을 구해야 하니까 생각해 주셔야 합니다.

(허걱! 집 구할 돈을? 구세군 냄비를 기다리셨군요)

> **나** : 저도 돈 벌자고 하는 일입니다. 강제집행비와 이사비 중 저렴하게 먹히는 쪽으로 움직일 겁니다.

약간 놀란 듯한 표정을 짓지만 표정 뒤에 숨겨진 쾌재의 숨소리를 들을 수 있었다. 이사비를 받을 수 있는 교두보를 마련했다는 안도의 숨소리. 나도 무리한 이사비는 씨알도 안 먹힐 거라고 못을 박은 셈이었다. 집행비로 이사비 가늠해 보겠다는 이야기는 나름대로 설득력 있는 이야기였다.

> **나** : 아무튼 빠른 시일 내에 이사 준비하시고 연락 주십쇼.
> **아파트 주인** : 예. 이사비를 많이 주십쇼. (세뱃돈 달라는 것도 아니고)

며칠 후 전화가 왔다.

> **아파트 주인** : 아저씨 이상한 분이시네. 주신 명함으로 전화를 했는데 전화가 안 돼요. 정체가 뭐예요.
> **나** : 아, 예전 사무실 전화번호라서 그럽니다. 거기 핸드폰 번호는 같아요.
> **아파트 주인** : 그래도 전화가 안 되니까.

이 아줌마가 벌건 대낮에 전화 걸어 갑자기 협박 모드다. (밀당 한 번 타보자는 건가. 전화 안 되는 거 하고 명도해주는 거하고 무슨 상관이 있다고 이렇게 난리지)

▶ **아파트 주인** : 저희 1월 말에 이사 가기로 했어요.

▶ **나** : 그렇게 빨리요?

진상 좀 피울 줄 알았는데 너무 쉽게 마무리되는 분위기라서 허무한 마음마저 들었다. 내가 인상이 더럽긴 더러운 모양이다. 그리고 또 다시 "이사비 좀 주세요."라며 이사비를 엄청 물고 늘어지고 있다. 상당히 피곤하다. 하지만 이 부분만 정리되면 명도는 완결될 것으로 보였다.

그런데 아주머니가 다른 이야기를 한다.

▶ **아파트 주인** : 우리 집에 월세로 살고 있는 여자 한 분 있는데 명도 확인서 좀 해 줘요.

임차보증금은 낙찰대금에서 배당 받아가는 금액이라 신경 쓰지 않고 있었다. 위장 임차인이더라도 보증금을 받아 가면 좋겠다. 배당을 받는다면 살아갈 수 있는 희망의 끈을 잡을 수 있기 때문에 점유자에게 좋은 일이다. 피해를 볼 채권은행에게는 좀 억울한 일이지만. 임장 조사할 때 임차인이 권리행사를 하지 못할 거라고 생각했다. 누가 봐도 위장 임차인이라는 게 확연하기 때문이었다.

* 임차인현황 (말소기준권리 : 2012.03.08 / 배당요구종기일 : 2014.05.14)

임차인	점유부분	전입/확정/배당	보증금/차임	대항력	배당예상금액	기타
이혜	주거용 방1칸	전 입 일: 2013.11.13 확 정 일: 2013.11.13 배당요구일: 2014.04.19	보20,000,000원	없음	소액임차인	
기타사항	☞조사외 소유자 점유 ☞본건 현황조사차 현장에 임하여 소유자의 시어머니 이연심)를 면대한 바, 소유자 가족과 세입자 이혜진이 이건 부동산을 공동 점유 사용하고 있다고 함 ☞이 심의 진술에 의하면 전입세대주 홍영준은 소유자 이 진의 남편이고, 최초 전입자 이연심은 소유자의 시어머님 ☞본건 조사서의 조사내용은 소유자의 진술과 전입세대열람내역에 의한 조사사항임.					

위 임차현황을 읽어보면 소유주가 시어머니와 며느리로 되어있었다. 독립되어 있지 않은 주거공간(아파트)에서 두 분이 임대차로 살고 있다는 게 상식적으로 이해가 되지 않는 일이었다. 거기에 경매기입등기 3개월 전에 점유한 임차인 이○○씨는 최우선 변제권자 범위 내의 임차보증금으로 살고 있다. 아마도 전북은행이 가만히 있지 않을 것이다. 내심 점유자가 누구인지 한번 보고 싶은 생각도 들었다. 이런 경우 임차인이 직접 전화해서 명도확인서를 달라고 울고불고한다. 그런데, 어찌된 일인지 전화 한 번 딱 던지고 연락이 없다. 그리고는 아주머니가 대신 전화를 해 왔다.

보증금을 받게 해주고 싶어 전화를 했다고 한다. 이것도 상식적으로 이해가 되지 않는 일이다. 주인이 임차보증금을 내주지 못하는 상황이라면 임대인과 임차인 사이가 좋을 리 없다. 물론 도의적으로 소액임차 보증금이라도 배당받게 해주고 싶어서 그렇다고는 하나 진성 임대차 관계에서는 절대로 있을 수 없는 일이다. 이미 나는 소유주가 허위 임차인과 통모해서 소액임차 보증금이라도 수령하고자 허위 임대차를 체결한 걸로 이해하고 있었다.

다시 제안을 했다.

▶ **나** : 알다시피 명도확인서라는 것은 점유자가 점유를 낙찰자에게 인도했다는 확인서입니다. 이를 동시이행항변권이라고 하죠! 임차인의 명도가 완료되면 저는 명도확인서를 발급해 주고 배당

받을 수 있게 해주는 것을 동시에 이행해야 한다는 겁니다. 명도약정기일까지 깨끗하게 퇴거가 완료된 것이 확인되면 명도확인서를 드리겠습니다.

명도확인서 교부를 빌미로 점유자 한 사람을 깨끗하게 명도하려는 전략이었다.

↳ **아파트 주인** : 그래요. **날 갈 테니까 오세요.

당일 아파트로 찾아갔다. 아줌마가 반갑게 맞이하며 임대로 살고 있었다는 방을 보여줬다. 얼마 전에 방문했을 때에는 짐이 무척 많았는데 실오라기 하나 없이 깨끗하게 치워놓았다. 명도확인서를 받기 위해서 준비를 완벽하게 해놓았다. 실 거주했다면 절대로 그렇게 깔끔하게 청소해놓고 나가질 않는다. 전세보증금을 전액 받지 못하는 분풀이로 지저분하게 해놓고 나가는 경우가 대부분이다. 퇴거를 확인하고 명도확인서를 건네주었다.

↳ **아파트 주인** : 배당 잘 받으시라고 하셔요.

배당을 받을 수 있을까? 금융기관이 바보가 아닌 이상 가만있지 않을 텐데! 백에 하나 철두철미하게 준비해서 돈을 주고받은 입금표라도 만들어놓고 계약서를 작성했다면 금융기관이라도 어쩔 수 없겠지만 그건 거의 불가능한 일일 것이다.

배당기일 1/30

궁금해서 아주머니에게 전화를 했다.

↳ **나** : 임차인 배당 받았어요?

↳ **아파트 주인** : 예.

↳ **나** : 정말이요?

기가 막힌 일이다. 배당을 받았다고 한다. 기분이 날아갈 듯 이야기한다.

지난번에는 뻗대며 3~4백만 원 선으로 이사비를 요구하기에 뒤도 안 돌아보고 나왔다. 2,000만 원을 받았으니 이제 내게 무리한 이사비를 요구하지 않을 것 같았다. 다시 이사비 협상에 들어갔다. 이번 이사비 협상에는 아들이 나왔다. 이 집은 팀워크가 참 잘 이뤄진다.

가족을 위장임차인으로 심어둔 걸 봐서는 가족 간 호환성도 뛰어난 집안이다. 명도확인서는 아주머니가 대신 받고 이사비는 아들이 협상에 나섰다. 확실한 아웃소싱이다.

아들은 다짜고짜 400만 원을 주었으면 한다며 요구금액을 통보했다. 그 제의에 말려 들어갈 내가 아니다. 이사비를 꼭 줘야 한다는 법은 없지만 서로의 사정을 생각해서 빨리주고 내보내야 한다. 하지만 터무니없는 금액을 요구할 때에는 일단 협상을 거절해야 한다.

요구금액을 들어보니 아직 협상타결 되기에는 시간이 필요해 보였다. 그런 큰 금액을 이사비로 주는 건 무리가 있다고 몇 차례 설득해 보았으나 먹히지 않는다.

뒤도 안 돌아보고 되돌아왔다. 며칠이 지나도 연락이 없다. (정말 해보자는 건가) 세상살이 조금이라도 더한 아주머니가 훨씬 수월할 듯 싶어 전화를 했다.

- 나 : 이사계획은 잡으셨어요? 왜 전화를 안 주셔요?
- 아파트 주인 : 우리야 전화만 기다렸죠!
- 나 : 섭섭하겠지만 100만 원에 합시다. 관리비 미납액도 많잖아요!
- 아파트 주인 : 150만 원만 주십쇼. 곧 비워 드릴게요.
- 나 : 그렇게는 못하니까 100만 원에 마무리 지을건지 내일까지 연락 주세요.

다음날 연락이 왔다. 2/12날 나갈 테니 100만 원이라도 보내달라고 한다.

- 나 : 보내주지는 못합니다. 만약 받으시고 안 나가면 전 이도 저도 못합니다. 당일 집 비워 놓은 거 보고 드리겠습니다.
- 아파트 주인 : 새벽부터 이사준비 할 테니까 12시 전에 오세요.

이사 가는 날. 아침부터 연락이 왔다. 빨리 오란다. 이사 다 끝냈다고 한다. (거참 속전속결이네) 대부분은 10시 정도에 시작하면 2~3시

정도 되어야 끝이 나는데 10시경인데 벌써 끝났다고 한다.

현장에 도착하니 이미 한차례 이삿짐을 실어 날랐는지 차들이 열중쉬어 자세로 대기하고 있었다. 아파트에 올라가 보았다.

짐이 빠진 집을 보는 이유는 손을 보고 팔아야 할지 아니면 이대로 팔아야 할지 결정해야 하기 때문이다. 수리를 결정하기 전에 부동산 중개업소에서 조언을 들을 필요가 있었다. 지역 거래 현황을 알아봐야 한다.

새로 이사해서 들어오는 경우 대부분 취향에 맞게 수리를 해서 입주하는데 그런 경우라면 집수리를 굳이 할 필요가 없다. 번호키

열쇠만 부착하고 부동산 중개업소로 내려갔다.

> 나 : 안녕하셔요?
> 여사장 : 1703호이시군요.

의외로 반갑게 맞이한다. 이제 매매 의뢰건이 남아 있다는 걸 인지한 모양이다.

> 여사장 : 오늘 이사하셨죠.
> 나 : 수리해서 팔아야 할지 말아야 할지 조언 좀 들어보러 왔습니다.
> 여사장 : 어차피 수리해도 들어오시는 분이 새로 손보기 때문에 그냥 파시는 게 좋을 것 같습니다. 어지간히 돈 들여 수리해 봐야 표시도 안 날 것이고 매가에 큰 상승을 기대하기도 힘듭니다.

수리를 안 하고 매도하기로 했다.

이런저런 이야기를 하다,

> 나 : 아주머니가 그 집 위장임차인이었는데 소액 임차보증금을 받았던데요. 저는 못 받을 줄 알았는데요.
> 여사장 : 그러게요. 나도 전북은행에서 배당배제 신청이 들어올 줄 알았는데요. 아무 문제없이 받아갔네요.
> 나 : 누가 뒤에서 확실하게 코치해 준 사람이 있는 거 같던데요.
> 여사장 : 사람이 안 살았던 걸로 알고 있어요.

부동산중개업소에서 세입자 관계는 누구보다 잘 알고 있었다. 확실한 이야기는 위장 임차인이 최우선 변제금을 수령했다는 것이다. 이의를 걸 수 없을 정도로 철저히 준비했기 때문에 전북은행이 감히 배당배제를 하지 못하고 넘어갔다고 생각을 했다.

나 : 사장님 ! 그 집 사모님하고 친하신 거 같은데 어디로 이사하셨어요?

여사장 : 그 집이요! 조금 작은 평수로 집 사가지고 갔어요.

(앗 ! 뭐라고요! 집을 사서 이사하셨다고요) 이사비 더 달라고 그렇게 징징대길래 아주 어려운 분들이라고 생각했었다. 뒤통수를 한 방 얻어맞은 느낌이었다.(이 상황을 어떻게 뜨개질해야 할지! 열 길 물속은 알아도 한 길 사람 속은 모른다더니)

찻잔을 사이에 두고 중개업소 사장님과 이야기를 하는데 마침 이사를 한 소유주 아주머니가 문을 열고 가게로 들어왔다. 선입견인지 모르겠지만 이사 갈 때의 모습과는 전혀 다른 모습이었다. 이사 간 집에 대해서 뭔가 물어보고자 중개업소에 재방문 한 거 같았다. 나를 보고는 잠깐 놀랐지만 바로 밝은 표정으로 덕담을 주고받았다.

나 : 아주머니! 임차 보증금 은행에서 배당배제하지 않던가요?

아파트 주인 : 예! 우리도 걱정 많이 했는데 운이 좋았어요. 전북은행이 망하면서 예금 보험공사로 채권이 넘어갔는데 예금보험

공사에서는 임차인에 대해 전혀 모르고 있더라고요. 그래서 받을 수 있었어요.

한때 금융기관들이 대거 퇴출되던 시절이 있었다. 부실한 금융기관들을 정리하면서 예금보험공사나 한국자산관리 공사로 채권이 이관되었다. 이관 받은 기관은 타 금융기관에서 이관 받은 사건의 임차인을 확인하지 않고 배당을 넘겨버렸다. 이런 허술한 시스템 속에서 소액을 배당 받아가는 전 소유주가 생겼던 사건이다.

경매는 자기의 권리를 찾기 위해서 각축을 벌이는 전쟁터다. 배당받을 수 있는 권리자라고 하여 법원이 권리를 알아서 보호해주거나 찾아주지 않는다. 모두가 선한 마음으로 본인의 권리만을 주장하면 좋겠지만 그렇지 않은 경우가 많다. 권리방해를 위해서 허위 유치권을 신고하거나 배당 순위에 구애받지 않은 소액 임차인 신고를 하는 경우 법원은 진위여부를 가리지 않고 접수를 받아준다. 추후신고 한 권리자들이 침해를 받는 경우에 배당되기 전에 "배당배제신청" 또는 "배당이의의 소"를 제기하여 자기의 정당한 권리를 찾아야 한다.

나의 나와바리

 물건을 검색하다 문득 옛 생각이 났다.
 누구나 그렇듯이 초기 자본은 소규모로 시작한다. 나 역시 2,000만 원 정도로 시작했다. 물가상승분을 생각해 본다면 지금보다 조금 더 큰 금액이다. 어떤 물건을 사야 할지 어느 지역을 가봐야 할지 막연하기만 하던 시절이었다.
 오라는 데는 없는데 가 봐야 할 곳은 많았다. 신발이 닳도록 다녔다. 새로 접한 세상은 신기하기만 했고, 내가 알던 문화와는 너무 달랐기 때문에 충격도 컸다.
 가장 충격적이었던 건 부동산 가격은 소비자 가격처럼 정해져 있지 않다는 것이었다. 부동산 가격은 시간이 지남에 따라 가격이 하락하는 것이 아니라 오히려 가치가 상승하였다.

전에 하던 일은 이미 정해진 가격의 공산품을 도매로 들여와 소매로 팔던 일이었다. 가격이 정해지지 않은 걸 판다는 건 상품의 가치를 파는 일이다. 산술적인 게임이 아니었다. 가치를 판단할 줄 알아야 좋은 가치의 부동산을 찾고 그 가치를 가격으로 환산해서 큰 수익을 기대할 수 있었다. 부동산을 보는 눈이 없던 초보에게 그 비법을 터득하는 일은 너무나도 어려웠다.

그걸 알기 위해 뭐가 뭔지 몰라도 참 부지런히 뛰어 다녔다. 기댈 곳은 오로지 경험뿐이었다.

아무거나 사들였고 무조건 팔았다. 신기하게 잘 팔리는 부동산도 있었고 기대만큼 잘 안 팔린 부동산도 있었다. 경험이 쌓이면서 차차 부동산에 눈을 뜨기 시작했다. 어떤 것을 사면 돈이 되는지 시장은 어떤 물건을 선호하는지 지역과 부동산의 종류 그리고 자금력과 사회분위기를 맞춰 움직이는 타깃을 맞추는 연습을 했다.

열심히 해보겠다고 다니면 배워야 할 것이 끝도 없이 나온다. 용량부족으로 버겁기도 했다. 아마 육감적인 촉의 문제니까 용량부족보다는 감성결핍이 맞을 것 같다. 선천적으로 눈치가 더럽게 없는 나는 부동산 보는 눈썰미도 더디게 자라났다. 그래도 게으름은 피우지 않고 다녔다. 게을러지기 시작하면 아무것도 할 게 없는 것처럼 보이는 게 두려웠다.

경매는 할 일을 찾자고 하면 끝도 없이 많지만 안 하겠다고 생각하면 할 일이 보이지 않는다.

한 번 나태라는 무한궤도에 오르면 다시는 내려오기 어려운 일이 경매다. 경매란 기본기만 잘 갖추면 그럭저럭 밥벌이는 하고 다닌다. 세월이 좀 흐르면 물건도 곧잘 고르는 것처럼 느껴지고 경매의 모든 것을 다 아는 듯 자만하게 된다. 그런 맘이 바닥부터 스멀스멀 오르기 시작하면 경매실력은 그 선에서 마감 짓게 된다.

아장아장 걸음마하던 그 시절 경매지에 나온 물건은 모두 다 좋아 보여서 환장할 것만 같았고 현장은 두렵기만 했다. 해 뜰 날이 있을 거라 고대하며 열심히 달렸다.

집에서 멀지 않은 곳이라서 시간 날 때마다 소소한 물건이 나오면 차를 몰고 용인으로 달려가서 기웃거리고 다녔다. 초보 때 '내가 거주하는 거주형태가 아니면 사람이 살 곳도 아니고 팔리지도 않을 것'이라는 착각을 했었다. 이런 생각을 바꾸어야 한다.

낙후된 지역물건을 보면 이런 곳의 부동산이 팔리기나 할까 하는 의심도 갖게 된다. 물건에 대한 욕심이 떨어지다 보니 자연스럽게 입찰가격을 낮춰 쓰게 되고 낙찰을 못 받게 되는 결과를 낳게 된다. 줄기차게 한 지역만 열심히 다니다 보면 감정가격, 낙찰가율, 선호지역 등이 어느 정도 파악된다. 낙찰이라도 하나 받아서 수익이 나게 되면 내가 언제 그랬냐는 듯 주야장천 그 지역 물건만 본다. 마치 원주민처럼 그 지역 부동산흐름을 잘 파악하게 된다.

오래된 원주민처럼 동네 중개업소에 이런저런 이야기를 나눈다.

주민1 : 오늘 분리수거 하는 날 아니에요?
주민2 : 어제가 보건소독감 예방접종 날이었지.
주민3 : 도시가스 공사 이번 달에 한다고 하지 않았나?

이번 국회의원은 여당이 될 거라는 둥 야당이 될 거라는 둥.

용인지역은 소자본으로 수입이 짭짤했던 기억이 남아있다. 그런 추억이 있는 지역이라 이 지역경매물건이 나오면 그냥 지나치는 법이 없다. 예전에 짭짤하게 팔아먹고 나온 동네 빌라 물건이 나오면 밤마실 삼아 와이프랑 드라이브 겸 넘실넘실 가 본다. (아~ 예전에는 이곳이 논밭이었는데)

카페에 가끔 회원 긴급 추천 물건을 공지한다.

우리 카페(다음 카페 "프리버드의 경매이야기")는 인원도 글도 많지 않은 곳이다. 카페지기도 외부로 정신없이 뛰어다니느라 글을 많이 못 올린다. 가끔 남 주기 아까운 물건이 발견되면 추천하는 정도다. 그래서 별 관심이 없을 줄 알았는데 추천을 공지한 카페방은 뜨겁다.

경매투자에 관심이 있는데 직장인이라 몸놀림이 가볍지 않고 너무 소자본이라 경매할 수 있을까 걱정하는 회원에게 힘을 실어주고 싶어서 올린다. 실전사례를 시작부터 종결 때까지 자료와 함께 올리다 보니 회원들에게 간접경험의 효과를 준다.

돈이 투자되는 일은 참으로 조심스러운 일이다. 믿음이 없다면 불가능한 일이다.

상대의 신뢰가 찻잔이라면 좋은 경매 물건은 찻잔에 부을 물이다. 아무리 많이 담아주려 해도 신뢰의 찻잔이 작으면 넘쳐 담을 수 없는 법이다.

추천물건지원자 중에 경매로 근린상가(헬스장)를 낙찰받아 노인요양시설로 변경해서 사업을 하고 있던 회원이 섞여 있었다. 그 당시 명도의 어려움이 있어서 내게 조언을 구했던 회원이었다. (헬스장 기구가 엄청 많아서 애먹었던 기억이 난다) 오랜만이라 반가웠다. 소액으로 움직여 볼 생각을 하고 있던 차에 공지를 보고 응찰하고 싶다는 연락을 했다. 이 친구에게 응찰의 기회를 주기로 했다.

이 친구를 입찰기일날 법원에서 만나 임장은 다녀왔는지 물어보았다. 사건번호와 주소, 물건명을 알려줬으나 본인사업이 바빠서 가보지 못했다고 했다. 이미 내가 조사를 끝낸 물건이기 때문에 걱정은 없었지만 간략하게나마 설명을 해주었다. 구조, 위치, 낙찰사례, 권리관계 등과 매도금액, 지역 비전을 이야기 해 주었다. 흔쾌히 응찰하겠다고 이야기한다.

입찰 가액을 적을 시간이다. 나의 트레이드마크 11을 넣어 11,211,000으로 적어 넣었다. 두말하지 않고 신뢰서(입찰서)를 작성하고 입찰했다.

드디어 개찰. 사건을 호창하자 입찰자들이 꽤 나왔다.

(앗, 이게 어떻게 된 거지! 이 지역은 응찰 잘 안 하는 곳인데 오늘따라 왜 이리 많지! 부동산 경기도 어려운데?)

만감이 교차한다.

인근의 공인중개사도 자기 집 앞에 경매물건이 나온지 몰랐던 물건이다. 그런데 어떻게 6명이나? 살짝 불안한 마음이 들었다. 무리한 응찰가로 입찰한다면 목표수익을 맞출 수 없다. 차라리 안 받으면 안 받지 예상수익을 낮추고 싶지 않았다.

(그래 소신껏…. 물건은 많다. 분위기에 휘말려 실수할 군번이 아니다!)

한 사람 한 사람 입찰가격을 부르기 시작했다. 몇 명이 호창되었지만 아직 우리 금액이 불리지 않았다. 마지막 한 장이 남았다. 바로 우리 입찰서였다. 우리 금액보다 높은 금액은 없었다. 가장 근접하게 200만 원 차이까지 따라온 차점자가 있었지만 거기까지였다. 그 이상 높은 금액으로 응찰하는 사람은 없었다. 그렇게 또 한 건을 낙찰받아 돌아간다.

이제 수익의 극대화 작업이다.

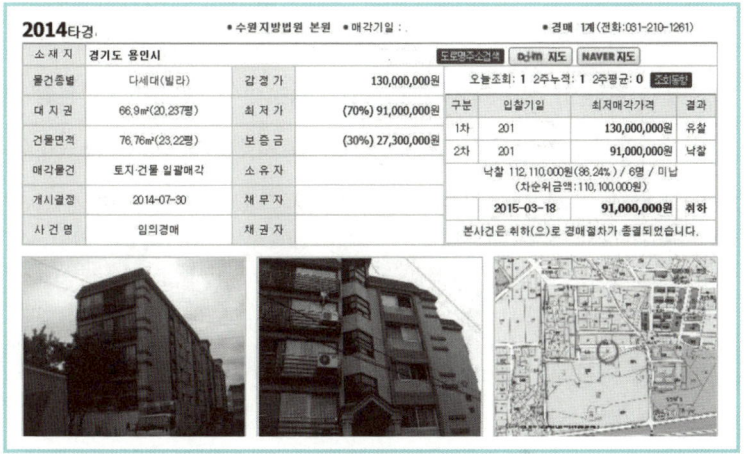

처인구 둔전리는 읍내 같은 일반상업지역이다.

대형마트와 은행, 병원 등 각종 편의시설이 몰려있고 인근에는 초등학교가 많기 때문에 취학어린이를 둔 가정에서 선호하는 지역이다. 방 3개와 거실 주방 화장실 2개를 갖춘 국민주택급 주거시설이었고 정남향으로 지어진 다세대주택이었지만 5층 중 5층이라는 것이 마음에 걸렸다. 아파트와 같이 엘리베이터가 있다면 이용에 불편이 없겠지만 5층을 걸어 다닌다는 것이 그리 쉬운 문제는 아니었다. 통상 빌라는 4층까지 건축이 가능한데 여긴 왜 5층일까 하는 의구심이 들 수 있다. 이유는 1층이 주차 가능한 필로티 구조여서 실질적으로는 총 4개 층으로 건축된 다세대 주택이다.

권리분석상 걱정되는 부분은 감정가 130,000,000원인 이 다세대 주택의 채무가 경매개시결정기일 금융기관의 청구금액이 61,394,134원이었다는 것이다. 다시 말해서 집 가격이 부채보다 훨씬 높아서 취하의 확률이 있다는 것이다.

경매는 낙찰이 되도 소유권을 취득하는 것이 아니다. 허가 결정 기간, 즉시 항고기간을 거쳐 대금기일이 지정된다 할지라도 채무자가 채무액 변제를 한다면 그동안의 모든 과정은 무시되고 취하되어버린다.

낙찰자는 대금 납부 전까지는 한시도 안심할 수 없다. 특히 지금과 같이 부동산 가격보다 채무가 적을 경우에는 더욱 더 불안함이 생긴다.

하루빨리 대금 기일이 잡히길 기다리며 빠른 명도를 위해 다세대주택을 찾았다. 아파트 생활에 익숙해서인지 5층까지 오르는 계단이 만만치 않았다.

벨을 누르니 인기척이 없다.

"띵동 띵동"

여러 번 벨을 눌렀지만 역시 반응이 없다.(늦은 시간인데 아직 안 들어왔나?)

우편함에 우편물이 많이 쌓인 걸 봐서는 집에 들어오지 않은지 꽤 된 듯싶다. 문틈에 명함을 꽂아 놓았다. 얼굴이라도 보고 가려했는데 좀 아쉽다.

옆집에서 좋은 정보를 얻을 수 있을까 싶어 벨을 눌렀다.

↳ **나** : 안녕하셔요, 옆집에 방문왔는데 아무도 안 계셔서 연락처 좀 전하러 왔습니다. 옆집에 아무도 안 사나요?

옆집 주인이 살짝 고개를 내밀고 말없이 쳐다보았다.(동물 농장 왔나? 빤히 보긴!)

↳ **옆집** : 무슨 일로 오셨어요?

↳ **나** : 옆집 분 만나보러 왔어요! 안 계시네요.

↳ **옆집** : 그 집에 사람 드나든 지 오래 되었는데요! 가끔 왔다 갔다 하는 모양이던데.

(야반도주? 무혈입성할 수 있지 않을까 하는 기대를 가져본다)

적법하게 명도를 처리한다면 상당히 오랜 시간이 걸릴 수 있다. 이런 경우 인도명령을 신청하면 결정은 쉽게 나오겠지만 채무자에게 송달이 쉽지 않아서 결국에 "공시 송달"까지 갈 수도 있다. (요즘은 "유치송달"이라고 해서 쉽게 끝내는 방법도 있긴 하지만 법원에 따라서 선택적으로 활용하기 때문에 확신할 수 있는 일은 아니다) 또한 집행관실로 넘어가더라도 계고장을 붙이고 집행까지 최소 1개월 정도의 시간이 소요된다. 하지만 경매는 시간과의 싸움이다. 빠른 시간 내에 끝내지 않으면 금융비용과 기회비용을 잃기 때문에 가급적 속도를 내주는 것이 옳은 방법이다.

명함을 붙이고 7일 정도 후에 다시 방문했다. 현관에 명함은 그대로 끼어 있었다. (송달 불능으로 상당히 시간이 오래 걸릴 거 같은데! 이걸 어찌한다)

드디어 대금 납부기일이 정해졌다. 기쁜 마음으로 낙찰자에게 전화를 했다. 채무가 적어서 빨리 대금납부를 했으면 좋겠다는 이야기를 전했다. 시무룩하게 전화를 받던 채무자는 만날 것을 제의해왔다. 낙찰자가 심각한 표정으로 만남 장소에 나왔다.

- **낙찰자** : 사실 얼마 전에 분양받은 아파트가 있는데 주택이 있는 사람은 분양이 취소됩니다. 경매로 이걸 취득하면 아파트가 날아가는데 어떻게 하죠?
- **나** : 아뿔싸!

심각한 문제가 발생했다. 낙찰자가 분양받기 위해서 대금을 미납하면 보증금이 날아가고 대금을 납부하면 분양 아파트가 날아가는 상황이 벌어졌다. 그야말로 진퇴양난이다.

당장 누구의 잘잘못을 따질 시간이 없었고 어떻게든 처리해야 했다. 순간 방법이 떠올랐다. 채무자가 경매를 취하시키는 방법이다. 취하를 위해서는 돈이 필요한데 채무자는 돈이 없다. 대신에 집이 있다. 채무액은 집값보다 적다. 매도와 동시에 채무를 변제하는 방법이다.

동의를 얻어야 하는데 채무자를 찾을 수가 없어서 백방으로 찾아다녔다. 옆집, 친척집, 인근 사람들을 모두 탐문했으나, 행방을 찾기 쉽지 않았다. 그러던 중 세상을 비관하며 술만 마시던 채무자를 3일 만에 술집에서 어렵게 찾았다. 며칠째 술만 잔뜩 먹은 모양인지 사람 얼굴을 똑바로 쳐다보지를 못한다. 정신이 들 때까지 시간이 필요했다. 상당한 시간이 지나고 채무자에게 물었다.

› **나**: 집을 팔면 채무액을 변제하고도 남는데 왜 매매하지 않습니까?

그러자 복잡한 가정사를 이야기하며 모든 게 싫어서 내버려두었다고 한다. 경매가 진행된다는 소식은 들었는데 이미 낙찰자까지 정해진 마당에 무엇을 어찌할 수 있겠냐며 자포자기 하고 있었다. 실의(失儀)와 무지(無智)가 자신의 재산을 삼키고 있었다.

› **나**: 경매를 더 이상 진행 안 되게 막고 일반 매매로 매매시켜드리면 그리하겠습니까?

힘없이 쳐다보더니 손을 안에서 밖으로 흔든다. 알아서 하라는 뜻이었다.

시간이 얼마 남지 않은 상황이라 지체할 시간이 없었다. 즉시 인근 2km 내에 부동산 중개업소에 물건을 뿌렸다. 중개업소는 이구동성으로 낙찰까지 된 부동산을 어떻게 파냐고 아우성이었다.
계약서에 낙찰자가 매수포기한다는 취하서를 써 준다고 약속했다. 중개네트워크를 타고 이 소식은 멀리 멀리 퍼져 나갔다. 하지만 매매는 그리 쉽게 이뤄지지 않았다. 그러던 차에 채무자와 헤어져 살던 장성한 자녀와 연락이 닿았다. 부채보다 집 가격이 높으니 증여를 받는 것이 어떠냐는 제의를 해보았다. 처음에는 긴가민가하다가 결국 채무를 변제하고 아버지의 집을 상속받는 걸로 모든 사건은 종결되었다. 낙찰자도 별 문제 없이 입찰 보증금을 돌려받을 수 있었고 분양받은 주택으로 입주할 수 있었다.

경매가 진행되는 채무자의 부동산을 매매해준 이야기는 <365일 월세 받는 남자의 발칙한 경매>에도 사례를 올렸다. 몇 년에 한 번씩은 무지와 실의에 빠져 자기 재산을 지키지 못하는 사람의 부동산을 처리해주는 사례가 발생한다. 우연인지 모르겠다. 그동안 일하면서 쌓인 지식을 남을 위해 써보라는 하느님이 계시일거라고 생각한다.

부록

「상가건물 임대차보호법」 개정사항에 대한 해석

　임대차보호법은 많이 개정되고 있다. 임차보증금은 채권이기 때문에 상대적으로 보호받지 못하거나 또는 불이익을 받는 경우가 다반사이다. 임대차보호법은 「주택임대차보호법」과 「상가건물 임대차보호법」으로 나뉘어 서민의 생활터전을 보호할 목적으로 제정된 특별법이다.

　「주택임대차보호법」은 임차인의 권리를 보호받을 수 있는 제도적 장치가 마련되어 있는 것에 비해 「상가건물 임대차보호법」은 상인의 권리를 보호하기에 부족함이 많았다.

　「상가건물 임대차보호법」은 물가상승률을 적절하게 적용받지 못하고 있다. 서울은 상가임차인의 보증금 보호금액을 9억 원 이하로 정해놓고 있는데 9억 원이라는 금액은 환산보증금화 해본다면 그다지 크지 않은 금액이라는 것을 알 수 있다. 서울 시내 목 좋은 상가의 경우 대부분「상가건물 임대차보호법」적용대상에서 제외되고 있다. 환산보증금이 9억 원을 초과하기 때문이다. 임차보증금 보호범위가 물가상승분을 따라가지 못하고 있다는 단적인 예가 되고 있는 것이다.

여러 번에 걸쳐「상가건물 임대차보호법」을 현실화시키면서 많은 상인들의 권리를 찾아주고 있지만 아직 임차인의 권리를 잘 알지 못해서 불이익을 보는 사례가 많이 발생하고 있고, 임대인도 새로 개정된「상가건물 임대차보호법」을 알지 못해서 분쟁의 소지를 안고 있는 것이 현실이다. 임대인과 임차인이 분쟁 없이 적법한 문제 해결점을 찾기를 바라며 서울시에서 공고하고 있는 분쟁 사례를 토대로 간략하게나마 해설을 달아 이 책에 수록한다.

경매하는 사람에게는 뜬금없는 내용이라고 생각할 수도 있다. 하지만 임차인의 권리가 강화된 현실을 모르고 적법하지 못한 권리주장을 하여 큰 낭패를 볼 수 있기에 꼭 알아두었으면 하는 생각에 글을 실었다.

01 대항력을 가질 때는 경매 매수인에게 보증금을 청구할 수 있는가?

임대차는 등기부등본에 저당권, 가압류, 가등기 등의 선순위 권리가 설정되어 있지 않는 경우 말소 기준 권리보다 선순위라면 임차인은 경매 낙찰자에게 대항력이 있다. 말소 기준 권리보다 후순위 임차인이라면 임차인의 권리는 소멸된다. 임차보증금은 전입과 확정일자를 갖추고 배당요구를 했다면 순위배당을 받고 점유를 넘겨주어야 한다. 권리금이나 그 외의 권리 주장은 불가하다.

02 보증금 1천만 원, 월세 70만 원일 때 최우선 변제 보호를 받을 수 있는가?

서울시에서는 임차인의 환산보증금이 6,500만 원 이하일 때 최우선 변제 받을 수 있는 범위는 낙찰가의 1/2 범위 내에서 선순위 근저당보다 앞서 2천 2백만 원까지 우선하여 변제 받을 수 있다.
위 사례를 환산보증금 산술해본다면,
보증금(10,000,000) + 월세(700,000×100) = 80,000,000원
이기 때문에 최우선 변제금 범위를 벗어났으므로 최우선변제금은 받을 수 없으며 우선변제권에 의한 순위배당을 요구할 수 있다. 우선변제권의 경우 확정일자가 존재해야 한다.

03 전차인도 「상가건물 임대차보호법」을 적용받을 수 있는가?

전차인은 전대차 계약의 상대방인 임차인을 상대로 최초의 임대차 기간을 포함한 전체 임대차기간 10년 이내에서 계약갱신

요구권을 행사할 수 있을 뿐만 아니라, 임대인의 동의를 받고 전대차 계약을 체결한 전차인은 임차인의 계약 갱신요구권 행사기간 이내에서 임차인을 대위하여 임대인에게 계약갱신 요구권을 행사할 수 있다.

「상가건물 임대차 보호법」 제10조의4(권리금 회수기회 보호 등)는 전대인과 전차인의 전대차 관계에는 적용되지 않아, 전차인은 「상가건물 임대차보호법」으로 권리금 회수 기회를 보호받을 수 없다.

04 공장도 「상가건물 임대차보호법」의 적용을 받을 수 있는가?

「상가건물 임대차보호법」의 목적과 같은 법 제2조 제1항, 본문 제3조 제1항에 비추어 보면 「상가건물 임대차보호법」이 적용되는 상가건물 임대차는 사업자 등록대상이 되는 건물로서 영리를 목적으로 하는 영업용으로 사용하는 임대차를 말한다.

「상가건물 임대차보호법」이 적용되는 상가건물에 해당하는지는 공부상 표시가 아닌 건물의 현황용도 등에 비추어 영업용으로 사용하느냐에 따라 실질적으로 판단하여야 한다. 단순히 상품의 창고, 제조·가공 등 사실행위만 이뤄진 공장·창고 등은 법 적용을 받을 수 없으나, 상행위가 함께 이뤄진다면 「상가건물 임대차보호법」의 적용대상이다.

따라서 사업자 등록을 마친 임차인이 해당 임차물의 주된 부분을 영업용으로 사용한다면 「상가건물 임대차보호법」을 적용받을 수 있다.

05 어린이집은 「상가건물 임대차보호법」을 적용 받을 수 없을까?

「상가건물 임대차보호법」의 상가건물은 사업자 등록의 대상인지 아닌지를 기준으로 판단하므로 사업자 등록을 갖추지 않고 고유번호를 발급받는 어린이집 등 비영리 법인의 경우에는 「상가건물 임대차보호법」의 적용을 받을 수 없다.

06 임대차 계약 체결 시점에 따라 대항력이 없을 수도 있는가?

질문

2014년 12월 31일 영등포에서 상가건물을 보증금 8천만 원과 월차임 9백만 원에 5년간으로 계약을 하고 사업자 등록을 했다. 그런데 2018년 3월 1일에 건물이 매매되어 양수인으로부터 건물을 명도 해달라는 해지통보를 받았다. 임대차 계약기간이 건물양수인에게 승계되지 않는지?

답

「상가건물 임대차보호법」 제3조(대항력 등) 제2항은 임차건물의 양수인(그밖에 임대할 권리를 승계한 자를 포함한다)은 임대인의 지위를 승계한 것으로 본다고 규정하고 있다. 그리고 대항력에 관한 적용은 환산보증금이 일정 금액(서울 9억 원)을 초과하면 2015년 5월 13일 이후에 최초로 계약이 체결되거나 갱신되는 임대차부터 적용한다.

이 법 개정규정 시행 당시 존속중인 임대차는 종전의 규정에 따르기 때문에 새로운 임대인은 임차인에게 점포를 비울 것을 요구할 수 있고 임차인은 양수인에게 대항할 수 없다. 다만 5년 계약기간을 지켜주지 않고 건물을 매매한 임대인(매도인)을 상대로 손해배상은 청구할 수 있다.

07 상가 경매에서 최우선 변제받을 수 있는 기준은?

소액 임차인의 최우선 변제는 담보물권설정일이 기준이 된다.
1. 소유권 이전
2. 근저당권 4억 원 설정(2013.12.1)
   서울시 기준 환산보증금 5,000만 원 이하일 경우 1천 5백만 원
3. 임대차 계약(2015.4.2) 보증금 500만 원, 월세 30만 원
   환산보증금 = 보증금(500만 원) + 월세(300,000×100) + 3,500만 원
   근저당설정일이 기준이기 때문에 임차인은 1,500만 원을 먼저 수령하고 남음이 있으면 다음 순위로 근저당권자에게 4억 원을 배당한다.

08 외국인도 상가건물에 전세권을 설정할 수 있나?

외국인은 「출입국관리법」에 의한 외국인 등록을 하고 출입국 관리 사무소에서 부동산 등기용 등록번호를 부여 받음으로써 전세권자가 될 수 있으며 전세권등기 절차는 내국인과 동일하다.

09 신축 상가건물에 임차인이 불법증축하면 누구 책임인가?

임차인이 계약체결시 아무 말이 없다가 입점 후 일방적으로 위반 건축물을 설치했다면, 이로 인해 발생한 문제는 당연히 임차인책임이다. 만약 철거요구를 거절하면 계약해지사유도 될 수 있다. 그런데 임대차 계약체결 시 임차인이 위반 건축물을 설치하겠다고 미리 말하고 임대인이 이에 동의했다면 나중에

위반 건축물 때문에 문제가 발생해도 계약을 중도해지하거나 만기 시 임차인의 갱신요구를 거절하기 어렵다. 물론 임차인은 약정한 바대로 임차인이 설정한 위법 건축물로 인한 문제에 대한 책임을 져야 한다. 만약 구청에서 해당 상가에 철거 명령 및 과태료 등이 부과되면 임차인은 위법 건축물을 철거하고 과태료도 부담해야 한다.

10 연속하지 않은 차임 연체에도 임대인이 계약을 해지할 수 있나?

임차인의 차임 연체액이 3기의 차임액에 달하는 때에는 임대인은 계약을 해지할 수 있다. 임차인이 연속해서 연체하는 것과 무관하게 차임 연체액이 통틀어서 3개월분에 이르면 임대인은 임대차계약을 일방적으로 해지할 수 있다.

임차인이 월차임 1월분, 3월분, 5월분을 지급하지 못해 연체한 월차임이 합계 3개월분이라면 임대인은 임대차 계약을 해지할 수 있다. 그리고 임대차계약 해지일에 임차인은 임대차 보증금을 반환받고 점포를 임대인에게 반환해야 한다.

11 학원 양도할 때 임대인 동의를 구해야 하나?

임대인과 임차인이 약정한 임대차 기간 동안 일방 당사자는 상대의 동의 없이 일방적으로 임대차 계약을 해지할 수 없다. 그리고 임차인은 특별한 사유가 없는 한 임대인의 동의 없이 임차권을 양도할 수 없고, 임차인이 그 규정을 위반한 때에는 임대인은 계약을 해지할 수 있다.

임차권 양도는 신규임대차계약 체결을 전제로 하는 것이 일반적이므로 신규임차인도 임대인의 동의 없이는 임차권을 쉽게 양수 받으려 하지 않는다. 한편 임대차 계약 만료일 직전 6개월 동안 임차인은 신규 임차인을 주선할 수 있고 임대인은 정당한 사유 없이 이를 거절할 수 없다.

12 묵시적 갱신 중 계약 해지할 때 신규 임차인을 주선해야 하나?

질문

상가 2층 2015년 1월 보증금 5천만 원, 월세 3백만 원에 임차하였고 지금은 묵시적 갱신 중이다. 2017년 6월말 임대인에게 임대차 계약을 해지하겠다고 통보하였고 임대인은 새로운 임차인을 데리고 오지 않으면 보증금을 돌려줄 수 없다고 하는데, 새로운 임차인을 구해야 하는지?

답

상가임대차에서 묵시적 갱신의 경우 임차인은 언제든지 임대인에게 계약해지통보를 할 수 있고, 임대인이 통고를 받은 날부터 3개월이 지나면 효력이 발생한다.

13 상가건물이 매매될 때 임차인이 계약을 해지할 수 있나?

질문

임대인이 건물을 매매했다고 하면서 새로운 임대인을 소개했다. 오늘 매매 계약을 체결했고 다음날 잔금을 치른다고 한다. 새 임대인이 잔금을 치르지도 않았으면서 이런 저런 조건을 제시하고 있는데 계약을 해지할 수도 있나?

답

「상가건물 임대차보호법」은 임차인의 권리를 보호하기 위해 대항력 있는 임차인은 새 임대인에게 그 권리를 주장할 수 있도록 규정하고 있다. 한편 임차인의 의사와 무관하게 임대인이 변경되었을 때 임차인의 입장에서 새 임대인에게 그 의무의 승계를 인정하는 것이 불리하다면, 임차인은 공평의 원칙 및 신의성실의 원칙에 따라 곧 이의를 제기할 수 있고 임대차 계약 종료를 주장할 수 있다.

14 묵시적 갱신 중에 임대인이 일방적으로 해지할 수 있는가?

질문

2016년 6월 30일 역삼동에서 상가건물을 보증금 8,000만 원, 월차임 900만 원에 2년 계약을 하고 사업자 등록을 했다. 현재 묵시적 갱신중인데 임대인이 일방적으로 해지할 수 있는지?

답

환산보증금이 일정금액(서울 9억 원)을 초과하는 경우 임대차 기간이 만료한 후에도 임차인이 임차물의 사용·수익을 계속하는 경우 임대인이 상당기간 내에 이의를 제기하지 않을 때는 전 임대차와 동일한 조건으로 다시 임대차한 것으로 본다. 한편, 임대인은 묵시적 갱신 중에는 언제든지 계약 해지의 통보를 할 수 있고, 임차인이 그 통보를 받은 날부터 6개월이 지나면 해지의 효력이 발생한다.

15 건물주가 만기 해지하는 임차인의 시설물을 인수하겠다면?

질문

고시원을 운영하고 있는 임차인이다. 임대료 보증금 1억 원 월세 500만 원이며, 5년 전에 권리금 1억 5천만 원을 지급하고 입점했다. 임대인에게 재계약을 요청했으나, 임대인은 거절하면서 임대인의 딸이 이 시설물을 인수하여 고시원을 운영하려고 한다. 재계약을 하지 못한다면 부속물매수 청구권을 행사할 수 있는지? 한다면 그 금액은 어떻게 산정하는지?

답

건물 기타 공작물의 임차인이 그 사용의 편익을 위하여 임대인의 동의를 얻어 이에 부속한 물건이 있는 때에는 임대차의 종료 시에 임대인에 대하여 그 부속물의 매수청구를 할 수 있다. 매수청구액은 투입한 시설비에서 경과연수에 대해 감가상각 한 후에 금액을 산출하거나, 매수청구 당시의 시가 등을 비교해서 계산하게 되는데 법원에서는 보통 감정평가액을 기준으로 한다.

16 계약 만기 전인데 임차인이 해지할 수 있는가?

임대인과 임차인이 임대차 계약기간을 5년으로 약정했을 때 임차인이 임대차 도중에 계약을 해지할 수 있는 해지권을 유보하고 있거나 임차인이 임대차를 해지 요구할 수 있는 정도의 임대인 과실이 있는 등의 특별한 사유가 아닌 한 임차인은 일방적으로 계약을 해지할 수 없다.

특별한 경우를 제외하고는 임대인의 동의가 있어야 임대차를 도중에 해지할 수 있다. 임대인의 요구대로 신규 임차인 주선이 어렵다면 소정의 위약금을 지급하는 조건으로 계약을 해지하거나 현 임대료보다 저렴하게 전차인을 구하는 등의 방법을 모색해야 할 것이다.

17 "건물매도 시 임대차계약 해지" 약정은 유효한가?

임대인과 임차인이 합의한 내용은 사적자치의 원칙에 따라 특별한 경우를 제외하고는 유효하다. 하지만 상가임대차에서는 법의 규정에 위반된 약정으로서 임차인에게 불리한 것은 효력이 없다.

"건물매매 시 임차인은 아무 조건 없이 계약을 해지하고 상가를 명도한다."라는 특약은 별다른 사유가 없는 한 임차인의 계약갱신요구 행사권리를 제한하고 임차인에게 불리한 내용으로서 효력이 없다.

18 재계약하면 다시 10년이 보장되는가?

질문

현 점포에 2016년 1월 처음 입점하여 문방구를 운영하는 임차인이다. 2018년 12월까지 임대료 증감 없이 묵시적으로 임대차 계약이 갱신되었다. 그리고 바뀐 건물주와 2019년 1월에 월세를 인상하면서 계약서를 새로 작성하였다. 이때 임대차 계약을 다시 체결한 날부터 10년간 다시 보장 받을 수 있는지?

답

임대인은 임차인이 임대차기간이 만료되기 6개월 전부터 1개월 전까지 사이에 계약갱신을 요구할 경우 임대인은 최초의 임대차기간을 포함하여 10년 이내에서 정당한 사유 없이 거절하지 못한다. 임차인이 10년간 행사할 수 있는 계약갱신요구권은 상가 건물이 매매, 상속, 증여 등의 사유로 건물주가 바뀌더라도 최초 입점할 당시부터를 기준으로 한다. 임대료를 인상하면서 재계약했어도 계약갱신과 관련한 별도의 약정이 없다면, 임차인은 새롭게 10년의 계약갱신요구권을 행사할 수는 없다.

19 영업한 지 1년 만에 임대인이 가게를 비우라고 한다.

임차인은 계약갱신요구권을 행사함으로써 10년 간 임대인의 의사와 무관하게 영업을 할 수 있다. 임대인은 임대차계약 체결 당시 임대인이 공사시기 및 소요기간 등을 포함한 철거 또는 재건축 계획을 임차인에게 구체적으로 고지하고 그 계획에 따르는 경우나 다른 법령에 따라 철거 또는 재건축이 이루어지는 경우 등에만 제한적으로 임차인의 계약갱신요구를 거부할 수 있다.

20 환산보증금 초과 임대차에서 묵시적 갱신되면 10년 갱신요구권이 없는가?

질문

홍대입구에서 보증금 8천만 원, 월세 9백만 원에 음식점을 운영하고 있다. 최초 계약체결 시에 2년으로 약정하고 임대차 만기일에 아무 말 없이 자동 연장된 상태에 있다. 그런데 최근에 임대인이 바뀌면서 6개월 후에 점포를 비워달라고 한다. 상가 임차인은 주인이 바뀌더라도 10년 갱신을 요구할 수 있는 것 아닌지?

답

환산보증금이 일정 금액(서울 9억 원)을 초과하는 임대차에서 묵시적 갱신이 되면 민법의 적용을 받는다. 보증금 8천만 원, 월세 9백만 원의 환산보증금은 9억 8천만 원으로서 임대인이 임대차계약 해지를 통보하고 6개월 지나면 해지 효력이 발생한다. 환산보증금 일정 금액 초과 임대차에서 임차인이 10년을 보장받기 위해서는 임대차 만료일 1개월 전까지 임대인에게 계약갱신요구권을 행사해야 한다.

21 임대차 보호기간 10년은 언제부터인가?

임대차의 계약갱신요구권은 최초의 임대차 기간을 포함한 전체 임대차 기간이 10년을 초과하지 않는 범위 내에서 행사할 수 있다. 상속으로 인해 임대인이 바뀌고 계약서를 다시 썼다고 하더라도 종전계약을 무효로 할 만한 특별한 사정이 없는 한 임차인의 계약갱신요구권은 최초 임대차 기간을 포함해서 10년간 행사할 수 있다.

22 교회를 운영 중인데 임대인이 계약갱신요구를 거부할 수 있는지?

질문

2층을 임차하여 교회를 운영 중이며, 올해 2년째로 신도 수가 상당히 늘어 안정화되고 있는데 임대인이 재계약을 거부하고 있다. 「상가건물 임대차보호법」에 따라 10년 동안 임차할 수 있다고 들었는데 임대인이 교회는 해당 안 된다고 하는데 맞는지?

답

교회는 비영리 단체이고 사업자등록을 갖추지 않고 고유번호를 발급받기 때문에 「상가건물 임대차보호법」의 임차인 계약갱신요구권 등의 적용을 받을 수 없다.

23 임대료가 많으면 임차인이 계약갱신요구권을 주장할 수 없는가?

질문

보증금 2억 원, 월세 8백만 원에 상가를 임차하고 있다. 영업을 시작한지 2년 만에 상가건물이 팔려 임대인이 변경되었다. 환산보증금이 9억 원을 초과하면 「상가건물 임대차보호법」 보호 적용 제외라고 하는데 임대인이 나가라고 하면 나가야 하는가?

답

「상가건물 임대차보호법」은 환산보증금의 다과에 따라 적용범위가 다르다. 환산보증금이 일정금액(서울 9억 원)을 초과하는 임대차의 임차인도 대항력 계약갱신요구권 행사기간, 권리금 회수 기회보호 등에 관해서는 「상가건물 임대차보호법」의 적용을 받을 수 있다. 따라서 환산보증금이 9억 원을 초과하고 상가 건물의 임대인 변경되더라도 2년을 영업한 임차인은 계약 갱신 요구권을 행사함으로써 임대인의 의사와 무관하게 8년 더 영업할 수 있다.

24 재계약을 체결할 때도 임대료 증액청구 5%를 초과할 수 없는가?

질문

2015년 6월 20일 아파트 단지 상가를 계약기간 3년, 보증금 1천만 원, 월차임 60만 원으로 임차 후 영업 중이다. 계약기간 중 인상할 수 있는 한도가 5%라고 알고 있는데, 계약 종료 후 재계약 시점인 2018년 6월 20일에는 5% 한도에 구애받지 않고 더 많이 올려달라고 할 수 있는 것인지?

답

상가 임대차에서 임대료의 증액은 상한 요율 5%를 초과할 수 없다. 또한 임대인은 임대차 계약 또는 약정한 차임 등의 증액이 있은 후 1년이 지난 후 증액 청구할 수 있다.

25 환산보증금 5% 상승은 어떤 방식으로 인상하는가?

임대료의 증액은 보증금과 월세를 포함하여 계산한다. 월세를 보증금 환산한 다음 인상률을 적용하여 새로운 보증금을 결정한 뒤 이를 월세로 다시 바꾸는 과정을 거친다. 이때 월세를 보증금으로 환산하는 비율은 「주택임대차보호법」의 방법을 따르도록 되어 있는데, 한국은행에서 고시하는 기준금리에 3.5%를 가산해 환산하도록 하고 있다.

2020년 6월 현재 한국은행이 고시한 기준금리는 0.5%이므로 월세 보증금 환산율은 4.0%이다.

예를 들어 보증금 2,000만 원에 월세 50만 원인 조건에서 보증금을 1,000만 원으로 한다면 월세는 얼마를 받아야 5% 인상 제한조건을 지킬 수 있을까?

우선 월세를 보증금으로 환산해야 한다. 환산율 4.0%는 연이자율이므로 월세를 1년분 월세로 계산하여야 한다. 1년 월세는 600만 원이다. 이를 보증금 환산율로 환산하면 600만 원÷4.0% = 150,000,000원이다.

여기에 보증금을 더하면 170,000,000원이 되는데 5%를 인상한다면 170,000,000원×1.05 = 178,500,000원이 되고 보증금 1,000만 원과 나머지 170,000,000원을 월세로 다시 환산해야 한다.

계산을 하면 (170,000,000×4.0%)÷12월 ≒ 566,667원이 되므로 월세를 이 금액 이상을 받으면 안 된다.

26 교통유발부담금은 누가 부담하는가?

임대차계약 내용은 사적자치의 원칙에 따라 양 당사자가 자율적으로 협의하여 결정할 수 있고, 약정내용이 사회질서에 반하는 등의 특별한 사유가 없는 한 그 합의는 양 당사자를 구속하게 될 것이다.

「도시교통정비 촉진법」에서는 시장은 도시 교통정비지역에서 교통 혼잡의 원인이 되는 시설물의 소유자로부터 매년 교통유발부담금(이하 "부담금"이라 한다)을 부과 징수할 수 있다고 규정하고 있다.

임대인은 건물의 필요경비 상당을 임대료에 포함해 받고 있고, 관련 법에서 교통유발부담금을 시설물의 소유자가 부담하는 것으로 규정하고 있다.

당사자들이 교통유발부담금에 관하여 별도의 약정을 했다면 그에 따르면 될 것이지만 만약 당사자들이 그에 관한 별도의 약정을 하지 않았다면 임대인이 교통유발부담금을 부담해야 한다.

27 바뀐 임대인이 임대료를 터무니없이 올려달라고 할 수 있나?

사업자 등록을 마친 대항력 있는 임차인과 임대인의 지위를 승계한 새 임대인과 사이에서 기존 임대차 계약 내용은 그대로 유효하다. 임대차 기간에 계약 내용을 벗어난 임대인의 일방적인 요구를 임차인은 거부할 수 있다.

임차인은 전체 임대차기간 10년 이내에 계약갱신요구권을 행사함으로써 임대인의 임대차 만료 시 명도 요구를 거부할 수 있다. 바뀐 임대인의 임대료 증액 요구는 당장은 임대인의 일방적인 주장으로 볼 수 있으며 양당사자가 원만하게 협의해야 한다.

28 임대인이 신규 임차인의 특정 업종을 거부할 수 있나?

임대인은 임차인에게 신규 임차인에 대한 특정 업종을 배제할 것을 요구할 수 있다. 주위 상권이나 영업의 종류 등 제반 사정을 고려할 때, 임대인의 업종과 관련된 요구가 임대인의 신규 임차인과의 계약 체결을 회피하기 위한 수단으로 악용하는 등 합리적인 범위를 벗어났다고 볼만한 특별한 사정이 없다면 임대인은 업종 변경을 이유로 신규 임차인과의 계약을 거절할 수 있다.

29 임대인이 고액의 임대료를 제시해서 권리금을 받지 못하고 있다.

임대인은 정당한 사유 없이 임차인의 권리금 회수 기회를 방해했을 때는 임대인이 임차인의 손해를 책임져야 한다. 임차인이 주선한 신규임차인이 되려는 자에게 상가 건물에 관한 조세공과금, 주변 상가건물의 차임 및 보증금, 그 밖의 부담에 따른 금액에 비추어 현저히 고액의 차임과 보증금을 요구하는 임대인의 행위는 특별한 사유가 없는 한 임차인의 권리 회수를 방해하는 것으로 볼 수 있다.

30 전차인은 권리금 회수 기회를 보호 받을 수 없는지?

「상가건물 임대차보호법」은 전대차 관계에 대하여 제10조(계약갱신 요구 등), 제10조의2(계약갱신의 특례) 등에 제한적으로 적용하고 있으며, 제10조의4(권리금 회수기회 보호 등)는 적용하지 않는다. 전차인은 권리금 회수기회에 대해서는 관련 법으로 보호를 받을 수 없으며 다만 최초의 전대차 기간을 포함한 전체 전대차 기간이 10년을 초과하지 아니하는 범위에서 계약갱신 요구권을 행사할 수 있다.

31 상가에 경매가 실행된 경우 권리금 회수기회 보호를 받을 수 있는가?

임차권은 임차건물에 대해여 민사집행법에 따른 경매가 실행된 경우에는 그 임차건물이 매각되면 소멸한다. 다만 보증금이 전액 변제되지 아니한 대항력이 있는 임차권은 소멸되지 않는다. 임차건물에 경매가 실행될 경우 권리금 회수기회 보호에 관한 내용은 관련법에서 규정하고 있지 않다. 경매가 실행되면 권리금 회수기회 보호를 적용받을 수 없다.

32 권리금을 수수한 양도인이 근처에서 다시 개업했는데 손해배상을 청구할 수 있나?

영업을 양도한 경우에 다른 약정이 없으면 양도인은 10년간 동일한 특별시, 광역시, 시, 군과 인접한 특별시, 광역시, 시, 군에서 동종 영업을 하지 않아야 할 의무가 있다. 양도인이 그 의무를 위반했을 때 양수인은 양도인을 상대로 양도인의 영업금지 가처분신청과 손해배상을 청구할 수 있다. 양수인이 청구할 수 있는 손해배상의 범위는 양수인이 양도인에게 지급했던 권리금뿐만 아니라, 양수인에게 넘겨준 고객 명단을 이용한 양도인의 수익도 포함될 수 있다.

33 "권리금 포기"라는 약정은 유효한가?

「상가건물 임대차보호법」의 규정에 위반된 약정으로서 임차인에게 불리한 것은 효력이 없다. 특별한 경우가 아니라면 임차인의 권리금포기 약정은 유효하지 않다. 임차인의 권리금 포기 약정이 임대료를 주변 시세보다 저렴하게 책정하는 등 임차인에게 불리하지 않다면 유효할 수 있다. 임차인은 임대인을 상대로 직접 권리금을 청구할 수 없다. 임차인이 신규 임차인을 주선하여 권리금을 회수하려 할 때 임대인이 정당한 사유 없이 방해한다면, 임차인은 임대인을 상대로 손해배상을 청구할 수 있다.

34 밀린 월세를 다 갚았는데도 권리금 보호를 못 받는가?

임차인이 월차임을 3개월분 이상 연체한 적이 있었다면 특별한 사유가 없는 한 「상가건물 임대차보호법」의 권리금 회수기회 보호를 적용받을 수 없다.

35 상가에서 장기수선 충당금은 누가 부담해야 하는가?

장기수선 충당금은 건물의 주요 시설교체 및 보수 등에 필요한 비용으로 지출한다. 공동주택은 소유자가 장기수선 충당금을 부담하도록 「공동주택관리법」으로 규정하고 있지만 공동주택 이외의 집합건물에 적용하는 「집합건물의 소유 및 관리에 관한 법률」에서는 장기수선 충당금의 부담 주체를 명시하고 있지 않다. 건물의 주요 구성 부분에 대한 대수선, 기본적 설비부분의 교체등과 같은 대규모 수선은 임대인이 그 수선의무를 부담한다.

36 임대인이 일방적으로 원상복구비용을 공제하려고 한다.

부동산 임대차에 있어서 임차인이 임대인에게 지급하는 임대차보증금은 임대차 관계가 종료되어 목적물을 반환하는 때까지 그 임대차 관계에서 발생하는 임차인의 모든 채무를 담보한다. 임대인은 임차인이 원상 복구의무를 다하지 않았을 때 임차인이 부담할 원상복구비용 상당의 손해배상액을 반환할 임대차보증금에서 당연히 공제할 수 있다.

37 전 임차인의 시설까지 철거하고 원상복구 해야 하나?

임차인은 임대차 종료 시 목적물을 원상회복하여 반환할 의무가 있다. 원상복구에 관한 별도의 특약이 없는 한 임차인은 원칙적으로 임차인이 개조한 범위 내에서 임차인이 임차 받았을 때의 상태로 반환하면 된다.

38 권리금에 대한 중개보수는 상한 요율이 없나?

상가를 포함한 부동산매매, 임대차에서 중개업자는 중개의뢰인 쌍방으로부터 중개보수를 각각 받을 수 있으며, 그 일방으로부터 받을 수 있는 중개보수는 「공인중개사법 시행규칙」으로 상한 요율을 정하고 있다. 하지만 영업용 건물의 영업시설, 비품등 유형물이나 거래처, 신용, 영업상의 노하우 또는 점포 위치에 따른 영업상의 이점은 무형의 재산적 가치의 양도에 따른 권리금은 중개 대상물이 아니므로 중개보수 상한 요율을 적용받지 않는다. 따라서 중개 의뢰인과 중개업자가 협의해서 결정할 수 있고 양 당사자가 권리금 중개보수금을 지불하기로 약정했다면 별다른 사유가 없는 한 그 약정에 따르면 될 것이다.

〈출간을 도와주신 KR 파트트너스 중개사님〉

1. 신병철 /어반 호텔 회장/
2. 임동권 /하나 부동산 중개사 대표/
3. 김경숙 / 마곡 사랑공인 중개사 대표/
4. 김만성 / 래미안 강동팰리스 대표/
5. 신경선 / 국민권익조합설립 해정 심판전문/
6. 전 철 / 부동산과 좋은 사람들 회장/ 랜드고 중개법인 대표
7. 안수남 / 세무법인 다솔 대표/
8. 전종철 / 단국대주임교수 /
9. 김명희 / 중개법인 명대표/
10. 문미옥 / 공인 중개사
11. 오윤석 / 붐업 코리아 대표/
12. 김재철 / 학사 공인중개사 대표 /
13. 김종건 / 갈매역아이파크 부동산 대표/
14. 김선영 / JC 공인 중개사 사무소 대표/
15. 김형수 / 포스톤 건설 대표/
16. 박영식 / 태평양공인중개사 대표/
17. 박수경 / 부동산 몽땅 공인중개사 대표/
18. 송상열 / 훼손지정비 사업연구소 대표/
19. 성문영 / 성문영법무사 대표/
20. 손민경 / 금강 공인 중개사 사무소 대표/
21. 신재희 / 대림 아크로텔 공인중개사 대표/
22. 성기호 / 코드랩공인중개사.더필란D&C대표
23. 이정찬 / 대우 부동산 중개법인 대표

24. 이수환 / 신당역 공인중개사 대표
25. 유정인 / 대뉴타운 공인 중개사 사무소
26. 유재은 / 플러스 공인 중개사 대표
27. 이강돈 / 역삼 우리 공인 중개사 대표
28. 이수명 / G&G 부동산 중개 법인 대표
29. 임종욱 / 리맥스이사
30. 이수영 / 리치캐슬 공인 중개사 대표
31. 오봉웅 / 에이스 중개 법인 대표
32. 은춘선 / WD 세븐스 부동산 대표
33. 전상용 / 서울 센트럴 공인 중개사 대표
34. 주양욱 / 헬리오 시티 강남 부동산 대표
35. 정문숙 /법무법인 테미스 서초 사무장
36. 최용석 /리맥스 브라이트 대표
37. 차연실 / 와이에스 그룹 중개 법인
38. 최원철 / 상가 몽땅 빅데이터정보연구소 대표
39. 최현주 / RSA 부동산 중개법인 대표
40. 신옥선 / 남산 롯데 캐슬 공인중개사대표
41. 염수정 / 워커힐 리더스 공인 중개사 대표
42. 전차익 / 대성 공인 중개사대표
43. 하영수 / 다올 공인 중개사 대표
44. 홍경헌 / 신용산 공인중개사 대표
45. 차형훈 / 공인중개사

경매현장에서 벌어지는 리얼스토리
고수익 내는 **경매 뒷담화**

인쇄	2020년 12월 5일
발행	2022년 10월 27일
지은이	강윤식
펴낸곳	프리버드 경매이야기
편집	학사넷
주소	서울시 서초구 서초대로54길 29-18, RS빌딩 201호
전화	02.583.4250
팩스	02.523.6020
유튜브	【프리버드경매이야기】
이메일	freebirdstory@naver.com

값 20,000원
ISBN 979-11-980626-9-7

Copyright ⓒ 2022 by 프리버드 경매이야기
※ 낙장이나 파본은 구매처에서 교환해 드립니다.
※ 이 책의 무단 전재 또는 복제행위는 저작권법 제136조에 의거하여
　처벌을 받게 됩니다.